U0569483

法眼看民国

别样的民国法律史

刘典 ◎ 著

中国发展出版社
CHINA DEVELOPMENT PRESS

图书在版编目（CIP）数据

法眼看民国：别样的民国法律史 / 刘典著. —北京：中国发展出版社，
2014.11

ISBN 978-7-5177-0251-1

Ⅰ.①法… Ⅱ.①刘… Ⅲ.①法制史—研究—中国—民国 Ⅳ.①D929.6

中国版本图书馆CIP数据核字（2014）第228016号

书　　　名：法眼看民国：别样的民国法律史
著作责任者：刘　典
出 版 发 行：中国发展出版社
　　　　　　（北京市西城区百万庄大街16号8层　100037）
标 准 书 号：ISBN 978-7-5177-0251-1
经 销 者：各地新华书店
印 刷 者：北京明恒达印务有限公司
开　　　本：710mm×1000mm　1/16
印　　　张：16.5
字　　　数：287千字
版　　　次：2014年11月第1版
印　　　次：2014年11月第1次印刷
定　　　价：36.00 元

联 系 电 话：（010）88919581　68990692
购 书 热 线：（010）68990682　68990686
网 络 订 购：http://zgfzcbs.tmall.com//
网 购 电 话：（010）88333349　68990639
本 社 网 址：http://www.develpress.com.cn
电 子 邮 件：370118561@qq.com

昨夜西风凋碧树

　　司法，通常是指国家司法机关及其司法人员依照法定职权和法定程序，具体运用法律处理案件的专门活动。司法是实施法律的一种方式，对实现立法目的、发挥法律的功能具有重要的意义。关于司法的书，市场上有很多。但关于民国司法的书，就相对少多了。而关于民国司法深入浅出、以案说法的书，则更少了，本书在这方面可读性很高，可喜可贺。

　　本书作者刘典是个好学青年，对所就读的法学专业造诣颇深，有着渊博的历史知识和系统的法律知识，醉心于阅读与写作，在各种报刊发表过很多古代司法方面的文章，收获颇丰。大二期间，他就在法律出版社出版了《非常法史：历史上的法律趣事》一书，反响颇佳。现在他又潜心编撰，凝结了他点点心血的《法眼看民国》终于付梓，聚焦民国，指点法史，激扬文字，史料翔实，论述清晰，行文流畅，逻辑严密。此书在保持了他第一部作品风趣幽默、雅俗共赏风格的基础上，增强了探幽发微、拨冗立论的学术性，是为自我提升的一大跨越。

　　我与刘典很有缘，我们曾作为中央电视台社会与法频道"见证"栏目隆重推出的大型历史纪录片《大理寺》的出镜解说嘉宾，共同追述了中国古代审判制度的历史变迁。刘典还是中央电视台社会与法频道"法律讲堂（文史版）"最年轻的主讲人，2006年我也为该频道讲过《历史重案》专题，深知刚届弱冠之年的他能有如此不俗的成绩，委实不易。

　　论及法律，离不开谈政治。政治和法律都是社会上层建筑的组成部分，但政治比法律涉及的范围广泛。法律体系是单一的，而政治利益却是多样的。本书以民国时期的政争为主线，将民国法律史分为六个部分来写，通过一个个轰动当时社会的大案，刻画出那个时代司法界的波澜壮阔与波诡云谲，读来令人沉思回味，感慨莫名。

　　第一部分写的是晚清最后十年，在其时三股政治力量——清王朝、立宪派和革命派相互博弈斗争的背景下，革命派针对清王朝的搜捕，集中在两种反抗手段上——武装起义和刺客暗杀。由于这些刺杀大案往往从法律案件的形式出现，呈现出晚清司法状况，从而有别于武装起义的军事斗争，客观上加速了清王朝的崩塌。第二部分重新解读了民国初年革命派以法律为武器，与以袁世凯为首的北洋集团的激烈斗争。第三部分主要讲述军阀时代降临之后，留在北洋政府内的法律界精英们具有推动社会进步的作为。随着时局的变化，北洋军阀逐步衰落，国民党逐步夺取中国的最高政治权力，民国司法开始从制度层面异化。第四部分描述了国民政府崛起与异化的过程。第五部分选择了从女权崛起、拆迁征地、复仇违法和盗窃诈骗这四个比较有特点的视角，以幽默风趣的文风，揭开了民国司法的另一面。第六部分写的是1949年前夕国民政府最后的几件司法审判案例，留给时代的是一声声沉重的叹息。

直面司法往事，拨开历史烟云。民国司法是一曲挽歌，更是一曲壮歌！你可以说它很悲凉，也可以说它很豪迈！作者刘典对所写的每一个历史细节，都努力据史考证，列明来源出处，对其中一些历史事件百年后产生的影响较大的争议，一一陈述各方争鸣，并提出自己的观点。行文以史料见长，不图哗众取宠、臆说戏说。题材新颖，融知识性、趣味性、犀利性于一炉，既有激情的演绎，又散发着理性的思考，颇符合社会主流阅读群体的欣赏口味。写作贵在行胸臆，出自胸臆的文字便容易成为好作品。在这里，法律史不再是冷冰冰的史官文字，不再是专业学者佶屈聱牙、深奥难解的考据论文，而是捧起来感受得到历史的厚重，读起来轻松易懂的一部作品。相信这本书一定会为广大读者所喜闻乐见。

昨夜西风凋碧树。民国法律的历史已经远去，走入了我们的记忆深处。但民国司法中蕴含的追求公平正义的不屈不挠的精神，永远不会过时。民国是中国传统法律从古代走向现代的继续，了解这段历史，对我们今天的法制建设不无裨益。

桐花万里丹山路，雏凤清于老凤声。艺无止境，学海无涯，祝愿年轻的刘典在今后的岁月里能更加淡泊明志、深思卓见，写出更多更好的作品来。

是为序。

赵晓耕
甲午年冬于京西

自序

一、中国法律传统的毁灭与复兴——我所想写的民国法律史

之所以萌发对民国史的写作热情，是因为在拙作《非常法史：历史上的法律趣事》出版面世之后，顺着历史的轴线，希望能够去入手更为复杂、更具争议性的民国史。

近些年随着我国出版业的繁荣，解读民国历史的相关著作五花八门，或严谨说理或通俗风趣，从各个学科及社会视野角度挖掘民国历史蕴含的价值。诸多佳作在前，笔者才疏学浅，不敢掠美，仅从自己的专业出发，以法学的视角，对民国历史进行再解读。

自从人类社会渐渐步入文明，法律就作为社会的一种规范，随着国家的建立进入了社会意识的核心领域。法律的形态，揭示着社会运转的自在规律和结构形式，法治的兴衰，主宰着一个民族。而民国，正是中华民族法律形态的重要转折期。民国初立，孙中山就提倡新政权"首重法律"，依法治国成为那个时代最响亮的政治纲领。民国的历史，不仅仅是政治斗争史，更是中国法律传统毁灭与复兴的历史。

民国的法治状况，用一个字来形容，那就是——乱。虽然自清末以来，许多有志贤者引进西方法律制度，希望以此实现"旧邦新造"。然而法律是社会物质基础的客观反映，西方法律制度的先进是毫无疑问的，但是它在中国的适用过程中却引发了一系列的问题。

要写出一个时代的历史，往往离不开对那个时代政治脉络的剖析，要理解民国时期复杂的法治状况，亦是如此。早在清朝末年以前，中国

的政治精英已经敏锐地感知到世界的变化，开始有意识地向西方学习，由于政治环境和社会传统的局限，这个过程举步维艰。

一个新政权的诞生，在继承了旧有政权全部负面问题的同时，造成了政治权力核心的分崩离析，于是一个动荡的时代来临了。而中国的法律人，又必须在清政府的废墟上，苦心孤诣地复兴中华法律文化。我写这本书，就是想用我的笔，去见证这段历史。本书中记录了太多的不公正之处，这也是法律题材的写作绕不过去的一个坎，与司法相关的多为社会的黑暗面。但是我认为，越是身处黑暗，越需要坚守心中的光芒，在幽暗处探幽发微。

历史写作，不仅要对时代的宏观变化有一个整体的把握，更重要的是在突出这种宏观巨变的同时，让历史的细节深入读者的内心，宏观与微观多角度相互渗透，帮助读者深入认识和理解时代、社会、国家和世界的变化。

受学识所限，本书远远没有达到这样的高度，但这是我不懈奋斗的目标。我想写的民国史，不只是民国的法律史，法律只是一个杠杆，我以它来撬动对整个时代的看法。

二、弱冠之年的青春献礼

全书以民国时期的政治斗争、法律较量为主线，将民国法律史分为六个部分来写，通过一个个轰动社会的大案，刻画出那个时代的风云变幻。

第一部分：晚清十年，国内三股政治力量——清王朝、立宪派和革命派相互博弈斗争的过程。清王朝与革命派相互暗杀，这些刺杀大案往往以法律案件的形式有别于武装起义这样的军事斗争，加速了清王朝的崩塌。

第二部分：进一步解读了民国初年革命派与以袁世凯为首的北洋集团的政治斗争。北洋集团窃取了南方革命政府的法统，革命派以法律为武器，掌控立法权的同时积极希望以改选政府的方式将袁世凯边缘化，结果遭遇了失败。

第三部分：军阀时代降临之后，如果说时代是灰暗的，那么留在北洋政府的法律界精英们就是黎明前的启明星，在黑暗中探幽发微，燃烧了自己，也照亮了时代的尴尬。

第四部分：描述了国民政府崛起与异化的过程。随着时局的变化，北洋军阀逐步衰落，国民政府经北伐战争卷土重来，法律依然只是政治的玩偶：北伐军蒋系、桂系党同伐异，一切都借着"革命"的名义，如王天培无辜被杀。国民党逐步夺取中国的最高政治权力后，民国司法开始从制度层面异化。

第五部分：法律并不仅仅包含政治，还有社会的民生百态。这一部分选择了女权崛起、拆迁征地、复仇违法和盗窃诈骗四个比较有特点的角度，因为这些大多是当前社会比较热门的话题，以幽默风趣的文风，揭开民国法律的另一面。

第六部分：国民政府最后的审判，既有对抗战投敌叛国的汉奸的大审判，也有在国共内战时期对民主党派人士的暗杀；最悲哀的是国弱被人欺，虽然收回了领事裁判权，但作为中国主权象征的国民政府对于作奸犯科的外国人却一点办法都没有，作者称之为"后治外法权时代"。国民政府的衰落并不仅仅是由于军事上的兵败如山倒，司法主权的颓废之象也是其统治崩溃的原因之一。

民国的历史，自 1911 年民国成立开始，以 1949 年中华人民共和国的成立为终点。洋洋洒洒二十多万字，道不尽历史的风流。笔者在民国史的写作中，对所写的每一个历史细节，都进行了严格的考证，列明来源及出处，对其中一些争议较大的历史事件，陈述各方争鸣，并提出自己的观点。

去年的此时，也是拙作《非常法史：历史上的法律趣事》序言落笔之日。也许每个人心中对青春的理解有所不同，我们的青春终将逝去，总是希望在青春逝去后能够留下些什么。我的青春，也许比其他同龄人稍显枯燥，浩瀚书海才是我的归宿，如今我已年及弱冠，些许著书立说，道不尽心中的壮志豪情，也是自己对青春的献礼。

也许年轻的我们有很多不完善的地方，也许前进的我们会遇到各种艰难险阻，青春就要背负压力不停前进，虽然过程很累，虽然有时会感到迷茫，但是我们都应该坚持最初的梦想。一切挫折，我们无所畏惧，因为路还长，因为我们都还年轻！

在这里衷心感谢各位学界前辈的研究成果，没有前人栽树，我这个后生晚辈也不能从纷繁浩杂的民国史中理清思路，从法律的角度重新解读那段中华民族苦难与辉煌的岁月，也算是学生对民国法律研究的一点献礼。受学识所限，在本书的写作过程中难免有所失误，请各位学界前辈、读者批评指正，本人虚心受教。如果读者朋友阅后有小小的收获，则是对我莫大的鼓励与鞭策。

刘典

2014 年 10 月

目 录

第一章
民国的先声：
风起云涌的刺杀浪潮

　　民国年间的大案充满着恐怖活动的色彩，刺杀、暗杀、爆炸、绑架案层出不穷：有民间对国家权力的抗争，比如清末革命党人刺杀清朝权贵；也有军阀之间的党同伐异，军人的作风就是对异见分子进行肉体消灭；还有国家特务机关对公民基本权利的欺凌，比如军统暗杀社会贤达等。

　　要剖析这些大案的社会背景，首先要从清朝末年谈起。

清政府鲜为人知的暗杀活动

1911 年，是民国的开端，而 1911 年前的十年，中国的政治战场上活跃着三股力量——清朝皇族、立宪派和革命派。实力最为强大的自然是清朝皇族，也就是当时清政府的主导者，而作为推动民国建立的主要政治力量之一的革命派，早年在清政府的打压之下，只能以暗杀和局部起义的手段打击清政府的统治。

有关革命党人刺杀清朝官员的传奇有很多。1900 年，史坚如为响应起义刺杀两广总督德寿，奏响了革命党人暗杀风潮的序曲。随后的几年内，革命党人的暗杀活动极为频繁，影响较大的有吴樾谋炸五大臣案、汪精卫等谋炸摄政王载沣案等，汪精卫也正是因为这起影响极大的爆炸案崭露头角，从而登上民国政坛的舞台。

随着辛亥革命的进行，这些革命党人的事迹广为流传，在传统的历史叙事观点中，有关革命党人暗杀风潮兴起的原因，只是简单地被认为是革命志士推翻暴政的英勇之举，却没有挖掘出其深层次的历史原因。

◎ 大手笔悬赏立宪派人头

暴政之下的人民在推翻暴政的过程中，往往有意无意复制施暴者的某些行为。革命党人风起云涌的刺杀热潮就是这种历史现象的具体体现。正是清政府的暗杀活动开这一时期暗杀风潮之先河，只是由于它比革命党人的暗杀手段更加隐蔽，舆论报道很少，所以鲜为人知。

其实最早遭到清政府大规模暗杀的并不是革命党人，而是以康有为、梁启超为首的立宪派。在戊戌政变之后，康有为、梁启超逃离海外，继续进行改良主义宣传。清政府认为其有碍社会"和谐"，但是康、梁又不在国内，清政府的力量鞭长莫及，清政府的统治者一看这情况白道力量玩不转，咱就用黑道办法，于是动用了两样东西——"花红"和"赏格"。

看是两个名词，其实是一个意思，就是高额悬赏两人的人头，而清政府对此毫不避讳，1899 年追捕康有为、梁启超的上谕在《光绪朝东华录》中可以找到。①

---

① 朱寿朋编：《光绪朝东华录》（第四册），中华书局 1958 年版，第 4454、4470～4471 页。

悬赏十万两白银，真是大手笔啊，从 1899 年到 1900 年，康、梁二人四处逃窜，几次暗杀都是在死士的保护下才得以幸免。

这事是慈禧给李鸿章下的懿旨，然后由李鸿章的幕僚刘学询督办的，为此英国的香港总督卜力曾向李鸿章说情。李鸿章打了一个漂亮的太极，说他曾拒绝过一个行刺康有为的建议，把卜力应付过去了，结果转身却把北京给康有为的头颅订下的

▲图为李鸿章、港督卜力（中间）与刘学询（前排左二）合影。刘学询，孙中山的同乡，曾任李鸿章的顾问，私下捐助孙中山革命

十万赏格增加了四万两。① 重赏之下必有勇夫，许多贪财的国人以及洋人见财起意，纷纷配备枪弹匕首准备拿康、梁的人头领取赏金。②

不仅如此，清政府为了刺杀康、梁，即使与倡导革命的孙中山合作也在所不惜。而孙中山对此态度一直不是很明朗。1900 年 6 月，孙中山和刘学询进行了接触，并派宫崎等人赴广州与刘学询会谈。孙中山此时的计划有"靠敌吃粮"的意思，并且提出"贷款十万元"（文中货币单位指银元，以下同），刘学询当即答应给予五万元，并且第二天就让儿子送来。③

清政府同时动用了政府资源和外交手段进行干预，并收买外国密探。康有为和梁启超起初在香港，在港督交涉失败、刘学询组织刺杀未成之后，香港政府驱逐两人出境。两人本来要去美国，但在清政府的运作下美国拒绝两人入境，两人只好逃到了新加坡。

在新加坡二人也险象环生，后来由于义和团运动失控以及八国联军侵华战争，清政府无暇顾及康有为和梁启超，两人才逃过一劫。

---

① ［美］史扶邻：《孙中山与中国革命的起源》，中国社会科学出版社 1981 年版，第 166 页。
② 丁文江、赵丰田编：《梁启超年谱长编》，上海人民出版社 1983 年版，第 198 页。
③ 陈锡棋：《孙中山年谱长编·上》，中华书局 1991 年版，第 213 页。

◎ 孙中山的花红水涨船高

相比于康有为和梁启超，孙中山等革命党人被清政府用"花红"和"赏格"索命的历史更长。从 1894 年 11 月（清光绪二十年十月）孙中山领导创建第一个资产阶级革命团体——檀香山兴中会起，他就正式开始了职业革命的生涯。而清朝政府从第二年即 1895 年 10 月起，就开始不断发出密谕，跟踪追捕孙中山。

1895 年广州起义失败后，清政府就对孙中山、杨衢云等革命派领导人悬赏花红。清朝政府发布的缉捕孙中山的密谕，主要是上谕和电报，发布的时间比较集中，在光绪二十一年（1895 年）、二十二年（1896 年）、二十三年（1897 年）、二十四年（1898 年）、二十六年（1900 年）、三十三年（1907 年）、三十四年（1908 年）几个主要年份。

在 1895 年，由于革命党人的影响并不大，当时清政府设立的悬赏中，上榜的革命党人仅有十六人，其中赏金最高的孙中山也不过一千元，而兴中会会长杨衢云仅仅悬赏一百元。[1]

▲孙中山与黄湘（左四）、马湘（左六）

"黄湘马湘，相得益彰"：黄湘、马湘为孙中山贴身卫士，多次在危险的环境中护卫孙中山。1922 年陈炯明叛变围攻总统府，黄湘与马湘保卫孙中山、宋庆龄在枪林弹雨中奋勇冲出重围，安抵"永丰舰"。时有"黄湘马湘，相得益彰"之誉

随着革命党人的影响迅速扩大，孙中山等人的人头价也相应有了飞跃式的发展。截止到 1900 年清政府第五次大规模下达追捕上谕时，对孙中山的悬赏已经涨到了白银四万多两[2]，这期间只经历了不到五年的时间。

在清朝政府发出的密谕和"电报电旨"中，对孙中

① 悬赏数据参见邹鲁：《中国国民党史稿》，上海商务印书馆 1928 年版，第 661~662 页。

② 文中涉及货币单位两（银锭）、元（银元）皆沿用所引原文数据。

山的称呼有的写作"孙中山"，有的故意写作"孙汶"。按照《大公报》1908 年 2 月 17 日的报道，当时清朝政府对孙中山的悬赏又追加了白银二十万两，总数近二十五万两。

从 1895 年开始一直到清朝灭亡前的 1911 年 12 月 23 日的十七年间，清政府针对孙中山一人共发出各种密谕上百道。因为孙中山比较谨慎，革命党人对其加以严密保护，才没有被清政府暗杀，即便如此，直到 1911 年 12 月 25 日他才敢回国，结束了十七年被追捕的海外流亡生活。

清政府实施的重要暗杀事件一览表

时间	暗杀对象	暗杀主谋	刺客	地点	结果
1899 ~ 1900年	康有为	慈禧（李鸿章等）	刘学询等	日本、中国香港等地	失败
1901年1月	杨衢云	两广总督德寿	陈林仔等	香港	杨衢云被刺死
1901年8月	郑士良	清官吏	郑梦唐	香港	郑士良死
1902年2月	吴六（假洪全福）	清政府	张佐庭	香港	吴六死
1908年2月	敖嘉熊	清官吏	—	嘉兴	敖嘉熊死
1911年11月	吴禄贞	清政府	马步周	石家庄	吴禄贞死
1912年1月	张榕	张作霖	—	奉天	张榕死

清政府长期公开对政府的异见分子进行巨额悬赏，并组织杀手对个别目标进行刺杀。作为清政府刺杀活动的主要对象，革命派也开始学会以血还血以牙还牙。只不过许多革命青年是读书出身，论起专业性来自然比不过那些久经江湖的职业杀手，因此开始的几起暗杀都因一些低级错误导致失败，但也正反映出他们那种为了革命事业不惜付出一切的牺牲精神。

1900 年，革命青年史坚如打响了革命派刺杀清政府要员的第一枪。

革命者的反击：史坚如刺杀两广总督

在广州吉祥路西侧，市政府北邻，有一条名字令人好奇的街道，其名曰"新墙头"。这"墙"原非寻常百姓家，它的"新"更有着一段不寻常的故事。

在清代今天广州的人民公园和市政府，是广东巡抚衙门的所在。清朝的巡抚是总揽一省军事、行政、司法的封疆大吏，而他的办公地点自然是高墙深院，戒备森严。

就算如此森严的戒备也有缝隙可钻，再高的墙也挡不住大胆的革命志士。光绪二十六年（1900 年）10 月 28 日凌晨，轰隆巨响，巡抚衙门的后墙崩塌了一大段，睡梦中的广东巡抚德寿被震堕落地，吓得魂飞魄散……巡抚署内一片慌乱。一场惊天的爆炸，揭开了民国第一刺杀案的序幕。

◎ 自古英雄出少年

案发第二天，一位体弱多病、样貌斯文、举止文雅的年轻后生被清政府的巡捕捕获。谁也无法想象这么一位文弱书生竟然敢行刺当朝高官，而这位策划炸死广东巡抚德寿的青年就是当时的革命志士史坚如。

▲ 史坚如（1879—1900），
牺牲时年仅21岁

史坚如是广州人，1879 年生，家境比较富裕，较早地受到西方民主自由共和思潮的影响，喜读新书，关心国事。有关史坚如的出身，有人说他是明末抗清英雄史可法的后代，这已经无从考证。唯一能查到的是在《革命逸史》中提到史坚如是穆堂的后人，穆堂即史澄，是咸丰同治年间的翰林，广东著名学者。作者冯自由先生在书中称赞，史坚如是名门之后，继承了当年史公舍生取义的风骨。

◎ 慷慨激昂赴革命

1898 年，北京传来的戊戌变法失败的消息，对史坚如触动很大。据邹鲁所著《中国国民党史稿》记载，史坚如对残杀维新党人的慈禧太后充满愤恨，说："此老妇可杀也！"他与友人"备述其事，相与嗟叹，决意推陷廓清之举动"。史坚如确立起反清革命的志向，立志做"世界第一等事业人物"。

后来他到香港结识了陈少白和杨衢云，经陈、杨介绍，加入了兴中会。他"誓以身殉革命"，成为一名民主革命的先驱战士。他认为"要想实现所谓真正的改良，只有用鲜血来洗涤人心一个办法"。并决心追随孙中山先生"以实现大志"。年底，同宫崎滔天、陈少白等转道上海，东渡日本。不久，在东京会晤孙中山，得到孙中山的信任和赞赏，孙中山高度评价史坚如是"命世之英才"。

1900 年 7 月 17 日，兴中会领袖孙中山乘坐法国轮船"烟狄斯号"抵达香港，秘密召集杨衢云、陈少白、邓荫南、史坚如等广东革命党骨干力量到船上举行军事会议，商讨乘中国北方大乱、清廷西逃之机，在广东再次发动武装起义。

▲陈少白（左三），孙文（左二）。图为四大寇和关景良（1890年摄于香港）

会议最后决定，由郑士良赴惠州，在三洲田建立大营，召集会党，举起义旗，得手后向福建沿海进军；孙中山则坐镇台湾供给饷械；另以邓荫楠与史坚如到广州城内部署起义，其目的不是夺取广州，而是要在惠州起义发动时牵制住尽可能多的清军，尽可能地给清军制造混乱。

◎ 几经曲折的刺杀历程

史坚如与邓荫楠受命后立即赶赴广州部署武装起义。由于军械未能按时运到，原定夏历七月某日起义的计划被迫延期，而原本在惠州部署的起义却因泄密而被迫先期发动了。一起一落之间，起义的力量一时陷入进退维谷的境地。[①]

清朝两广总督德寿知道惠州起义的消息后大惊失色，急忙调派大队清军前去弹压，郑士良的惠州起义军处境危急，而原本起牵制作用的广州起义力量准备严重不足。为了打乱清军的部署，瓦解清军军心，鼓舞革命党人与起义军的士气，史坚如提议将起义改为暗杀当时广东的清朝政府首脑德寿。

1900 年 10 月 28 日夜，广东巡抚衙门戒备森严。史坚如与另外三个同志夜以继日地挖掘地道，直通德寿的卧室。挖毕地道，他们又埋炸药、设引线；10 月 27 日凌晨，点燃引线末端后，就锁上房门，迅速撤离，赶到了开往香港的轮船上。过了预定的爆炸时间仍不见动静，史坚如不知道炸药引爆程序出了什么意外状况，于是让其他同志先一步转移到香港避难，自己重新回到居室查明原

---

① 孙中山："革命起源"，载于《中国近代史资料丛刊·辛亥革命》（一），上海人民出版社 1957 年版，第 8 页。

因，才发现导火索因为受潮熄灭了。于是，史坚如忍着饥饿守在屋内，一直等到第二天凌晨，估计德寿已回到卧室安歇，又点燃了导火索，眼看着导火索吐着火舌燃向地道的那一端，史坚如才迅速撤离。

紧张了一天，德寿以为万无一失了，最后才安然就寝。然而，他哪里知道，自以为牢不可破的巡抚衙门内宅地下，有着他意想不到的惊喜。

"轰"的一声巨响，撕破凌晨的寂静，巡抚衙门八间房屋和两丈多长的后墙，被炸得瓦砾横飞，墙垣倒塌。其实当时史坚如准备的炸药量足够将整个巡抚衙门夷为平地，但因为缺乏经验，没有配备足够的雷管，炸药仅爆炸了一部分，而德寿所在的卧室远离爆炸的中心，所以只是从床上震到了地上，逃过一死。

◎ 烈士之魂染遍九州

经此一炸，当事人德寿虽然有惊无险，但也极为震怒，下令严查此事，一时间广东之地人人自危。在朝廷爪牙的搜捕下，史坚如在逃往香港的路上不幸被捕。

关于史坚如的被捕有两种说法，一种是他的行踪被清朝密探郭尧阶掌握，最后不幸落网，还有一种说法是因为他亲叔叔的出卖。

史坚如年纪虽轻，但是在狱中的坚贞不屈却令人动容。负责审讯的南海县令裴景福软硬兼施，先以礼相待，以利诱之，但史坚如却不受笼络，把裴景福当猴耍。后来裴恼羞成怒动用酷刑，企图迫使他供出革命党内情。

在遭受惨无人道的火烫烙和拔掉手足指甲等各种酷刑后，史坚如仍然毫不屈服。他入狱后，革命党人一直没有放弃营救的努力，但都没有成功。

1900 年 11 月 9 日，史坚如在珠江天字码头英勇就义。行刑前，清朝官员问他有什么话要说，史坚如一声慨叹："我好悔恨啊！"清朝官员以为他屈服了，问道："悔什么，恨什么？"史坚如仰天大笑："我恨我没有炸死德寿！"这是史坚如留在世上的最后一句铿锵之语，随后英勇就义，年轻的他当时只有 21 岁。

史坚如虽然牺牲了，但是他的义举却开启了民国早期革命志士的暗杀风潮。在那个年代，革命党人没有根据地，没有军队，依靠自己的满腔热血，只为实现自己复兴中华的信念，后来著名的民国风云人物，如汪精卫、蔡元培等皆以刺杀一举成名。那是一段可歌可泣的历史，那是一个热血沸腾的时代。

◎ 历史的丰碑

后来，被史坚如轰塌的巡抚衙门后墙被修复，新墙有别于昔日老墙，人们就把这里叫作"新墙头"。再往后，附近一带渐渐变成街道，大家仍然沿用"新墙头"作街名。这条老街在20世纪90年代末已被并入广州市政府大院，如今已经消失不见了。

▲ 惺亭

1928年由岭南大学惺社同学捐建，纪念史坚如、区励周、许耀章三位师生。区励周、许耀章为1925年沙基惨案烈士

虽然"新墙头"消失了，但是史坚如的事迹并没有从世上抹去。中山大学康乐园中轴线上，有一座标志性建筑叫"惺亭"。这座蓝顶红柱的仿古八角亭，是为纪念三位校友烈士而建，其中一位就是史坚如。亭中悬挂的古钟，似乎时刻提醒人们铭记历史。

这位少年英雄，现长眠于广州的黄花岗七十二烈士墓园中，墓园大门上有胡汉民题字——"史坚如先生祠"。

也许史坚如的一生短暂，但是历史定将铭记。直到今天，他依然留在我们的心中，成为永远的丰碑。

兴中会首任会长杨衢云惨遭杀害

清政府花费如此大的人力物力，自然不会没有什么成果，面对革命派的反扑，更是加大了对革命派人士的暗杀。兴中会的另一位重要领导人杨衢云就没有孙中山这样的幸运，被清政府组织的刺杀活动杀害了。

杨衢云是近代史研究中很少提及的人物，但是在当时的革命派中威望极高。我们都知道孙中山是兴中会的会长，却很少有人知道他只是第二任会长，他的会长职务是从杨衢云手中接过来的。兴中会的资源主要是由杨衢云所创立的辅仁文社发展出来的，美籍华人学者唐德刚曾评价兴中会实质上"一切皆是辅仁文社的延续"。

正是杨衢云的存在，孙中山才能在回到香港的短短几个月内，便动员足够的人力、物力、财力，于同年进行起义。由此可见杨衢云的重要性，可惜如此英才却被清政府扼杀。2010年，一部"8义士对阵500杀手，24小时全城连环追杀"的大片《十月围城》上映，重现反清革命当年在香港的风云岁月。而影

▲1898年，孙中山、杨衢云与日本友人在横滨合影

片一开头，由张学友扮演的兴中会会长杨衢云在一日放学之后，回答学生们提问之际在回廊里惨遭清廷刺客杀害，这个情节，就是演绎杨衢云人生的最后一幕。

陈少白在《兴中会革命史要》中的《杨衢云之死》中，对杨衢云遭暗杀的原因、经过，以及出殡的情况，都说得很清楚。

1900年，革命党人发动了惠州起义，在广州的史坚如谋炸两广总督德寿响应起义。史坚如的行动虽然失败了，但这使德寿非常恼怒，下令一定要追查到惠州起义的主谋。

德寿此前曾派兴中会叛徒陈廷威到香港与杨衢云谈判，想用传统的"招抚"方式让起义军投降。作为解救陷入困境的起义军的一种策略，杨衢云打算用"诈降"之计保存实力，发电报请示孙中山。孙中山接信后给陈少白发电报，只有四个字："提防七指"，诈降之事因此作罢。[1]

在史坚如被捕后不经意间流露的部分信息中，也有涉及杨衢云之事，此事在清朝官吏的公文告示中有所记载。再加上杨衢云是兴中会的主要首脑，[2]所以，德寿坚信惠州起义的主谋就是杨衢云。德寿既探得杨衢云主使史坚如谋杀他本人，"招抚"不成，更是怒上加怒，于是出资"花红"三万，点名要杨衢云的人头。[3]

1901年1月10日晚六点左右，德寿雇用的杀手陈林仔等人潜至杨衢云在香港中环结志街52号寓所。杨衢云为了养家糊口，在家里开了一个夜校教授英文，当时杨衢云正在给儿子佐芝授读。刺客冲入私塾内，举枪直发。未加防备的杨

---

① 陈少白："兴中会革命史要"，载于《中国近代史资料丛刊·辛亥革命》(一)，上海人民出版社1957年版，第173页。

② 冯自由："清吏之文告"，载于《革命逸史》(第五集)，中华书局1981年版，第29页。

③ 冯自由：《革命逸史》(初集)，中华书局1981年版，第5页。

衢云急忙拿起案上的厚英文字典阻挡，一发子弹穿透字典，贯入其前额后穿出，撞射墙角，杨衢云为保护孩子，未来得及拿手枪自卫反击，结果两发子弹又射入胸腔。

案发后，刺客逃逸不见，自小习武、体质强壮的杨衢云，中枪后竟然不用家人搀扶，强行起身，步下楼梯，乘竹轿往医院救治。但终因伤势过重，失血过多，第二天不治身亡，去世时年仅 40 岁。

杨衢云死后，凶手陈林仔、童祥等人除了领赏之外，由督署赏童祥、徐福、李桂芬五品功牌，一直逍遥快活。[1] 好友谢缵泰为杨衢云安排下葬于跑马地香港坟场，并为杨衢云设计墓碑。因为担心遭清廷掘坟毁墓，碑上没留名字，只刻有编号 6348，并以天圆地方概念设计，刻有青天白日图案，追悼杨衢云的功绩，并象征杨衢云的革命精神。无名碑于1901 年 12 月 23 日建成。

今天香港的中环结志街，杂铺食肆林立，人群熙来攘往，唯有拐角处竖立的"孙中山史迹径第 7站——杨衢云被暗杀地点"，悄然提醒着人们，一个世纪以前，这里曾发生过令人震惊的血案。

2011 年 9 月，香港政府在 6348 号墓碑竖立杨衢云生平说明牌，以此肯定杨衢云为中国革命作出的贡献。

▲谢缵泰多才多艺，他是1890年在香港成立的首个革命组织辅仁文社发起人之一，后加入兴中会。他也是香港英文《南华早报》的创办人之一；同时又是中国第一位飞船设计者，曾设计及制造"中国号"飞船试飞成功。1924年以英文写成《中华民国革命秘史》一书，书中对孙中山颇多批评。他曾针对列强瓜分中国，绘"时局全图"，被视为中国政治漫画的先驱。1938年4月4日病逝于香港

悬赏被忽悠：洪全福假尸案

同样因惠州起义被清政府刺杀而死的不只是杨衢云，还有被誉为"孙中山革命同志之第一人"的郑士良。1901 年 7 月，郑士良奉孙中山之命由日本返回中国香港执行任务。

---

① "广东政府谋杀民党杨街云讯案之详记"，载于《国民日报汇编》(第一集)，第 25～28 页。

▲ 郑士良（1863—1901），
号弼臣，广东惠阳人。

郑士良曾毕业于香港西医院，与当时英美传教士关系不错，就把自己的状况告诉了英美传教士，说清廷诬构罪状，想剥夺人民的自由与民主，扑灭人民革命思想，以取得他们的同情。当时西方的传教士对香港政府颇具影响，跟郑士良关系不错的传教士为了此事亲自向港府解释，说郑士良已经受洗为基督教徒，要求香港政府请勿干预郑士良的活动。郑士良得到基督教的这顶"保护伞"，照旧进行革命工作。

清朝政府用白道手段杀不死郑士良，于是设计派一官员，化名为内地某会党的首领，与郑士良结交，说自己拥有群众颇多，可为革命效力。郑士良欣然深信而不疑。1901年8月27日相约聚饮于一酒楼，伪装的清官员在酒中下毒药，郑士良饮后归家，突然死去，时年仅三十余岁。当时人们便怀疑是清吏在食品中投毒，郑士良是因中毒而暴毙。①

郑士良死后葬于香港薄扶林道基督教坟场，碑文署名郑弼臣。民国成立后，孙中山追念郑士良功勋，从优抚恤其家属，保送其长子郑松云赴英国留学。现在郑士良的后人已无法寻觅了。

清政府的暗杀活动并没有特定对象，当时很多政府的反对者，都被清政府的赏格或花红捕过。清政府的这一"光荣传统"，在打击太平天国运动残余分子的时候得以延续，甚至因此还闹出了笑话。

太平天国领袖洪秀全的族侄洪全福是太平天国左天将、瑛王，人呼"三千岁"。太平天国起义失败后他隐居广东东莞市凤岗镇黄洞洪屋围村，在象山东边劈地，盖了十间房屋，自造一间小祠堂——洪氏宗祠，还购置了一批田地，自此成家立室。后来清朝政府追查到那里，风声甚紧，洪全福只能逃避香港。

在香港，洪全福长期在义和堂航业会所的外国商船上担任厨师，至19世纪90年代，洪全福上岸行医维生，并加入天地会，被推举为首领。兴中会会员谢缵泰在1895年广州起义失败，为再度起义与洪全福接触。

1901年杨衢云遇刺后，洪全福同意与谢缵泰合作。于是在1902年7月，兴中会会员李纪堂筹集50万两白银准备广州起义，并于香港中环德己立街20号

---

① 龚育之："8月27日郑士良去世"，载于《中国二十世纪通鉴（1901—1920）》（第一卷），线装书局1999年版，第37页。

设立指挥部。洪全福自称大明顺天国南粤兴汉大将军，计划于1903年1月28日年三十当晚起事，炸毁当时广州文武官员齐集的万寿宫，同时占据广州城内各处机关衙署。

然而，洪全福预订枪支的陶德洋行却向清廷告密以图吞没枪款，清廷大举搜捕革命人士，计划未正式开始便已彻底失败。洪全福在起义失败后逃亡，两广总督德寿悬重赏购买洪全福的人头：如果是活捉洪全福就能获赏两万元，当个守备官，如果杀死洪全福就能得到一万元，并被封为千总。[1]

▲李纪堂（1873—1943），香港富商李升之第三子。1900年加入兴中会，自此常以家资捐助革命活动。1902年与洪全福等谋在广州起义，事泄失败，共耗家资50万，家业由此中落。

结果一些人盯上了这笔悬赏。当时广东缉捕管带李家悼的部下张佐庭就动了歪脑筋，将貌似洪全福的吴六骗至香港并将其杀害，用吴六的人头骗取德寿的封赏。两广总督德寿、广东巡抚李兴锐得知洪全福已"授首"，顿时喜出望外，上报朝廷以邀功。[2]

结果后来真正的洪全福在香港被发现。原来洪全福隐居在香港九龙，这起假尸案顿时引起轩然大波。洪全福在香港居留不得，避往新加坡，后来因病返回香港，在香港病死，葬于香港坟场杨衢云墓旁边。

清政府摆了一个大乌龙，颜面大失，此案也被革命者大肆宣传，成为清朝腐朽的又一例证。

杀身成仁，唤醒国人革命之志气

当年的革命青年是十分英勇的，为了革命事业可以抛头颅洒热血，这种热忱对于革命自然起到了推动作用。

但我们也应当看到其中的问题。前面也提到，早期革命志士刺杀成风，但是其"作案手法"极不专业，很多刺杀都是因为一些低级错误而导致失败，比

---

① 冯自由：《中华民国开国前革命史》（上），良友图书印刷公司1930年版，第124页。
② 罗尔纲："洪全福假尸案"，载于《中华文史论丛》1981年3期。

如史坚如刺杀德寿，选择的刺杀地点是在德寿防护措施最严密的家里，炸药置放地点远离目标，炸药引爆不足不说，连爆炸引信都没有防潮措施，结果第二次回去点燃后也来不及逃跑了。

接下来讲的一例刺杀在当时的诸多刺杀案件中很有特点。清朝末年刺杀案件极多，仔细梳理之后会发现，按照刺杀动机分类，革命者的刺杀案可分为三类[1]。

第一类的典型就是之前提到的史坚如刺杀德寿案，史坚如是为了响应惠州起义，扰乱清朝的指挥系统，分散清政府的军事力量，将小规模的"配合性"起义改为刺杀，的确起到了一定效果。这种暗杀，可以称之为"辅助起义型"刺杀案。

第二类的典型就是马上要讲到的，革命党人和革命志士为了革命，决心杀身成仁以唤醒国人而进行的暗杀活动。他们希望自己成为蜡烛，燃烧自己，照亮国人，唤醒推翻旧制度的洪流。这种刺杀案可以称之为"振奋人心型"刺杀案。

本小节讲的就是这"振奋人心型"刺杀案。

◎ 出洋五大臣迎来"开门红"

1905 年 9 月 24 日上午，出洋考察的五大臣带领大批参赞、随员来到北京正阳门车站，准备乘火车离京启行。车站内外，车水马龙，岗哨密布，朝官贵戚前来送行。

清廷派五大臣出洋考察宪政，是为立宪做准备。镇国公载泽、户部侍郎戴鸿慈、兵部侍郎徐世昌、湖南巡抚端方、商部右丞绍英奉命分两路出洋，载泽、徐世昌、绍英赴英、法、日本和比利时等国；戴鸿慈、端方赴美国、德国、意大利和奥地利。

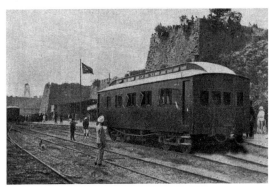
▲ 前门车站被炸的五大臣花车

载泽等人登上火车之后，一位穿戴着无顶红缨官服的年轻仆从从乱纷纷的送行人群中挤上了五大臣的包厢。

"你是哪位大人的随从？"包厢门口的卫兵警觉地问。

① 赵宝泉："辛亥革命前资产阶级革命党人暗杀风潮述评"，载于《山东师范大学学报》（人文社会科学版）1992 年 04 期。

"泽公爷府里的。"

"怎么以前没有见过你呀？"卫兵越发觉得此人面生。

"新进府的！"

年轻人想快速挤进车厢，引起了卫兵的怀疑，几个人上来挡住他搜查。年轻人边挤边把手伸进衣服里，抓住了自制的撞针式炸弹。

这时，正好火车头与车厢接轴，车身被撞得猛然后退，车上人随之摇晃，年轻人手中的炸弹未及掏出就已自动引爆，"轰隆"一声巨响，年轻人连同紧挨着他的3人被当场炸死，多人被炸伤。五大臣惊慌失色，但因相距较远，并无生命之忧，载泽和绍英受了点轻伤，徐世昌的官帽及官靴被弹片炸破，在卫士的护卫下匆匆逃离火车站。这就是清末著名的"五大臣被炸案"。[1]

◎ **英雄出少年**

天子脚下的北京城，朝廷命官竟然被炸，可谓是震惊朝野。慈禧太后闻讯后急令京城戒严，追查行刺之人及其党羽。由于刺客的下半身已炸烂，肠腹迸裂，手足皆飞，面孔血肉模糊，已难辨认，刺客的骨骸陈列多天也不见人来认领，血溅五大臣案陷入了扑朔迷离之中。后来，清廷的侦探史某偶到桐城会馆，才得知这件震动全国的谋刺案的发难者是秘密革命组织"少年中国强学会"的吴樾。

吴樾，字孟侠，安徽桐城人，保定高等师范学堂学生。吴家是桐城大族，父亲由官入商，结交的多是官僚、幕客。

吴樾早年曾应科举，庚子事变之后，对清政府失望透顶，因爱国而主张改革，由赞成立宪转而拥护革命，他认为"排满之道有二：一曰暗杀，一曰革命。暗杀为因，革命为果。暗杀虽个人而可为，革命非群力即不效。今日之时代，非革命之时代，实暗杀之时代也。"[2]

他认为铁良是将来灭亡汉族的巨魁，一心先刺杀铁良。杨笃生带来炸弹让吴樾看，经过试验，性能良好，吴樾喜出望外。当时正好是清政府选派五大臣出洋考察政治，他认为立宪骗局施行，必将阻碍革命，便决定采取刺杀行动。事前，他写了《意见书》，指斥清廷立宪是"假文明之名，行野蛮之实"。吴樾时年仅27岁。

1904年秋，革命党人杨守仁从北京秘密到保定帮助吴樾成立革命组织，两

---

① 冯自由："炸清五大臣者吴樾"，载于《革命逸史》（第三集），中华书局1981年版，第192页。

② 吴樾："暗杀时代自序"，载于《民报》增刊《天讨》，1907年4月。

人在两江公学翠竹轩刺血盟誓，成立了暗杀团。

确定了从事暗杀活动，吴樾就准备随时献出自己宝贵的生命。1905年春，吴樾草拟了一篇1万余字的遗书，其中包括《暗杀主义》《复仇主义》《革命主义》《与妻书》等12篇，表达了他决心牺牲自我、以身报国的耿耿丹心。

▲爆炸现场的照片，吴樾当场身亡，左脸重伤，腹部重伤，好像是被炸碎的椅子或桌子击中

◎ **烈士鲜血犹未冷**

吴樾敢说敢做，毅然用炸弹暗杀五大臣，立誓揭穿清政府所谓"预备立宪"的虎皮，虽然没有取得成功，但这个被称为"掷向清廷第一弹"的大案，在天子脚下、京师重地发生的爆炸事件，使清廷要人丧魂失魄，同时也极大地鼓舞了革命志士的斗志，从此，革命热潮风起云涌，不可遏制。

自吴樾死后，很多青年革命志士仰慕吴樾大名，盛赞其义举，步其后尘者越来越多。同时这些人相比较于空谈革命者更为激烈，对辛亥革命的发展，起到了极大的推动作用。

吴樾的血肉之躯并没能阻止清廷大臣出洋考察宪政，1905年12月，新任命的五大臣又先后踏上了旅途。不出所料，"预备立宪"只是清政府蒙蔽群众的权宜之计，出洋考察也没能挽救清王朝倾覆的命运，在随后的几年里，暗杀此起彼伏，革命形势风起云涌，在腥风血雨中，一个崭新的时代即将诞生。

挽救革命危局：汪精卫刺杀摄政王载沣

"五大臣被炸案"是最经典的"振奋人心型"刺杀案。除了以上两种类型，还有一种类型可以称之为"发泄悲愤型"刺杀案。1911年辛亥革命前，革命党

人的起义往往以失败而告终，起义屡遭失败，革命
党人开始对前途丧失信心，再加上"暗杀主义"的
盛行，于是采取与敌人硬拼的办法发泄悲愤的情绪。

这类案件最典型的就是汪精卫刺杀载沣一案。
此案可谓是汪精卫早年值得称道的一大义举，不过
其动因却值得推敲。汪精卫当时身居同盟会的领导
层，为何他自己要亲自出马去刺杀清朝高官呢？

从 1907 年到 1908 年，同盟会在广东、广西、
云南边境的六次起义均以失败告终，越来越多的革
命志士对前途感到茫然，为什么革命事业搞了十几
年，清政府就是屹立不倒呢？

▲图为青年汪精卫

原来的立宪派，后来流亡海外的以康有为为首的保皇派也对革命党人的领
导层冷嘲热讽，说他们是远距离的革命，革命党人的领导层安之若素，坐视手
下的小弟抛头颅洒热血。而且同盟会内部也因为孙中山不曾公开会内经费开支
而产生了矛盾及分裂行为。

不少一腔热忱的革命派领导者在思想上开始"钻牛角尖"，摆在明处的起义
活动玩不转，那就弄暗杀搞死你！许多同盟会的领导人亲自操刀，组织刺杀小
组，准备和清政府拼命。汪精卫刺杀载沣案就是在这样的背景下进行的。

◎ 北上刺杀团的豪华阵容

经过长期的刺杀活动，革命党人也逐渐锻炼出几支专业的刺杀队伍。汪精
卫北上是经过充分准备的，他成立的刺杀小组有当时革命派著名的炸弹专家黄
复生和喻培伦。

黄复生原名树中，字理君，四川隆昌人。在制造炸弹的过程中，他操作不
慎，一只眼睛瞎了，幸而不死，改名为复生。[①] 喻培伦字云纪，四川内江人。
曾留学日本，受同盟会的委派入千叶医科学校秘密从事炸药、炸弹的理论学
习。后来，研制炸弹时不慎爆炸，一只手因此残废，但培伦经过不懈的努力，
终于制造出威力大而且安全性高的炸弹，因此被誉为革命党的"炸弹大王"。喻
培伦还把其制造炸弹的原理写成书，供革命党人参考学习，革命党人称此法为

———————————

① 冯自由："制炸弹伤目之黄复生"，载于《子曰丛刊》1948 年第五期，第 33 页。

"喻氏法"。[①]

1910年初，汪精卫、黄复生、喻培伦、陈璧君四人潜入北京，在北京琉璃厂附近开了一个照相馆掩人耳目，然后伺机找大官做目标。他考虑得很合理，照相馆可以名正言顺地拥有暗室，也可以名正言顺地散发出当时老百姓们会感到奇怪的化学药剂的味道，而这些都是制造炸弹必需的条件。

最开始的刺杀目标，是摄政王的两个弟弟载洵与载涛。刺杀计划是等2月底这两个人从欧洲回来后，一出北京火车站前门车站，汪精卫等人就将炸弹一扔，"砰"的一声，完成任务。

但是刺杀当天，才发现载洵与载涛为了响应清政府当时的廉政运动，出门不前呼后拥，不清道，不摆架子，不设保卫。火车到站后，人流涌动，里面无数带红帽子的清朝官员，根本没办法分清谁是载洵与载涛。于是第一次刺杀失败了。

◎ 屡遭失败的刺杀

第一次刺杀失败后，汪精卫就想干一票更大的，直接刺杀那个时代真正的掌权者——宣统的老爹摄政王载沣。载沣是醇亲王奕譞的儿子，是光绪皇帝的弟弟，1890年承袭醇亲王爵位。1901年作为头等专使出使德国，这在清朝宗室中算是很早踏出国门的了。1907年，奉派为军机大臣上学习行走，1908年正月，补授军机大臣。

也就在这一年，光绪皇帝和慈禧太后相继驾崩。慈禧在驾崩之前颁发懿旨，命载沣的当时只有3岁的儿子溥仪继承帝统。同时，授载沣为摄政王，规定此后"军国政事，均由摄政王裁定"。因此，在1908年光绪帝、慈禧太后驾崩之后，载沣就成了清政府事实上的最高统治者。如果能将载沣暗杀，那无疑可以造成非常轰动的效应。

▲图为载沣和儿子溥仪（右）、溥杰的合影

虽然汪精卫和他的暗杀队同样不认识摄政王载沣，但载沣循规蹈矩的性格却给他们提供了再好不过的机会。载沣每天都要上朝，这个上朝的路线每天都固定不变，只要把炸弹埋在他上朝的路上，载沣必死无疑。打定主意后，暗杀队说干就干，很快就选定了什刹海边的银锭桥作为目标。

---

① 冯自由：《中华民国开国前革命史》（中编），上海良友图书印刷公司1930年版，第230页。

　　但不幸的是，当黄复生和喻培伦在 1910 年 4 月 2 日埋炸药的时候，被清廷的侦探发觉了。他们二人虽然顺利逃离了现场，但藏有炸药的铁箱则被清廷起获。清廷起获炸药之后，做了一番研究，发现装炸药的铁箱制造比较粗糙，像是临时在本地制造的。于是经过一番侦查，找到了鸿泰永铁铺。将东家抓来一问，招出铁箱是守真照相馆所订做。于是顺藤摸瓜，找到了守真照相馆，将正在照相馆内的汪精卫、黄复生和照相馆的一个职员罗世勋逮捕。①

　　虽然汪精卫被抓起来了，可是怎么处置他也是个令人头疼的问题。摄政王载沣知道，杀了汪精卫的确是维护了自己的尊严，但是这不正好成全了汪精卫的初衷吗？同盟会又会同仇敌忾，团结起来一致对外，这就不太妙了。因此，他并没有处死汪精卫。后来清朝灭亡，汪精卫从容出狱，成了民国的"大英雄"。

革命党人刺杀活动的非理性化

　　这种"发泄悲愤型"刺杀案的发生，汪精卫并不是孤例。广州起义失败后，革命元老黄兴也亲自组织对清朝官员的刺杀。1911 年 10 月 25 日，也就是武昌起义之后的半个月，革命党领袖黄兴策划的刺杀清廷将军凤山的行动，在广州宣告成功，在辛亥革命前后，革命党人对清政府官员的暗杀此起彼伏，达到顶峰。

1900年至1909年影响较大的革命党人刺杀案一览表

时间	地点	刺客	被刺对象	暗杀团体
1900年	广州	史坚如	两广总督德寿	兴中会
1901年	北京	陶成章	慈禧	兴中会
1904年	北京	杨毓麟、苏鹏	谋炸清廷宫苑	横滨暗杀团
1904年	上海	万福华	户部侍郎铁良	光复会
1904年	南京	易本羲	户部侍郎铁良	日知会
1905年	河南	彰德王	户部侍郎铁良	日知会
1905年	北京	吴樾	出洋五大臣	北方暗杀团

---

① 叶志如："清末汪精卫被捕后的供单及有关史料"，载于《历史档案》1983 年 02 期。

续表

时间	地点	刺客	被刺对象	暗杀团体
1906年	南京	杨卓林	两江总督端方	同盟会
1906年	广州	刘思复	广东水师提督李准	支那暗杀团
1907年	安徽	徐锡麟	安徽巡抚恩铭	
1908年	安徽	范传甲	协统余大鸿	光复会
1909年	南京	喻云纪	端方	同盟会

纵向观察辛亥革命前的十年，革命党人的刺杀活动充斥着个人英雄主义，也起到了一定的积极作用。前文所举三例，都是革命党人的刺杀活动起到积极作用的一面，但是刺杀活动也不乏过于非理性化从而造成对革命大局的负面影响。

◎ 盲目刺杀导致黄花岗起义失败

▲黄兴（1874—1916），中华民国开国元勋。辛亥革命时期，以字黄克强闻名当时，与孙中山常被时人以"孙黄"并称。1916年10月31日，黄兴于上海去世

从开始的"辅助起义型"刺杀案，到后来的"振奋人心型"刺杀案和"发泄悲愤型"刺杀案，暗杀活动从开始的革命辅助手段，越发地成为一种孤立的行动。特别是在1905年至1910年革命形势最危急的时刻，起义屡遭失败、前途的不明确导致革命党人内部分裂。这个时期的刺杀缺乏组织性和目的性，只是为了证明革命的存在而打击清政府的统治，这种无序的刺杀一定程度上影响了原本的革命步伐。

以黄花岗起义为例。1910年11月，孙中山在马来西亚槟榔屿召开秘密会议，商量再次起义的计划。参加会议的有同盟会的重要骨干黄兴、赵声、胡汉民等人。会议决定再发动一次大规模的广州起义。

同盟会吸取历次起义失败的教训，在起义发动前进行了认真细致的准备，筹款购械、组织联络都有专人负责。为了更好地领导起义，1911年1月，同盟会在香港成立统筹部，以黄兴、赵声为正副部长，下设调度处、储备课、交通课、秘书课、编辑课、出纳课、总务课、调查课，具体领导这次起义，并陆续在广州设立秘密据点，作为办事和储藏军械的地点，革命党决心把这次起义组织好。

但是，就在统筹部开会这一天，出来一个挺身犯难的同盟会孤胆英雄温生才，他在起义计划时间的十几天前挺身刺杀李准。可是他却没有把他的行动告知义指挥部（统筹部），而且他的情报也欠精准。他的目的是刺杀李准，然而他在燕塘以手枪连续射击所打死的坐在轿子中的清朝大吏是孚琦，而非李准。

刺杀案之后，广州戒严，清政府大肆搜捕革命党人，打乱了原来的起义部署，使筹备已久的广州起义不得不改变计划仓促发动，最后以失败告终。起义失败后，许多革命党人开会深刻检讨此次失败，黄兴明确指出温生才的冒进之举"打草惊蛇"，是起义失败的重要原因之一。①

◎ 对革命党人刺杀浪潮的多元思考

我之所以要指明革命党人刺杀活动中的非理性因素，并非否定其正面影响，而是让更多的人了解历史的另一面。虽然在当时革命党人对暗杀流血之风极为崇拜，但革命党内部一直有人对暗杀活动作用的局限性有着清醒的认识，比如胡汉民对暗杀活动就持不同意见，他在同汪精卫关于暗杀问题的辩论中就曾"力言暗杀之无济"，主张应当"致力于革命事业"。这也成为胡汉民一直反对暗杀的证据。

胡汉民并不是反对实行暗杀，他反对的是革命派把"起义"和"暗杀"之间的主次关系搞混了，暗杀的手段"治标不治本"，只有武装起义才能推翻清朝的统治。②胡汉民的观点与孙中山不谋而合，

▲黄花岗七十二烈士墓

1911年4月27日下午5时30分，黄兴率120余名敢死队员直扑两广总督署，发动了同盟会的第十次武装起义——广州起义。其中72人的遗骸收葬于广州东郊红花岗，后红花岗改名为黄花岗，这次起义因而被称为"黄花岗起义"

① 黄兴："与胡汉民致谭德栋等书"，载于《黄兴集》，中华书局1981年版，第47页。
② 胡汉民："胡汉民自传"，载于《近代史资料》（总第45号），中国社会科学出版社1981年版，第29～30页。

▲ **胡汉民**（1879—1936），本名衍鸿，字展堂，自称汉民，意为不做清朝顺民，做大汉之民。中国国民党元老和早期主要领导人之一，也是国民党前期的右派代表人物之一

他们都不反对暗杀活动，只是对暗杀的利弊考虑得更为深远，对暗杀时机的选择要求得更加严格，最重要的还是起义活动，在不影响起义根本大计的情况下，可以酌情考虑暗杀计划的施行。①

正是因为革命派领导者对刺杀活动的性质始终有着清醒的认识，所以在革命形势最低迷的时候，刺杀活动一度失控的情况下，革命派能够尽快对此进行调整。在辛亥革命期间暗杀活动极为频繁，但是刺杀案之间的组织十分严密，极大地震慑了清朝官员。刺杀配合着武装起义的进行，推动了革命形势的发展。

清末延续至民国初年的刺杀浪潮，对民国时期的政治形势产生了深远的影响，民国年间的许多政治大案都是以刺杀活动为载体，引起了极大的社会效应，成为中国社会变迁的一部分。刺杀案也成为民国时期影响最大、数量较多的一类案件。

---

① 陈旭麓、郝盛潮："孙中山关于此事的相关论述"，载于《孙中山集外集》，上海人民出版社 1990 年版，第 152 ~ 153 页。

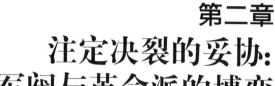

第二章
注定决裂的妥协：
军阀与革命派的博弈

民国初年革命派与以袁世凯为首的北洋集团的政治斗争错综复杂。北洋集团窃取了南方革命政府的法统，革命派以法律为武器，掌控立法权的同时积极希望以改选政府的方式将袁世凯边缘化，结果遭遇了失败。

博弈的双方是如何利用法律的武器来为自己取得最大的优势呢？宋教仁的议会斗争道路为何最后走向失败？

"不擅政治"的北洋集团和"力不从心"的革命派

1911 年，是中国历史上值得浓墨重彩描绘的一年，这一年，最后一个封建王朝——清朝终于结束了它的统治。大清亡了，这一时刻的到来似乎有些晚，但同时也让所有人感到措手不及。

革命派还未做好"迎接"它灭亡的准备，这是一场让人猝不及防的革命：武昌城的一声巨响，迅速在中国南方引发遍地烽烟。革命者的领袖孙中山此时还在国外为下一次起义的准备而奔走，国内一片乱象，武昌群龙无首。在这样的背景下，旧军官代表黎元洪被推上了"首义元勋"的宝座。

清政府也在积极挽救自己的命运，却没想到被原本寄予厚望的"救命稻草"——北洋新军倒打一耙。自元朝以来的八百年，武人集团第一次挣脱了体制的束缚，打破了军事与政治的界限，继承了清朝残余的也是最精华的军事力量，以前所未有的姿态，莅临民国政坛，成为民国初期最强大的政治力量。

立宪派面对剧变，因选择的不同产生了分裂。有的放弃了其"君主立宪"的立场，转而转向一种较为稳健保守的姿态参与民初之后的政治活动，逐步与革命派合流，一起以法律为武器，以实现议会政治为目标，用宪法制约军阀的势力。也有的与军阀势力合作。但二者目的都是一致的，就是获取更多的政治权力。

清朝的确命数已尽，它的灭亡，成为国内各个政治集团共同的政治诉求，革命派、立宪派与北洋集团携手共进，武昌起义后不到 5 个月，1912 年 2 月 12 日，旧制度的总代表——皇帝下诏逊位。之后南北政府合并，袁世凯主政新政权并定都北京，南京临时参议院最终也迁往北京，五色旗在中国大地上飘扬，象征着由五族构成的中国国民的主权——中华民国正式成立。

革命派革命了若干年，结果却是旧政府的官僚袁世凯窃取了"革命果实"，成了中华民国的总统，这是现在的历史教科书告诉我们的，也是传统历史叙事有关民国政治形势发展的基本观点。

这个历史结论预设了两个主观条件：一是以袁世凯为首的北洋集团居心叵测、十分狡猾；二是以孙中山等人为代表的革命党人"涉世未深"，在政治斗争中显得极为幼稚，于是北洋集团利用了革命党人的幼稚，连哄带骗地夺取了最高政治权力。

仔细推敲这个预设条件就能发现其结论的幼稚。这个观点首先预设了北洋集团的"恶"，以此为出发点，其所作所为都是在证明它的"恶"，其对立面是"善"的，显得天真可爱。而事实呢？如果一个政治集团连续发动十余次革命失败，丧失一代青年精华，仍然幼稚可笑的话，就难以理解什么是政治成熟了。

孙中山等革命派领导人俱是当世人杰，难道袁世凯真的大智近妖，能将孙中山等人中豪杰玩弄于股掌之间？让我们从另外一个更客观、更接近历史真相的角度去理解，也许更合情理。

◎ 革命派的妥协与算计

1911 年 10 月 10 日武昌首义，创立民国，十二省纷纷宣布独立。12 月，十七省的代表齐聚上海，推举孙中山为临时大总统；孙中山组织内阁，成立南京临时政府。不过南京临时政府并未实施内阁制，而是总统制，因此没

▲1911年12月，十七省的代表齐聚上海时的合影

有设内阁总理，内阁参谋总长由黄兴兼任，负责一切军事事务。而此时位于北京的北方政府则以袁世凯为首，形成南北对立的局面。

我们分别对当时对立的双方——北洋集团和革命派进行分析。前文提到过，革命党人对于武昌起义的爆发没有做好充足的准备，这种不充足的准备表现在两个方面。

其一，革命派主观上的思想准备不足。当时的革命领导人根本没有想到革命形势发展如此之快，等到孙中山等人反应过来并积极作为的时候，革命已成燎原之势，清朝已经大厦将倾了。

其二，革命派客观上的物质力量不足。这一点是根本性因素，革命派的政治力量主要分布于南方，在北方力量较弱，而且整体军事力量不强。枪杆子里出政权。南方政府成立后，面对北方手握大量精锐部队的袁世凯以及依然存在的清政府，革命派拳头不硬，腰杆自然挺不起来。

打又打不过，更何况当时的革命派并不想动用武力，而是想和平建国，逐步实现议会政治，但这一点凭自己的力量又做不到，所以他们寻找联合，寻求机遇，和平推翻清政府，并热忱地投入政党政治的世界之中。为了实现这个目标，他们对以袁世凯为首的北洋集团必须有所妥协。

1912 年 1 月 22 日，孙中山发表声明，只要袁世凯赞成清帝退位，便自行辞职，让位于袁世凯。袁世凯得到这个保证后，便加紧了逼宫的进程。因此革命派是在他们力所能及的范围之内寻求解决政治问题的可行办法。从这一点来看，他们并不是幼稚的，而是成熟的。

2 月 12 日，在清朝内阁总理大臣袁世凯等权贵的劝说和逼迫下，宣统帝溥仪的母后隆裕太后接受清室《优待条件》，发布《逊位诏书》，宣布清宣统皇帝退位，并授权袁世凯组织临时共和政府。

至此，大清帝国正式终结。统治了中国二百六十八年的清王朝正式宣告灭亡，中国两千年来的帝制也宣告灭亡。1912 年 2 月 13 日孙中山提出辞呈，向临时参议院推荐袁世凯接任，2 月 15 日临时参议院选袁世凯任临时大总统。

也许有人说，弱者向强者寻求妥协，这不是"羊入虎口"嘛！之后的历史轨迹似乎印证了这一点。历史如果只以成败论英雄，那么得出的结果往往是片面的。革命派最后是失败了，但正是因为如此，我们更需要弄清楚革命派做过哪些努力、最后因何而失败。

革命派并不是待宰的"羔羊"，对于和北洋集团的合作自然有所防备。中华民国是共和政权，从法理上来讲共和国政府的权力来自于宪法，政府首脑必须

▲1912年3月8日，南京临时参议院通过《中华民国临时约法》。3月11日，孙中山公布实行。图为《临时约法》局部

通过自下而上的选举（代议制或直选）来获得其权力。因此革命派积极地在新政体的成立过程中，获取政权更迭的法统主导权，于是有了《中华民国临时约法》的诞生。

《中华民国临时约法》是革命派精心构建的制度武器，也体现出了革命派当时的斗争思路。在当时的革命派领导人看来，无论是主张"总统制"的孙中山，还是主张"内阁制"的宋教仁，都认为与北方政府"武斗"胜算不大，因此采取"文斗"的方式，即用法律手段限制总统权力，实现议会政治，架空北洋集团的实权。

一开始南京临时政府采用的是总统制，1912 年 3 月 8 日新起草的《中华民国临时约法》由临时参议院通过，3 月 11 日公布实施。"约法"仿法国式的责任内阁制将原《中华民国临时政府组织大纲》的总统制改为内阁制，使袁世凯成为虚位总统。

这就是当时革命派的算计，他们不是"羊入虎口"，而是在玩"狐假虎威"的把戏，期望在《临时约法》等法律体系的约束之下，将北洋军阀这头实力巨兽捆住。这种思潮在当时的革命派中占据主流，其代表人物就是宋教仁。宋教仁和他的同仁相信，通过"议会—责任内阁制"，能够解决国家分裂对抗、排除强人政治；通过政党政治，能够实现政权和平更替，实现政治的螺旋上升。

◎ 惰性军政集团的崛起

革命派这么做正中北洋集团的软肋，因为北洋集团是自辛亥革命后一个由军事集团逐步转型的政治集团，即便是其首脑袁世凯，对民主政治也并不了解，他们只是基于利益需求的渴望攫取尽可能多的政治权力。

因此袁世凯接受了南京临时参议院的任命，成为民国第二任总统，掌握了军政实权的同时认可了南京临时政府所确立的法统，不得不受南方法统的制约，这也就成为革命派继续斗争的砝码。

关于军阀集团的崛起，张晓波先生在其著作《民国的开端——宋教仁评传》[1]中提出了一个概念，叫"惰性军政集团"，恰如其分地描绘出了北洋集团的本质。我称其为"不擅"政治。我所说的"不擅"，不是说北洋集团不精通政治手段，而是整个集团从上到下缺乏大政治家的气魄，对于自己政治集团的利益诉求，没有长远的规划。一切政治活动的出发点都是基于现实的利益，是一个

---

① 张晓波：《民国的开端——宋教仁评传》，光明出版社 2013 年版，第 135 ~ 150 页。

▲1912年3月10日，身穿前清陆军上将军常服的袁世凯（前中）宣誓就任中华民国临时大总统后，与部分政府官员和外国使节合影

彻底的以物质利益维系的政治集团。

北洋集团对于国家、民族和社会文化的变革没有自己独立的主张，在中国政坛上，它的主动性只体现在关系到自己利益的"一亩三分地"。这种"惰性"在辛亥革命中充分体现，当北洋集团作为国家权力（北方）的操控者参与南北和谈之际，它既可以赞成君主立宪制，也可以依附于共和制；它既可以为清廷护航，也可以与革命党谈判，甚至还可以拿清廷来要挟革命党、拿革命党来挟制清廷。翻手为云覆手为雨，全在该集团或该集团领导人的权位利益。

用张晓波先生的话来说，无论君宪与共和，都不过是遮蔽北洋集团利益诉求的政治新衣。它在政治上是彻头彻尾的骑墙派，对于北洋军事集团来说，袁世凯在辛亥年能获得多大的个人权位，整个集团的其他人的政治权力与其直接相关。[1]因此北洋集团在与革命派的谈判中，对于新成立政权法统的解释权毫无兴趣，只要能保障他们获得更多的利益，无所谓总统的位置是谁任命的。

这就是辛亥革命后北洋集团与革命派达成的政治合意。北洋集团操纵实权，革命派掌握法统。北洋集团以为得到实权就能压制革命派，革命派却寄希望于利用法统的制高点，逐步实现议会政治，通过选举将不熟悉"议会政治"的北洋集团边缘化，实现夺取政治领导权的目的。两者的根本目的是对立的，但在辛亥之后却达成缓和的政治合意，因此中国并未像第一次世界大战之后的俄罗斯帝国、奥斯曼帝国与奥匈帝国那样，在"走向共和"的同时也走向了解体，而是大致保持了清朝的疆域与人口，以一种和平的方式实现了政权的更迭。

这个过程，北京大学法学院的章永乐教授在其著作《旧邦新造：1911—

① 张晓波：《民国的开端——宋教仁评传》，光明出版社2013年版，第138页。

1917》中称其为"大妥协"①，正如章永乐教授在其书中所说的，这一次妥协，已经酝酿着此后分裂的祸根。

"大妥协"的结果可以理解为北洋集团夺取了实权，也就是国家行政权；革命派为下一步夺取实权营造了法理与道义上的条件，也在事实上掌握了立法权。其实两者的目的并没有区别，都是为了争夺政治领导权，因此在第一步妥协之后，革命党人要实现其政治蓝图，必然会引起一系列的冲突。革命者与北洋集团达成的妥协，这个过程是曲折的，而且站在革命派对立面的，不仅仅只是北洋集团。让我们用历史的眼光，从法律的角度审视这段坎坷之路。

司法独立第一案：县太爷杀了革命者该怎么判

摧枯拉朽的辛亥革命，结束了中国长达两千年之久的君主专制，以孙中山为首的革命党人以一个全新的政治姿态走上中国政治舞台。孙中山提出的中华民国建立以后"首重法律"的政治建国方针，顺应了民主共和国的基本原则。也就是说，新生的民国必须通过法律手段来重新整合晚清统治者留下来的破败的社会局面，即通过法律手段来进行社会秩序的构建。

一般的历史文章将这个过程概称为革命形势迅速发展。但是革命形势又是如何迅速发展的呢？其中有许多复杂的因素，充斥着社会动荡中各个社会阶层之间的矛盾，我以"民国司法独立第一案"的姚荣泽杀人案为例，阐述这个复杂的过程。

1911 年年底，正是武昌起义胜利后的短短两个月，湖南、广东等十五个省份，纷纷宣布脱离清政府独立，一时间天下大势纷纷扰扰，究竟是新生的革命党会取得成功，还是已统治这块土地两百六十多年的大清王朝会倒戈一击，谁也不能保证。

毕竟，从太平天国到鸦片战争，再到八国联军，百足之虫死而不僵，皇帝还在，辫子也还在，对于普通老百姓来说，眼前的局势会向何处发展无人知晓。时任江苏省山阳县县令的姚荣泽，便在这乱世之下做了一个错误的判断，而这个判断相当致命。

---

① 章永乐：《旧邦新造：1911—1917》，北京大学出版社 2011 年版。

◎ 革命青年夺权引起旧官僚的反扑

姚荣泽是前清江苏省山阳县县令，案中被杀的周实、阮式两人，是江苏淮安人，均为南社成员，同时也是同盟会员中参与革命多年的"老革命"。

武昌起义爆发后，革命浪潮迅速波及全国，各地纷纷响应。时在南京读书的周实受同盟会、南社派遣回乡发动起义。见时局混乱，回乡后，周实同阮式在学界的推举下，召集归乡学生及本城中学生八九十人组成"学生队"，负责维持秩序，守护县城。后改名为巡逻队，两人分任正副队长，并夺取

▲周实，去世时年仅26岁

守城清兵的武器，接管了山阳县政权。①

接管政权后，怎么维系市政体系正常运转是个问题，毕竟都要用到钱，而革命者草根起家，最缺的就是钱。在这样的情况下只能寄希望于旧官僚体系，暂时由其维持政府职能的运转。就这样，原来的县令姚荣泽又被周、阮等人强迫出任巡逻部司法长。②

周实、阮式疾恶如仇，是有志革命青年，当时的许多社会名流对两人的评价很高，比如南社成员柳亚子在提到周、阮两人秉性时，说："两君赋性刚直，不能奄媚取容，而烈士（阮式）尤喜面折人过，不少假借，虎虎有生气，故忌之者尤烈云。"③

姚荣泽对革命形势不大看好，因为是原县令，手握一县财政大权，革命后虽然被削权，但是县政财权依然掌握在其手中。1911年11月7日，未征得巡逻部同意，姚荣泽私自招募40名士兵组织卫队，这样的行动自然引起周实和阮式的不满，周、阮便要求姚荣泽"交代款项账目"，一开始交涉的时候姚荣泽不买他们的账。

11月14日，周实、阮式组织召开光复大会，姚荣泽依然没有到会，持观望态度的士绅们也都一言不发。阮式决定在大会"杀鸡儆猴"，当即宣布姚荣泽逃避开会的行为是在反对光复行为，一定要严惩。

于是第二天，阮式带着巡逻队员，找到龟缩在县衙的姚荣泽，以双管手枪

① 柳无忌、殷安如编："阮式"，载于《南社人物传》，社会科学文献出版社2002年版，第158页。
② 文史资料研究委员会：《辛亥革命回忆录》（四），文史资料出版社1961年版，第282～283页。
③ 柳亚子：《磨剑史文录》（上），上海人民出版社1993年版，第302页。

抵住姚荣泽的胸膛，要他交代清楚县里的财政状况，问他把钱粮放哪里了。姚荣泽吓得面无人色，立刻答应三天之内把钱粮交结完毕。[①]

他们的革命行动引起了山阳县士绅的忌恨。此时又有流言，传周实、阮式要杀官劫绅，瓜分他们的财产，导致当地士绅都人人自危，赶到姚荣泽处商量对策，想要除掉两人。

1911 年 11 月 17 日，姚荣泽派人以议事为名，将周实骗至府学魁星楼下，周实迎面遭到枪击，连中七枪毙命，年仅 26 岁。之后姚荣泽又带领人马直奔阮式的住所，把他绑架到县学。阮式痛骂姚荣泽，换来的只是姚荣泽的冷笑。姚荣泽下令处死了阮式。阮式牺牲时年仅 22 岁。凶残的刽子手竟剖开他的胸膛，五脏六腑俱出，鲜血满地流淌。

姚荣泽杀害周实和阮式以后，称周、阮两人勾结乱匪，扰乱秩序，又将周、阮家属一并拘捕。渐渐地，革命风潮已经越来越明显了，革命军主力杀到淮安来了，姚荣泽眼见大事不好，意识到自己当初的选择是错的，只好抛家舍业，跑到通州分府和通州总司令张察家中寻求庇护。

革命军抵达山阳，闻周、阮被害立即四处搜索凶手，结果扑了个空，但是把周实和阮式遇害的消息向上级汇报，等待法律对姚荣泽的制裁。

◎ 真正杀人者非姚荣泽一人

周实、阮式的惨案引起舆论哗然，群情激愤。同为南社成员的柳亚子为伸张正义、惩凶复仇，到处奔走呼号，与朱少屏等联名上书沪军都督陈其美[②]，认为在革命形势如此顺利的情况下，有革命志士被杀，影响极其恶劣，应当立即捕杀姚荣泽。

1912 年年初，根据周实、阮式家属的告发，沪军都督陈其美以"旧官僚残杀革命志士的严重事件"向孙中山电请把姚荣泽押解来上海，按照军法进行审讯。孙中山于 1912 年 2 月 9 日、10 日连续三次发电告知有关部门，要求尽快把姚荣泽绳之以法，以

▲陈其美沪军都督任上坐姿照

---

① "姚荣泽案审判记"，载于《民立报》1912 年 3 月 24 日。

② 陈其美也是南社成员。

顺应革命形势的需要。①

有意思的是，在姚荣泽案移交到上海后，案件当事人双方此时却开始想和解了，淮安的六十多人士绅致信司法总长，建议对姚荣泽判处罚款，他们愿意为周实、阮式两人建祠出书。受害人周实、阮式的家属也致信伍廷芳，说证人在上海很多天了，花销巨大，谋生艰难，一旦回到乡里就不好聚集了，考虑到淮安绅士的从中调停，同意"自愿和平了结"。②

为什么事情会发生这样的变化呢？有两方面因素。

第一方面因素与辛亥革命的进行方式有关。革命的进程中，官僚派与草根起家的革命者之间的分歧和冲突是常有的事，也是在每一次革命当中都会发生的。

辛亥革命是一种比较有节制的革命，因此这种关系更加复杂，推动变革的革命派并没有一支组织强大的部队，许多地方的政权更迭是以和平易帜的形式进行的，因此政权结构中依然留存有相当一部分旧士绅阶层，他们中有原来当过官的，比如姚荣泽这样的人并不看好革命，也有一些开明士绅倾向于革命党人。

正因为革命派没把原有的士绅阶层和官僚阶层的权力和势力摧毁，所以后者在广大的基层组织中掌握的资源比革命党人要多，尤其在县一级，革命的过程往往是社会财富的再分配的过程，财富主要掌握在谁手中呢？就是这些士绅阶层中。所以在这种情况下，他们之间一有矛盾，很可能就要发生流血事件。所以姚荣泽后来说不是我杀的他们，是那些士绅让我杀的，这话是有一定道理的。

第二方面因素与中国传统的诉讼观念有关。在当时的原、被告双方看来，打官司是一件极其麻烦的事情，花大价钱也解决不了问题，不如息事宁人，士绅出钱摆平受害者家属，以此帮助姚荣泽脱罪。

◎ "务实"的陈其美与"天真"的伍廷芳

对于姚荣泽案件的双方要求和解的愿望，革命党人当然不会允许。在革命事业如火如荼展开的时候，破坏革命、残杀革命志士是一件必须要重惩的案件。姚荣泽押解到上海的时间是 1912 年 2 月 23 日，当时的革命派人士对其是一片喊杀声，革命者竟死于旧官僚之手，是可忍，孰不可忍！沪军都督陈其美的意见很能代表当时大多数革命派的意见，他们认为像姚荣泽这样罪大恶极的

---

① 几次电令参见孙中山："令庄蕴宽将周、阮冤案移交沪军都督办理文"（1912 年 2 月 9 日）、"令张察将姚荣泽及全案卷宗解送沪督讯办文"（1912 年 2 月 10 日）和"令陈其美秉公讯办周阮被杀案文"（1912 年 2 月 10 日），均载于《孙中山全集》（第二卷），中华书局 2006 年版。

② 华友根："民国元年姚荣泽案及其纷争述略"，载于《政治与法律》1989 年第 6 期。

凶犯，证据确凿，何须公开审判？应当速速按军法立即处决。

就在这时，专司司法审判的临时政府司法部和司法总长伍廷芳于 2 月 18 日向临时大总统孙中山就陈其美来电以及审理姚荣泽案件，提出自己的处理意见，并对审理姚荣泽的具体程序性问题提出了质疑，即由谁来组织法庭和按照什么程序来审理，由此揭开了双方争论的序幕。

伍廷芳 1874 年自费留学英国，入伦敦学院攻读法学，获博士学位及大律师资格，成为中国近代第一个法学博士。对于曾在英国受过专门法律教育和司法实践训练的伍廷芳而言，在中华民国刚成立之际，可以借姚荣泽案件，表现民国政府有能力采取文明国的审判办法以及先进的审理程序来处理各种诉讼案件。

▲ 伍廷芳（1842—1922）是首位取得外国律师资格的华人，也是香港首名华人大律师，中国近代有名的外交家。伍廷芳之子伍朝枢，亦是民国时期的外交家，曾出任国民政府驻美国大使。在中国近现代外交官中，伍廷芳与其子伍朝枢是著名的"父子档"

在伍廷芳的设想里，姚荣泽案应当成为中华民国判案的典型判例，让外国人知道中华民国法治的清明，以此作为收回领事裁判权和民国司法主权的铺垫。因此伍廷芳建议允许外国律师在中国法庭出庭办案，从而为中国律师参与租界法庭办案提供先例，并选一名精通西方法律和裁判制度的主审官，以体现新兴的民国是一个文明的国家。

伍廷芳这样的想法在以陈其美为代表的部分革命者看来是极其"天真"的，反正要重罚，何必搞这样的"形式主义"呢？反革命就应该立即处决才能立威，否则审一个"反革命"都这么大费周折，革命事业的威信何在？

于是乎陈其美毫不理会伍廷芳的建议，在 2 月 29 日私自委任丁榕为陪审官、军法司总长蔡寅为临时庭长、日本法律学士金泯澜等两人为民国代表，准备就这样组织军事法庭审理定案了。[①]

陈其美的行为引起伍廷芳的强烈抗议。按道理讲，民国建立伊始就强调司法独立，案件审理过程中，裁判所的人员安排、裁判官和陪审员的任命，其权应属于司法部。而陈其美是沪军都督，是上海的行政军事长官，有何权力干涉司法程序？

---

① 《伍先生（秩庸）公牍》，文海出版社 1975 年版，第 55 页。

1912 年 3 月 2 日，伍廷芳以此为由致信陈其美，"婉约"地表达了自己的强烈抗议。陈其美看到伍廷芳的信，根本没有意识到自己私自委任司法审判官的行为有违司法独立原则，反而以革命军都督府的威信相要挟，把这些任命登在报纸上，公告民众。这等于告诉伍廷芳，你瞧，公众都知道我沪军都督府的人接手审讯这个事情了，你如果再生事端，朝令夕改，民众眼中政府的威信何在呢？

任命见诸报端后，陈其美于 3 月 4 日致信伍廷芳。在这封回信中，陈其美以"事先将委任审判官一事公诸报端"为借口，继续坚持自己的决定。

◎ **孙中山一锤定音：按伍廷芳说的办！**

至此，姚荣泽一案的主角已经不是姚荣泽本人了，而是伍廷芳和陈其美两人。伍廷芳知道如果不说服陈其美，案件实在难以有较大进展，因此又下笔一封"再复沪军都督书"[①]，主要是三个意思。

首先，提出了自己一整套以西方文明国司法审判办法为样本的司法规则和审判程序，说明自己试图办好此案以此向外国提出收回治外法权的申请；其次，对陈其美的保守和不符合法治国家的主张，提出了强烈的批评；最后伍廷芳还做了一个说明，说如果姚荣泽想聘请律师，包括聘请国外的律师，都随他的便。

伍廷芳的这一点说明激起了陈其美的强烈反对，在陈其美看来，我们中国人的案子你聘请什么外国律师，这不是崇洋媚外、丧权辱国吗？所以陈其美很难接受聘请外国律师这一点，写了一封回信从三个方面对伍廷芳的主张给予了强烈的抨击。

首先，外国人不得为他国律师是国际通例，变更需经议院立法；其次涉案地点、人员皆为中国人，与外国人有何干系？最后，如果要允许外国人参与中国庭审恐怕会为以后外国人干涉中国司法提供机会，中国人有崇拜洋人的习性，这也将影响中国以后的司法公正。伍廷芳对此回信又进行批驳，其后又是几个来回的口水仗，讨论逐渐陷入僵局。[②]

关于姚荣泽审判的具体实施，伍廷芳和陈其美数次论战都以公开发表的形式见诸报端，长达三个多月的关于"司法独立"的大辩论，引起了社会的轰动。伍廷芳与革命党人、军方代表的陈其美之间，就实行文明国法制，还是传统的

---

① 伍秩庸："复沪军都督来书"，载于《伍先生（秩庸）公牍》，文海出版社 1971 年版，第 55 页。
② 伍秩庸：《伍先生（秩庸）公牍》，文海出版社 1971 年版，第 60～62 页。

人治或者革命的专制进行审判的争论，体现了以伍廷芳为代表的法制派与以陈其美为代表的军方革命派在"道路与方法"上的矛盾与冲突，反映了民国初年法制建设，尤其是实现司法近代化过程中的艰难。

案子总需要一个解决的办法，问题最后的焦点仍然集中在孙中山身上，时任临时政府大总统的孙中山究竟是快意恩仇，为革命同仁们报仇雪恨而意气用事呢？还是维护新政权所确立的司法独立之原则？这需要孙中山来决断。

孙中山原本是支持陈其美的。姚荣泽案开始的时候，姚荣泽被与他有私交的通州总司令张察保护起来。对于陈其美将姚荣泽转移上海接受审判的要求，张察以孙中山要求江苏总督查明案情的命令为由，说案件细节尚未查明不能移交。后来是在孙中山的支持和严令下，陈其美才将姚荣泽转押至上海。

伍廷芳在与陈其美论争的时候也致信孙中山，他的言辞打动了孙中山，因为姚荣泽案已经成为民国司法独立的试金石。孙中山对伍廷芳的电报，很快便给出了一个答复："所陈姚荣泽案，审讯方法极善，即照来电办理可也。"态度很明确，那就是一切照伍廷芳说的办。

◎ 审判中的变数："死里逃生"的姚荣泽

3月23日下午，"中华民国第一案"在上海开庭。由司法部和沪军都督府共同组成"临时正当之裁判所"审判，旁听者包括各署左长、南社社友、记者、各国人员共计一百九十多人。

审判人员按照伍廷芳的设想，陈贻范任临时裁判所所长，丁榕、蔡寅为承审官。法庭经过23日、30日、31日三次的审判[1]，经历了一番唇枪舌战，陪审团一致认定姚荣泽为谋杀罪，最后判定姚荣泽死刑。

判决后，法庭给姚荣泽五分钟做最后陈述，没想到一番陈述打动了陪审团。姚荣泽申辩说，他杀死周实、阮式并非出自本意，而是因为受地方绅团的逼迫所为，请求减刑。

而陪审团也认为，本案发生在光复未定、秩序扰乱之际，与平静之时不同，"该犯虽罪有应得，实情尚有可原"，便决定由陪审员集体禀请大总统"恩施轻减"，将死刑的执行期限延长三个星期。[2]

但是这个时候南北政府合并，袁世凯就任大总统，孙中山、伍廷芳都已去

① "姚荣泽案审判记"，载于《民立报》1912年3月24日。
②《申报》，1912年4月1日。

职。袁世凯刚上任不久，而且袁世凯本人与革命党人也是多有摩擦，乐于给革命派上点"眼药"。于是做了个顺水人情，在 1912 年 4 月 13 日发布一纸大赦令，便又免除了姚荣泽的死刑。①

所谓的"打动"陪审团，是部分史料的记载，但是从实际出发，所谓的被告人最后五分钟陈述，承审官和陪审员的同情，以及"恩施轻减"的理由，多少有些牵强附会。如果没有旧士绅的奔走和运作，陪审团又何必冒着得罪陈其美等大佬的危险向袁世凯提出减刑的申请呢？姚案的最终改判是民初尖锐复杂斗争形势的真实反映。结果袁世凯签发了特赦令，姚荣泽等于是一下逃出生天，死刑免过，不到三个月姚荣泽就被放出来了。②

袁世凯的特赦令充分体现了北洋集团与革命派之间的"暧昧"。究其原因就像章永乐老师在其论文《"必要而危险"的权力：民初宪政争衡中的行政专权》中所说，北洋集团原本是清王朝旧官僚、旧军人"借壳上市"的结果，继承了南京临时政府的法统，却不愿意同时继承对革命正当性的确认，而这恰恰是南京临时政府之所以能够成立的政权根基。③

姚荣泽的"死而复生"，令革命党人无法接受。他们大呼"天理何在？国法何在？"不仅如此，他们还将怨气发泄到年过七十的伍廷芳身上，他们连续在报上发表文章，指责伍廷芳滥用职权、实行专制，破坏民国法制与民权。一时间怨语汹汹，伍廷芳成众矢之的。

以伍廷芳为代表的法律界精英在民国初年的司法独立理想，就这样尴尬收场。

◎ 司法独立之滥觞

案子结束了，我们从另一个角度思考就会发现一个很有趣的现象。在姚荣泽案的审判过程中革命党人的对立面——以姚荣泽为代表的旧士绅阶层以及后来给革命派上"眼药"的袁世凯，都很守规矩，严格遵循了法律所规定的程序，反而是革命派人士不时有破坏法制之举，后来在伍廷芳的坚持下，按照法律程序办事，却被姚荣泽、袁世凯等人用法律反制，给革命派上了深刻的一课。

从党派利益的角度讲，陈其美的做法和考虑不无道理，正是因为他经历了

① "大总统令"，载于《申报》1912 年 4 月 13 日。特赦令称："兹据前司法总长伍廷芳及陪审员胡贻谷等四员，先后电陈：本案发生在秩序扰乱之际，与平静之时不同。该犯虽罪有应得，实情尚有可原等语。本大总统依临时约法第四十条，特赦姚荣泽免其执行死刑。余照该法庭所拟办理。"
② 丁贤俊、俞作风编：《伍廷芳集》（下册），中华书局 1993 年版，第 522 页。
③ 章永乐："'必要而危险'的权力：民初宪政争衡中的行政专权"，载于《法学家》2012 年第 02 期。

许多大风大浪，所以深知迟则生变的道理，按照伍廷芳的办法，会给案子带来很多变数，毕竟当时革命派并没有一手遮天的势力，想给革命派难看的大有人在。果不其然，姚荣泽抓住机会"死里逃生"。

在一个"革命即是正义"的年代，杀了革命者按国家法律审判反而没有被处决，那么什么才是正义？这个案件的结果是革命派万万不能接受的，因此革命党人痛骂伍廷芳是个"老贼"。

案件的审判过程也深刻暴露出革命派的部分问题。陈其美等革命党人在反封建反专制的过程中的确作出了很大的贡献，但当政后，却时不时流露出以军代政的新的专制倾向，关于姚荣泽案与伍廷芳的争论正是这种倾向的表现。这不是特例，也不是陈其美一人的想法，他只是一个代表，这种思想其实大量存在于革命党人中。

主持过前清法律制定，并深受西方民主熏陶的伍廷芳以其经历切实希望中国能摆脱专制的影响，反对行政、军政干预司法，但处于绝对弱势地位；虽然在孙中山的支持下，最终双方都有所妥协而促成了审判的进行，但法治还是人治或军治都仍是民国法制发展进程中的一个大问题。

姚荣泽案的审判，开启了中国现代司法诉讼新纪元。至少在程序正义这一个方面，姚荣泽案的审判完全符合西方法律所规定的正当程序，只是结果出人意料，让革命派人士心中很不是滋味。

在革命者的谩骂声里，伍廷芳也因此案郁郁寡欢，退出了政坛，深居上海观渡庐，埋头书斋，致力于学术研究。1916 年，伍廷芳东山再起，出任段祺瑞内阁外交总长，次年代总理，旋因拒绝副署解散国会令解职出京。1917 年，追随孙中山赴广州参加护法运动，任护法军政府外交总长。1921 年，任广州军政府外长兼财政总长。

1922 年 6 月 23 日，伍廷芳病逝。弥留之际，伍廷芳犹谆谆叮嘱其子、法学博士伍朝枢以护法本末，昭示国人，无一语及家事。

革命派的避让：首义元勋张振武被杀案

姚荣泽案折射出的社会背景，说明了在 1911 至 1913 年，革命派与北洋集团的博弈与对抗中，还有许多中间社会阶层，比如姚荣泽案中的旧士绅阶级，他们在广大的基层社会中拥有巨大的能量。

革命派作为社会变革的推进力量，与旧士绅阶级有着天然的矛盾。之前也提到过，因为社会变革需要进行财富的再分配，而在革命者的蓝图中，要被分配的财富绝大多数都掌握在像旧士绅阶级这样的既得利益者手中。

姚荣泽案是辛亥革命过程中革命派与旧士绅阶级的一次对抗，最后半路杀出个袁世凯批准了特赦令，打压了革命派，拉拢了旧士绅阶级，一举两得。伍廷芳维护了程序正义，但是革命派在这次政治斗争中完全落败。

游离在革命派与北洋集团之间的中间势力并不只有旧士绅阶级，清政府遗留下来的许多旧军人和旧官僚集团在两者之间也徘徊不定。比如黎元洪，他是被革命党人从床下拖出来推上军政府都督宝座的，他与革命派之间也是貌合神离，与武昌的革命军多有矛盾，这些矛盾逐渐积累、爆发，并为袁世凯所利用，引发了南北政府议和以来第一起政治大案——张振武被杀案，成为袁世凯打击革命派力量的又一典型案例。

◎ **革命党人的内讧**

张振武是武昌起义的元勋之一，把黎元洪从床下拖出并迫其就范的革命志士中就有张振武的身影。

张振武少年时期就学于湖北省师范学校，接受了不少进步思想，肄业后在武昌省城黄鹤楼道小学当教师。他很善于教学，常在讲课时启发学生产生革命思想，唤起学生的民族自尊心和爱国观念。

不久他参加了共进会，帮助料理会中的财务事宜。为了革命的需要，他不顾家人反对，卖掉了湖北罗田、竹山老家的田产。一些革命同志向他求援，他都尽力给予帮助。

武昌起义之后，军政工作需要迅速开展，于是召开会议，讨论如何组织政府。由于原先拟定的文件毁于战火，导致无军政首长可遵，无成规可循，会议诸将大都各自为政，不相统属。这时张振武较有识见，倡设军务部，总揽军队编制、人事配备、饷项支出、机关存废等事。[①]

在当时，黎元洪虽然贵为副总统兼湖北都督，但当时坐镇武汉的主要军事将领其实是共进会的孙武、张振武和文学社的蒋翊武，人称首义"三武"。有这"三武"的存在，被推上"都督"宝座的黎元洪自然百般受限制。

---

① 余街玉、高冬梅："张振武案中的真真假假"，载于《文史精华》2004年第1期。

以"三武"为代表的共进会和文学社是推动武昌起义的两个主要革命团体，起义之前双方通力合作，但在袁世凯就任临时大总统、各地局势稳定后，内部渐生龌龊。孙武原本是革命党内定的武昌都督，只因起义前制造炸弹时不慎爆炸烧伤了面部，

▲武昌起义的代总司令蒋翊武（左）与军务部长孙武

结果没来得及参加起义。但其为人极为狂傲，权力欲望极强。武昌起义后他担任军务部部长，不仅排挤文学社的蒋翊武这批人，就连与共进会的张振武等人也是形同水火。这一点被黎元洪用心利用，激化了他们之间的矛盾。

孙武的专横跋扈引起了一场风潮，即"群英会"事件。1912 年 2 月 27 日晚，以湖北军政府近卫军协统黄申芗为首的不满孙武嚣张气焰的军人，带领手下士兵冲出营房，向军政部和孙武家扑去。孙武连夜逃出武昌，结果一家老小被扣押。

这场兵变虽然被平息，但是革命军势力大受影响，黎元洪大肆问责，借口"平乱"，下令大肆搜捕"肇事军人"，诬陷、仇杀文学社成员十人，暴尸示众。孙武也被迫辞职，亲近黄兴、支持南京临时政府的蒋翊武从政坛隐退，处于中间状态但对湖北局势不满、声言要进行"二次革命"的张振武被削职。

◎ 张振武与黎元洪的斗争

"三武"已去其二，张振武一直留下与黎元洪作斗争。张振武不同于蒋翊武和孙武。他被撤职后，手里仍然控制着一支有力的武装——将校团。这是革命时期张振武组织起来的一支部队，原本是为了北伐而挑选了六百余名革命军精英，后来扩编至三千多人，对张振武的忠诚度很高。黎元洪几次想控制这支力量，从张振武手中夺过来后，要么安插亲信，要么收编，要么改编成军官学校，都没有得逞。

张振武性格粗豪，又自恃首义之士，功高名显，很看不起黎元洪，从一开始就不赞成黎元洪当都督，甚至提议杀黎示众。黎元洪委委屈屈地做了军政府都督后，北方军进攻武昌，战争期间张振武与黎元洪多有冲突。后来张振武当

上了军政部副部长，做了黎元洪属下，但飞扬跋扈，从未把黎元洪看在眼里。见黎元洪时，张振武也是带着自己的卫队，全部荷枪实弹，动不动就跟黎元洪拍桌叫骂。就连张振武的后人张成群都不讳言这一点，说自己的曾祖父每见黎元洪就以言语相逼，甚至曾当众呵斥黎元洪说："要不是我们把你拉出来，你哪里有今天？"[1]

▲1911年辛亥革命武昌起义时，黎元洪藏身在朋友家中。革命党人因为领袖皆不在武昌，强迫黎元洪出任湖北军政府都督。各省都督府代表联合会成立后，先后推选黎为中央军政府大都督、假定副元帅、大元帅

黎元洪因此怀恨在心。当然这只是个人的意气之争，最根本的矛盾是当时全国各地因欠饷和裁兵，许多地方因此而不满的军人都在谋划造反，南北各地此起彼伏。张振武手里有一支不被黎元洪掌握的武装力量，而且本人也对黎元洪十分不满，多次扬言要组织二次革命，推翻武昌政府的统治，对黎元洪的统治造成了直接威胁。这也为后来黎元洪罗织罪名提供了口实。

黎元洪一直想打压张振武的势力，"群英会"事件革除了张振武在军务部的职务，但是对张振武本人组织的军事武装——将校团没有办法，黎元洪另想对策，瓦解张振武的势力最直接的办法是什么呢？自然是张振武本人的死亡。但是张振武是首义元勋，杀了他对自己声名有碍，黎元洪本人不想成为这个出头者，于是他想到了袁世凯。[2]

◎ 针对张振武的阴谋

袁世凯就任大总统之后，一直想打压南方革命派的军事力量，因此在对张振武的态度上和黎元洪达成一致。在袁世凯的亲信、参谋次长陈宦的策划下，黎元洪决定与袁世凯合作，对张振武来个调虎离山之计，将他弄到北京而将其架空。于是袁世凯以表彰功勋的名义将张振武等人召到北京，并封他们为总统府军事顾问官。

张振武一看这情况，摆明了想架空他嘛，于是对陆军总长段祺瑞抱怨说："难道我们湖北人就配做个顾问官？"袁世凯没有办法，只好又封他为蒙古屯垦

① 蔡寄鸥：《鄂州血史》，龙门联合书局 1958 年 7 月版，第 89 页。
② 严威："黎元洪与民初政争"，载于《鄂州大学学报》2005 年第五期。

使加以敷衍，又在经费等具体事务上百般拖延。张振武看袁世凯只是敷衍了事，一怒之下便回了武昌。

后来袁世凯特意派出湖北籍的参议员刘成禺、郑万瞻回武昌进行调解。刘成禺等人属于议会中共和党的参议员，张振武属于共和党中的民社派，他们出面张振武也不能不给面子。在各方努力下，张振武和黎元洪等武昌地方军政大员至少在表面上恢复了和气，而后袁世凯趁热打铁，再次发来电报邀请张振武赴京。

8 月初，张振武和亲信将校团团长方维等三十多人随同参议员刘成禺、郑万瞻一起前往北京。在临行之前，黎元洪还特意赠给张振武四千大洋作为旅费，双方和好如初，相谈甚欢，但是针对张振武的阴谋却无声地展开了。

原来在张振武抵达北京后，黎元洪向袁世凯发出一封密电，其中向袁世凯揭发了张振武的种种"不法"行为，要求北京方面将张振武就地正法。[1] 黎元洪的想法袁世凯看得很清楚，他这是要借袁世凯的刀除掉宿敌，让袁世凯背黑锅，挑起北洋派与革命党人之间的矛盾。当时有人对黎元洪的做法洞若观火，还打了一个形象的比方，说黎元洪这是把袁世凯当成黄祖，将张振武比作祢衡，然后自以为是曹操呢。[2]

袁世凯并没有立即行动，而是回电说："原电蛊惑军士，勾结土匪，破坏共和，昌谋不轨等，近于空言，似不得为罪状"，要求黎元洪补充说明，确认黎元洪所说情况是否属实。[3]

黎元洪当即再度回电，说明"张不独为全鄂之害，实为天下之害"，同时还派了饶汉祥等人，快车进京，面见袁世凯，"告袁以鄂军队俱已布置妥协，万无他虞，请即日行刑"。袁世凯见黎元洪已做好准备，于是在 15 日发布军令处决张振武。

◎ 首义元勋惨遭杀害

1912 年 8 月 14 日，张振武在德昌饭店宴请同盟会和共和党要人，希望"消除党见，共维大局"。8 月 15 日晚上，为调和南北感情，他在六国饭店宴请北洋将领姜桂题、段芝贵。

酒席散后，张振武与冯嗣鸿、时功玖分乘三辆马车回旅杜，途经正阳门时，

---

① 胡菊蓉整理："袁世凯等有关张振武案的电文一组"，载于《历史档案》1983 年 01 期。
② "自由谈：黎元洪之杀张振武"，载于《申报》1912 年 8 月 20 日。
③ 胡菊蓉整理："袁世凯等有关张振武案的电文一组"，载于《历史档案》1983 年 01 期。

潜伏的军警突起拦截，按照袁世凯的军令，将张振武捆绑起来，押解西单牌楼玉皇阁京畿军政执法处。

临刑前，张振武还抱一线希望，要求公开审判，根据罪名定刑，"岂可凭空杀人"。负责监刑的执法处长陆建章晃着袁世凯的命令："大总统军令上只有'立予正法'，并未命令审讯。"说完头也不回地走了，张振武怒道："不料共和国如此黑暗！"

1912年8月16日凌晨1时，张振武在执法处被绑于木桩上，其腿、肩、脑、腹、胸等处共中六枪，"死时腹裂肠出"。当晚，张振武的亲信、湖北将校团团长方维也在旅馆被捕，随即枪决。这就是震惊民国的"张振武案"。

张振武被杀之后，全国舆论哗然。报界纷纷发表评论，指责此案与民主法制相悖。如于右任主办的《民立报》就认为，"共和国家全赖法治，惟法律乃能生杀人，命令不能生杀人。惟司法官乃能执法律以生杀人，大总统不能出命令以生杀人。今以民国首功之人，大总统、副总统乃口衔刑宪，意为生杀。"嘲讽袁世凯这位民国总统与专制皇帝完全一样，他们的命令就是法律，法律就是圣旨；民国虽建，但人治犹在。

《亚细亚日报》的评论者还就张振武案，将民国法律与清朝法制相比，借以抨击袁世凯与黎元洪。即使在专制独裁的清朝，汪兆铭谋刺摄政王之后，铁证如山，审判之结果也只是予以监禁，而在倡导法治的民国，没有审讯和证据，下一个命令就能杀人，连清朝都不如。[①]

◎ 参议院弹劾政府与"反袁"舆论浪潮

张振武案发后的第三天，参议院中以张伯烈为首的二十名共和党议员提出了《质问政府枪杀武昌起义首领张振武案》，对张振武案中，副总统以非罪要求杀人、大总统以命令擅改法律的做法愤愤不已，指责这种做法是违背约法。[②]

其中参议员彭允彝的观点很具代表性，他认为此案已经不是张振武一人的问题，而是有关民国法制的前途和命运。如果参议院不能保障人民生命财产安全，可以依据总统命令对人民的生杀予夺，而不必依据法律，那么要法律何用呢？不仅如此，当时的很多参议员准备合伙弹劾政府。

弹劾并非质问，而是民初立法机关手中最为重要的法宝，也是最难实现的

---

① "张、方案之四面楚歌"，载于《亚细亚日报》1912年8月21日。
② 朱宗震、杨光辉：《民初政争与二次革命》（上），上海人民出版社1983年版，第122页。

一件事。《临时约法》对于国务员的弹劾案，规定出席人数必须占全体议员的四分之三，同意人数占出席议员三分之二才可通过。当时议会共有一百二十六个席位，其中主要有三股政治力量：首先是国民党，也是革命派的核心政治力量，它是由同盟会、统一共和党等党派合并而成，是议会第一大党，占有六十多个席位；其次是共和党，由部分革命派和立宪派组成，拥有四十多个席位；而共和建设讨论会最弱，拥有的席位连十个都不到。

按照当时的政治格局，要达到弹劾的条件，单凭一个政党的力量是难以实现的。因此议会三大党关于此案开始磋商，但意见难以统一：国民党主张弹劾国务总理和陆军总长，湖北总督黎元洪负有连带责任；由于张振武属于共和党中的民社派，因此共和党反应极为激烈，要求弹劾所有国务员并查办黎元洪，共和建设讨论会与共和党一个态度，提出如果弹劾失败则参议院解散。

弹劾案达不成一致，各派决定先实行质问程序，矛头直指袁世凯。在全国舆论的一片声讨中，袁世凯也颇感"压力山大"。黎元洪见袁世凯引火烧身，自觉"借刀杀人"之计十分成功，却不想袁世凯在这时给他上了生动的一课，让他知道事情未结束前还是不要高兴得太早。

◎ **袁世凯上演"惊天大逆转"**

面对参议院的质问和舆论的压力，袁世凯随即抛出了黎元洪，公布了他们之间的电文，说明是奉副总统命令处决。面对诘难，黎元洪只好再三刊发电报，抛出张振武"侵吞公款"、"拥兵自卫"、"串谋煽乱"、"广纳姬妾"等十五大罪状，详细说明张振武的"罪状"，结果，各种"罪状"的细节成为各种政治势力口水大战的战场。

由于参议院中各派力量互不妥协，加上张振武自身也的确存在弱点和问题①，袁世凯利用政治手腕，拉拢收买共和党中的一些议员，使其放弃追究，最后使得质问和弹劾两案均因不足法定人数而不能开议，而袁世凯则以退为进，承认事起突然、杀人手续不完备，并向参议员们一再致歉，才将弹劾案搁置。

---

① 黎元洪所罗织的罪名中，拥兵自卫之前提到了，侵吞公款和广纳妻妾也是部分属实的。1911 年末汉阳失守后，鉴于当时南北和议未成，张振武以军务部副部长的身分到上海购置枪械，花了许多钱，结果买了一堆日俄战争时期的旧式枪支，而且还有挪用公款的行为。张振武纳有妻妾七八人，这些情况都被黎元洪罗织罪名时夸大其词。参见《黎副总统政书》第 13 卷，文星書局 1915 年版，第 14 页；张难先：《湖北革命知之录》，商务印书馆 2011 年版，第 197 页。

弹劾案搁置了，如何平息参议院的质问是袁世凯需要解决的问题，也就是如何争取国民党的支持来平息此事。要想让国民党站在与袁世凯同一立场上，难如登天，但是袁世凯的目的不是让国民党信服自己，而是让国民党转移阶段性攻击的目标。

袁世凯如此算计正是因为他看清了革命派当时的困境。在张振武案发前的1912年6月，黄兴辞去了南京留守的职务，其背后意味着革命派丧失了江浙一带近十万人的军事力量，这是袁世凯就任总统后执行裁军计划的一部分。

早在1912年4月下旬，袁世凯就亲自主持召开了一次高级军事会议，以人民不堪重负为由，决定将全国九十五万军队裁减一半，缩减为五十个师。裁军大刀全部落在了革命党人所掌握的南方几个省的军队身上。本来南京周边集聚了近十万革命军，到1912年6月中旬，革命军数量只剩下三分之一。

◎ 革命派的考虑与妥协

革命派自然不能就此束手待毙，但又无力直面袁世凯的咄咄逼人，只能先整合南方各省的力量，提升自己的实力，因此作为首义之地的湖北革命军就成为革命派争取巩固的对象，这样的目标就与以湖北总督黎元洪为代表的旧军人旧官僚阶层有了直接矛盾，打击黎元洪并发展革命派在湖北的力量成为当时革命派的一种选择。

正是基于这样的考虑，针对张振武一案的态度，国民党内部分化为两派：一派是以孙中山为首的"稳健派"，一派是"激进派"。"稳健派"主张暂时躲避袁世凯的锋芒而打击黎元洪，一方面他们对袁世凯当时的一些"民主"做法心存幻想；另一方面他们认为革命的力量尚显弱小，先"拣软柿子捏"。

而且张振武与国民党之间多有矛盾。在武昌起义之后因黄兴没有给他与孙武等人安排职务，心生不满，回到武昌后反对南京临时政府；后来到上海购买军械时，更是挪用两万经费办《民声日报》，报上所登载的都是大骂南京国民政府的文章。[①]对于这么一号人物，原南京临时政府大总统孙中山能待见他才怪了。

1912年8月24日，孙中山抵达北京，在与袁世凯会晤时，主张"表彰张振武之功以为和解，免得小题大做，致误要政"。在接受新闻媒体的采访时，孙中山认为张振武的罪名并非子虚乌有，如果黎元洪在武昌把张振武抓起来并进行审判，就没有什么问题，只是因为黎元洪假借中央之手"借刀杀人"，才引起如

---

① 参见《神州日报》1912年2月1日报道。

此风波，中央也有失当之处，但张振武案的责任主要在黎元洪。①

孙中山的表态让舆论的矛头由袁世凯转为黎元洪，但"稳健派"的做法激起了党内"激进派"的强烈反对。这派以国民党二号人物黄兴为首，坚决反对向袁世凯妥协。在孙中山去北京前，黄兴曾在 20 日前后两次致电袁世凯，指责其阴谋行为，在孙中山与袁世凯会晤后，"稳健派"和"激进派"在报纸上针锋相对，自己家先吵起来了。

面对黄兴的质疑，袁世凯倒打一耙，诬陷黄兴也是张振武的同谋，令黄兴火冒三丈。但黄兴在党内的影响毕竟不如孙中山，孙中山也在积极争取黄兴认同自己的主张。在孙中山的多次劝说之下②，黄兴也北上。9 月中旬，袁世凯经与孙中山、黄兴多次会晤，达成内政大纲八条。

◎ *袁世凯一举两得*

黎元洪看到袁世凯与黄兴和解后，发电为黄兴辩诬，称同谋之事纯属子虚乌有。在征询黎元洪同意后，内政大纲八条以袁、孙、黄、黎四人名义发表，南北达成表面的和谐一致，于是张振武案不了了之。

自张振武一案后，原本与革命派尚处于"暧昧"状态的黎元洪与革命派日渐对立。在此之前，以黎元洪为代表的旧军人旧官僚阶级面对北洋集团和革命派这两方，都是在斗争中寻求合作，在合作中爆发斗争。有时与革命派合作对抗北洋集团的军事力量，有时也想利用北洋集团打击革命派的势力（比如此案）。

结果袁世凯技高一筹，利用黎元洪"借刀杀人"的心思将计就计，使黎元洪这样的旧军人官僚阶级代表与革命派的矛盾公开化，被迫站到北洋集团这边的队伍，同时也利用了黎元洪的力量进一步打击了革命派。在这样的政治斗争下，张振武的死反而无足轻重了。

张振武死前，写下了三封遗书，其中一份是给黎元洪的。信中说：

元洪足下：我能手造中华民国，自起义以至今日，实属偬来之岁月，死生久置之度外矣。但恨不死于战场而死于雠仇之手耳。好一个爱既不能，忍又不可。足下如再爱我，请将我全家杀戮，使一家骨肉聚首九泉，振武感激不浅。足下之待英雄真是神圣不可侵犯。古人云：狡兔死、走狗烹；飞鸟尽、良弓藏。言念及此，肝肠寸裂，暗无天日之世界，我亦不愿活矣。总统不交法庭而下军令，

---

① "与〈亚细亚日报〉记者的谈话"，载于《孙中山全集》（第二卷），中华书局 1982 年版，第 418 页。
② 孙中山："致黄兴电"，载于《孙中山全集》（第 2 卷），中华书局 1982 年版，第 450 页。

▲ 1912年8月27日，张振武遗体通过火车由京城运抵汉口。9月初，遗体运抵竹山，归葬于故里。图为张振武故居，位于竹山县双台乡田沟村

不以刀杀而以枪毙，不赴法场而赴暗室，死后有知，当为雄鬼以索其命。①

张振武对黎元洪的恨，就算死也难以释怀，而他的死对于民国初年政坛的纷争来说只是一朵小小的浪花而已。但所幸他的事迹并没有被世人所遗忘。1982年8月15日，在张振武的故乡竹山县，政府出资将张振武的坟墓修缮一新，并由当年参与辛亥革命的老人喻育为之撰写墓碑，表示永远的怀念。虽然这样的纪念蹉跎了半个多世纪，但也足以让张振武的在天之灵有所安慰吧。

大决裂：宋教仁遇刺案的庭前幕后

姚荣泽案和张振武案都是发生在民国建立伊始的大案，折射出当时深刻的社会背景。清政府倒了，从历史的角度来看，只是代表旧社会的统治政权发生了更迭，在它的残骸之上依然屹立着几股庞大的力量。

◎ 北洋集团重整旧社会的残存力量

北洋集团的崛起，得益于继承了清政府高层的精华力量，如果把清政府比作一个人的全身，北洋集团得到的就是他的头部（朝廷高层权力的自然转移）和双手（六镇北洋新军），一跃成为革命派主要的政治对手。

除此之外，在广大的社会中下层，还盘踞着许多潜在势力，他们很大程度上与北洋集团极其相似，并不关心政权的性质与法统，无所谓社会变革中所谓公民的权利和义务，被动地参与政治只是为了保障并扩大自己的利益。从这个角度讲，北洋集团本身就脱胎于他们中间，只是因为被历史所选中，成为中国

① 张振武："张振武遗书"，载于《民立报》1912年8月23日（6）。

一段时期内的执政力量，才与他们有所不同。

作为社会革新力量的革命派，注定要与这些力量产生对立，但何时决裂，却是政治斗争的策略问题。在这个问题上，革命派的做法缺乏一个明确的计划，一直在被动地应对。姚荣泽案是革命派与旧士绅阶级矛盾的一次爆发，张振武案之后，以黎元洪为代表的旧军人旧官僚阶层也开始逐渐表明支持袁世凯的态度。

对于这些扎根于旧社会传统中的势力阶层而言，革命派与北洋集团没有什么区别，他们只是要选择一个比较容易合作的、符合自己利益的政治集团来押注，最后在博弈的过程中，北洋集团利用革命派与旧势力之间的矛盾顺水推舟，使矛盾逐渐激化导致决裂，让他们有所选择。结果就是旧士绅和旧官僚阶层慢慢转变自己暧昧的态度，向北洋集团靠拢。

政治的博弈在于相互之间的妥协，妥协的目的是为了各自的政治集团重新整合势力争取时间。从姚荣泽案到张振武案，这只是北洋集团斗争策略的一个缩影，可以看得出 1911 年至 1913 年初这段时间里，北洋集团在重新整合社会中下层广泛存在的旧有政治势力，争取他们的支持，在政治上孤立革命派，充分体现出袁世凯等北洋集团的政治精英宦海浮沉多年锻炼出的老辣手段。

与此同时，袁世凯向列强借款，有了钱就可以增强北洋政府的军事实力；在增强自己实力的同时，袁世凯为了削弱各省都督的权力，在各个省份大力推进"军民分治"，大大削弱了革命派控制省份的实力和财力。从军、财等硬实力上说，北洋集团正在逐渐增强，而革命派正在弱化。

◎ 革命派打造议会政治将北洋集团边缘化

北洋集团有北洋集团的办法，革命派有革命派的手段。袁世凯机关算尽，不停地分化和打压革命派的力量，在姚荣泽案和张振武案中，革命派面对锋芒毕露的北洋集团一味避让。这种避让不是懦弱，而是为了达成更高目的的妥协。革命派的斗争思路在前文已有所提及，他们寄希望于利用法统的制高点，逐步实现议会政治，通过选举将不熟悉"议会政治"的北洋集团边缘化，实现夺取政治领导权的目的。

议会政治的路并不平坦，起源于清末的两派政治势力——立宪派与革命派先后建立自己的政党，以求在议会中占有多数席位，实现自己的政纲、政见，因此在面对北洋集团之前，革命派首先要做的是在议会斗争中战胜立宪派。但由于两派交恶的历史成见，加之当时国人对民主政治认识肤浅，以致政党政治一经试行即弊窦丛生，议会中两派政党争吵不休，颇为世人所诟病。

▲宋教仁

这时，革命派中涌现出一位议会斗争的代表人物，在他的带领下，革命派逐渐掌握了议会大权，试图与袁世凯一较高低，这个人就是宋教仁。

宋教仁，湖南桃园人，生于清光绪八年（1882年），青年时痛感清廷腐败误国而立志革命。光绪三十年（1904年）他同黄兴等人在长沙创建革命组织华兴会，后东渡日本，创办杂志宣传革命。光绪三十一年（1905年）积极参与创建同盟会。宣统三年（1911年）返沪后，即策划武装起义。此后宋教仁即奔走于沪、汉之间，秘密联络各派革命力量，为武昌起义创造了有利条件。

武昌起义爆发后，宋教仁无疑是南北双方最活跃的政治人物之一。他不仅第一时间赶赴武昌前线，参与制定军政府的第一个基本法，而且很快成为南方新政府的轴心人物，对南京临时政府的政治架构提出过许多重要创见，充分展示了其宪政理论及实践方面的才能。

为了实现议会政治，首先要将同盟会改组为政党，由于当时复杂的党派斗争，宋教仁采取了与其他政党合并组建大党的方针。1912 年 7 月 21 日，宋教仁接替汪精卫出任同盟会总务部主任干事。由于当时孙中山、黄兴不管党务，宋教仁就在实际上负责同盟会的工作，着手按照自己的政治意图改组同盟会。

当时，在内阁政治风潮中，统一共和党与同盟会趋向一致，宋教仁与统一共和党、国民公党、国民共进会、共和实进会、全国联合进行会等谈判合组大党事宜。统一共和党等其他派系提出了变更同盟会的名义、废去民生主义、改良内部组织、取消男女平权等一系列要求，同盟会方面作了妥协，达成了合并条件，于是就有了国民党的诞生。

对解散同盟会的举动，很多革命党人都不能理解，宋教仁向他们耐心地解释说："以前我们是革命党，现在我们是革命的政党；以前我们是秘密的组织，现在我们是公开的组织；以前是旧的破坏的时期，现在是新的建设的时期；以前对于敌人，是拿出铁血的精神同他们奋斗，现在对于敌党，是拿出政治的见解同他们奋斗。我们要在国会里，获得过半数以上的议席：进而在朝，就可以组成一党内阁；退而在野，也可以严密监督政府，使它不敢妄为，该为的，也使它不敢不为……"

◎ 行政权与立法权的激烈冲突

国民党自成立的第一天起，就以重组政府为第一要务，除此之外的一切事务都是可以妥协的。张振武案就发生在国民党成立之后的第三天，案发之初国民党也曾联合共和党发起"反袁"的攻势，但是为了大局，以孙中山、黄兴北上北京居中调和告终。与此同时，国民党并没有停下争取议会大权的脚步。

1912 年 10 月 18 日，宋教仁离京南下，指挥国民党第一届国会的竞选活动，由汉口到杭州、上海、南京，到处大声疾呼，宣传议会道路，指斥时政，在社会上颇受拥护。他参加几个省区的竞选，都取得了胜利。他把与袁世凯角逐政权的希望，寄托在取得议会的多数席位和一部完善的宪法上。

在宋教仁的努力下，1913 年年初，国会选举公布，国民党在参众两院的席位占了压倒性的多数。由国民党组成一党责任制内阁已成定局，宋教仁即将成为中华民国新一任内阁总理。

在这个时候，如果北洋集团接受"政党内阁"思路，国民党就可以兵不血刃夺取组阁权。距离胜利看似只有一步之遥，国民党人怎能不振奋呢？时任国民党代理理事长的宋教仁在沿长江各省的演讲中，发表了很多激烈的反袁言论，在一个演讲中，他甚至说，袁世凯如果不按照国民党的意思办事的话，就可以把袁世凯（总统）撤换掉。[1]

这些意气风发的话，绝不是宋教仁一个人的想法，而是寄托着整个集团的政治愿景。国民党人不仅掌握了立法权，而且对行政权也虎视眈眈。国会正是在这一形势下开始制宪，行政与立法两权的冲突日益激化。[2]

国民党之所以能够在议会选举中大胜，正是利用北洋集团对于议会选举的不熟悉。袁世凯是旧官僚出身，搞官僚政治是行家里手，可谓"治世之能臣"，但他既不太懂宪法，也缺乏群众政治经验，未充分重视国会选举。整个北洋集团在这场选举中也很少投入资源。

在袁世凯看来，国民党选举大胜的结果，已经危及中央政权了。这个中央政权是谁的中央政权呢？毫无疑问是袁世凯的中央。而在走议会路线的国民党"稳健派"看来，中央并不是袁世凯的中央，而是约法制约下的中央。这个中央，是可以通过约法更替置换的。

---

① 《宋教仁集》（下），中华书局 1981 年版，第 456、457 页。

② 详细论述参见章永乐："从'大妥协'到'大决裂'：1913 年与中国的'革命世纪'"，载于《经略网刊》第 24 期。

关于议会政治，袁世凯与国民党天生就存在巨大的认识差异。在不危及权力的前提下，这种认识差距似乎并不妨碍国民党与各派政治力量在议会制的前提下角力；而一旦议会政治要进入到一党组阁阶段，袁世凯的容忍就相当有限了。

◎ 刺杀不期而至

1913年，宋教仁接到袁世凯邀其北上共商国是的急电，决定即刻赴京。有人嘱咐他小心以防意外，他说："吾此行统一全局，调和南北，正正堂堂，何足畏惧，国家之事，虽有危害，仍当并力赴之。"宋教仁对此次行程信心满满。

然而，1913年3月20日晚上十点，宋教仁在黄兴、廖仲恺、于右任、陈其美等友人陪同下来到沪宁车站，车站有专为议员而设的接待室，宋教仁与送行者在接待室中休息。十点四十分，一送行人吴仲华来告，请宋教仁上车。吴仲华先行，依次是拓鲁生、黄兴、陈劲宣、宋教仁、廖仲恺等，鱼贯而行。走至车站入口的剪票处，宋伸手去取收票员剪过的车票，突然响起了一声沉闷的枪声，击中宋教仁腰部，宋教仁应声倒地。随后又响起两声的枪响，显然没有再击中人。

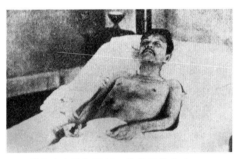

▲子弹击中宋教仁腰部，抢救无效身亡

22日凌晨，宋教仁因伤势过重与世长辞。死前，宋教仁尚不忘调和南北的大事，并上书袁世凯，望袁世凯能够保障宪法。[1]案发之后，上海县知事、上海地方检察厅悬赏缉捕，沪宁铁路局也出资悬赏。袁世凯给江苏都督程德全发急电，要求"迅缉真凶，穷追主名，务得确情，按法严办"。

案件很快有了线索。3月23日，也就是宋教仁遇刺后的第三天晚上，一个自称古董商的河南人王阿发主动向上海租界巡捕房报案，称十天前老主顾应桂馨拿了一张照片让其杀人，许诺事成后给一千元酬劳，但王阿发没有答应。王阿发指认，应桂馨当时所示照片之人就是宋教仁。

巡捕房立即展开搜捕，当天在湖北路一妓女家中捉到了应桂馨。第二天，巡捕又在应桂馨家将刺客武士英捉拿归案。在应宅，还搜出了应桂馨和内务部

---

[1] 宋教仁原话参见徐血儿等编《宋教仁血案》，岳麓书社1986年版，第27页。

秘书洪述祖的密电本及多份电报。

武士英其年 22 岁，山西人，曾在云南当兵，历任营长等职，退伍后流浪到上海，是当时典型的无业游民。审讯时，武士英将杀人动机和一切责任都揽到自己名下。但是像他这样的社会边缘人士怎么能掌握宋教仁的行踪呢？自然是有人指使。

指示他进行刺杀的是应桂馨。应桂馨，字夔丞，浙江人，有资料显示他曾是同盟会员，跟随陈其美参加革命，担任过孙中山总统府庶务科长，"刺宋案"发时为江苏巡查总长。

在应桂馨家中查出的密电又将洪述祖卷了进来，洪述祖是江苏常州人，原为直隶候补道，后得到袁世凯赏识，当时是内务部秘书，其顶头上司是与袁世凯关系密切的国务院总理赵秉钧。这几个人串联在一起，革命派一下子恍然大悟，原来宋教仁遇刺案的真凶就是袁世凯。

◎ 谁是真凶？

关于宋教仁案的相关证据，一直为国民党宋教仁派喉舌的《民立报》对秘电的解读，就相当具有代表性。《民立报》在对应夔丞与洪述祖往来函电（二月八日电）的解释中，将案件的逻辑说得很清楚。《民立报》认为，应夔丞杀宋教仁，并非意外，而是在长期策划诋毁宋教仁的名誉无法得逞之后，出了杀人灭口的下策。[1]

《民立报》的解释，实际上被日后大多数历史学家所承袭。对于宋教仁遇刺一案的主凶，海外学者与国内学者基本持相同看法，在汉学研究界享有盛誉的《剑桥中华民国史（1912—1949）》一书对宋案做了如下表述：

一系列证据证明，这次暗杀是由袁世凯政府指使的……袁氏之暗杀宋教仁，并不简单是为了清除政敌，而是表明袁世凯与宋教仁之间，在组成全国政府的观点上有着根本的分歧。[2]

但现今关于谁是真凶的问题，又有了新的观点。张耀杰在《悬案百年：宋教仁案與國民黨》中认为，宋教仁血案的主谋应当在国民党内部，应桂馨是陈其美的心腹，陈其美、应桂馨、洪述祖都是共进会成员，他们不满宋教仁对国

---

[1]《民立报》相关论述原文参见徐血儿等编：《宋教仁血案》，岳麓书社 1986 年版，第 330 页。

[2]［美］费正清编、杨品泉等译：《剑桥中华民国史（1912—1949）》（上卷），中国社会科学出版社 1994 年版，第 218 ～ 220 页。

民党的领导，而陈其美则更是对宋教仁的"议会党"改组不满，刺杀宋教仁对孙中山、陈其美来讲真是"一举两得"。从最后的结果来看，宋教仁遇刺案最大的赢家是孙中山与陈其美，他们既清除了党内的"政敌"，又起到了煽动反对北京政府的目的，后来孙中山发动的"二次革命"就是他们目的大暴露。① 而早在宋教仁率领国民党在大选中取得大胜之后，国民党的名义领袖孙中山对此却十分冷淡，他没有就组阁问题发表意见，甚至有意与宋教仁避而不见。

这两种不同的意见各有论据，但各自有各自的问题所在。首先看主谋是袁世凯的观点。这一观点的主要依据是应桂馨与洪述祖之间的密电。在1913年3月13日北京洪述祖发给应桂馨的一条电文中，洪述祖明确提出了"毁宋酬勋位"的说法，而此后，应桂馨策划了暗杀行动。

但宋教仁是死在北上的路中，而他是应袁世凯的邀请北上的，如果刺杀的命令出自袁世凯本人，就出现两个解释不通的地方。

首先，刺杀的时机有疑问。人是袁世凯邀请来共商国是的，袁世凯为什么又会在这个时候给自己找不舒服呢？其次，执行刺杀的人选有问题。如果是袁世凯亲自下令，自然要派信得过的人去刺杀以确保万无一失，起码应该是一个经过训练的杀手吧？但是实际上却找了一个江湖小混混，一点保密措施都没有，在案发后很快凶手就暴露出来，经不起推敲。

上海东华大学廖大伟教授又提出了第三种意见，从民初帮会与革命党交恶、与社会关系紧张的视角，重新阐释这一血案：应桂馨是中华国民共进会（1912年7月由青帮、洪帮、公口等帮会联合发起，成立于上海）会长，在社会转型中角色和地位与革命党形成落差，因而产生报复心理；宋教仁在国民党内的实际地位和未来政治角色，决定了他不幸被选为报复对象。②

除此之外，张晓波先生在其论著《民国的开端：宋教仁评传》中又提出了折中的观点。他通过对与宋案相关人员的分析、往来密电的反复考证之后，认为宋教仁遇刺，袁世凯政府难辞其咎，甚至是有力的推动者。但具体到个人，赵秉钧与袁世凯是否直接指使暗杀，难有直接的史料有力证明，袁世凯或为默许，但未必是下达指示之人。③

那宋教仁遇刺是否出自孙中山、陈其美之手呢？现今的史料没有任何直接证据，只是一种猜测和分析。经过比较，本书倾向于张晓波先生的观点。

---

① 张耀杰：《悬案百年：宋教仁案与国民党》，秀威资讯科技股份有限公司 2010 年版。
② 廖大伟："论民初帮会与社会的紧张——以共进会与刺宋案为中心"，载于《史林》2005 年 01 期。
③ 张晓波：《民国的开端——宋教仁评传》，光明日报出版社 2013 年版，第 15 页。

◎ 涉案双方后来的命运

经多方交涉，4 月 16 日武、应两人被从巡捕房移送到上海地方监察厅看管。武士英被捕之后，先供述受应桂馨指示，后又在法庭翻供称系个人所为，否认见过应桂馨，后来暴死上海狱中，各方猜测应属中毒，赵秉钧被迫辞去总理。

5 月 8 日，上海法院发出传票，要求涉嫌此案的国务院总理赵秉钧、内务部秘书洪述祖等到庭对质。但洪述祖逃到了青岛租界，赵秉钧称病拒不出庭，"刺宋案"的司法程序无法进行下去。

1914 年 1 月，应桂馨出狱后北上向袁世凯索要报酬，结果袁世凯拒之不见，应桂馨也因此被人追杀，在逃往天津的火车上被刺。当时在天津的赵秉钧因为这件事情向袁世凯打抱不平，觉得不应如此做事，不久在家中突然死亡，以至于案情更为扑朔迷离。①

而洪述祖在案发后得到袁世凯送的一笔钱，离开了北京，躲进青岛德国租借地内。1917 年春，他化名张皎安来到上海，因债务纠纷被一德国商人向租界会审公廨提出控告。4 月 30 日，当洪述祖从法庭出来时，被年仅 15 岁的宋振吕（宋教仁的儿子）和刘白（宋教仁的秘书）死死扭住，扭到上海的地方法院，后被解送到北京的地方法院。

1919 年 3 月 27 日，在袁世凯已经过世三年后，北洋政府大理院判洪述祖死刑。4 月 5 日在北京西交民巷京师看守所（原清朝刑部大牢），对洪述祖执行绞刑。由于洪述祖过于肥胖，脖颈支持不住身体重量，扯断头颈，尸身落地，鲜血直喷。这也是中华民国第一次使用绞刑。②

宋教仁已逝，他的死为他曾奋斗一生的议会政治蓝图画上了一个鲜血淋漓的句号，也意味着他的理想及实施的方式在现实面前以惨败告终。

宋教仁遇刺时，孙中山正率大批国民党随员作访日之行，得知消息后，他立即中止访问，于 1913 年 3 月 25 日返抵上海。当晚孙中山等人便在黄兴寓所召开国民党高级干部会议，以商讨对策。据当时的报纸报道，"随至黄克强（黄兴）先生家，相见泪下，谓不意海外归来，失此良友……"

宋教仁于 1913 年 3 月 21 日辞世后，礼葬于上海闸北的宋公园（今闸北公

① 金满楼："谁是刺杀宋教仁的幕后元凶？"，载于《辛亥残梦：帝国崩溃的前夜》，湖南人民出版社 2011 年版。

② 思公：《晚清尽头是民国：近现代人物的不寻常命运》，广西师范大学出版社 2009 年版。

▲ 图为上海闸北公园宋教仁墓

园）内。墓地近似正方形，四周砌有二十四根圆头方柱，连成石栏。墓寝坐北朝南，为半球形，墓前立有墓碑，上书："宋教仁先生之墓"，是由孙中山墨迹集合而成。墓顶上有一脚踩青蛇，展翅欲飞的雄鹰，象征着宋教仁一生为了宪政的理想，不断与保守的旧势力顽强做斗争的精神。

革命派惨败：军阀时代的到来

在民国初年所列举的三大案——姚荣泽案、张振武案和宋教仁案中，只有宋教仁是因暗杀而死。纵观民国初年中国的政治暗杀案，与清朝末年相比出现了重大转变。

一是尚未掌握全国政权的革命党内部也开始热衷于使用暗杀方法来对付持不同意见者或不同派系的人。1912 年 1 月 13 日，光复会领袖之一的陶成章在上海被杀，而他原本就是主张靠暗杀进行革命的人，不料自己却死于此道；1915 年，知名新闻记者黄远生又在美国旧金山遇害。这两起刺杀事件的主使都来自革命党内，因为革命者也是人，当自己的利益受到威胁时，即便是同道，照样不能容忍。

二是暗杀案成为不同政治势力激烈冲突的表现形式，宋教仁案就是一例典型。

宋教仁遇刺案，堪称民国初年政界的"八级地震"，成为民国初年历史发展轨迹的一个分水岭。他的死，使坚持法治梦想的民国法律精英对实现法治的手段有了新的分歧。

◎ "稳健派" 与 "激进派" 的相互转化

3月25日，国民党内原同盟会中枢人士针对宋教仁遇刺召开了对策会议。孙中山、戴天仇认为总统指使暗杀，已经超出了法律所能解决的范围，因而力主起兵用武力讨伐袁世凯。①

但黄兴以及宋教仁的好友徐血儿等仍坚持宋教仁的合法运动方针，主张法律解决，他们认为民国已经成立，法律非无效力，对此问题宜

▲1913年3月25日，孙中山自日本回上海，当晚与陈其美、居正、戴季陶等会集黄兴寓所，商讨解决宋案的策略。黄兴等主张按法律程式倒袁。孙中山、戴季陶等主张武力解决。图为当日的合影。

持以冷静态度，如果法律解决不成，就采用政治解决的手段。② 所谓政治解决，即指国会弹劾袁世凯政府。他们仍然希望在敌对的政治势力之间寻求法治，把自己的反袁斗争局限在法律范围之内。

这是一个很有趣的变化，张振武案中孙中山等 "稳健派" 主和，以大局为重，而黄兴等 "激进派" 主张抓住袁世凯的 "痛脚" 加以打击，不给袁世凯一点喘息之机。两派对于宋教仁案的看法与之前处理张振武案的态度完全相反：黄兴等人主张冷静应对，用法律手段和平解决，成了 "稳健派"；孙中山摇身一变成 "激进派"，甚至比张振武案中的黄兴更加激进，要用武装斗争的形式武力推翻袁世凯。

孙中山如此巨大的转变，正是因为他看清了当时革命派和北洋集团的斗争方式，就像 "秀才" 遇上 "兵"，讲道理是没用的。尽管宋教仁为实现法治而努力奋斗，却没有认识到国民党背后并没有足够的军事力量来支撑他的政治抱负，因而采取了一系列华而不实的策略步骤。结果，他的努力并无实效，尽力营造的 "法治" 局面，被袁世凯用武力轻而易举地摧残了。宋教仁的死让孙中山深刻地认识到对付武夫只能用武力的办法才能解决问题。

黄兴等人的 "稳健" 态度也是基于当时敌强我弱的形式，如果采取非法手

① 参见 "孙中山致黄兴函"，载于《孙中山全集》（第3卷），中华书局1984年版，第165页。
② 参见《民权报》，1913年3月31日。

段进行斗争，那么国民党就丧失了在北京临时政府的合法地位，袁世凯政府不必用暗杀手段解决反对派，可以直接公开迫害国民党的力量。

◎ 跳出温水锅的"青蛙"

黄兴等人寄希望于法律解决，可是由于武士英在狱内"自杀"，赵秉钧不出庭对质——1914年2月前赵秉钧出任直隶总督兼民政长，到任9天即被毒死在总督衙门，法律程序陷入僵局。与此同时，袁世凯为了加强自己的实力，不顾普遍的民意和国会反对，向英、法、德、日、俄五国银行团签订借款合约。

国民党人等认为袁世凯意在扩张北洋军队。5月初，国民党员江西都督李烈钧、广东都督胡汉民、安徽都督柏文蔚通电反对贷款。黎元洪居中斡旋，希望化解北京及国民党之争。结果袁世凯态度极为强硬，在6月免除了李烈钧、胡汉民、柏文蔚三人的都督职务，并且在一个月后派北洋军第六师李纯部进入江西。

原本的革命派，此时的国民党，在北洋集团咄咄逼人的攻势之下，成了"温水锅里的青蛙"：继续用合法手段斗争，张振武案、宋教仁案就是一个个鲜活的例子，一旦北洋集团使用强硬手段，国民党不敢以备战为后盾，因而在合法斗争中也不敢坚持到底，只能退让，待在锅里的结果是被慢慢煮熟；毅然跳出来可能会伤痕累累，但还能留有一丝希望。在孙中山的坚持下，国民党不计代价背水一战，悍然发动讨伐袁世凯的战争，史称"二次革命"。

7月12日，被免职的李烈钧在孙中山的指示下，从上海回到江西，在湖口召集旧部成立讨袁军总司令部，正式宣布江西独立，并通电讨袁。7月15日，黄兴抵达南京，组织讨袁，宣布江苏独立，推举江苏都督程德全为南军司令，但程弃职，逃遁上海。随后安徽柏文蔚、上海陈其美、湖南谭延闿、福建许崇智和孙道仁、四川熊克武亦宣布独立。7月18日，陈炯明响应孙中山号召宣布"广东独立"。

就像黄兴等人担心的一样，面对北洋集团强大的武装力量，国民党积攒的力量显得十分薄弱，国民党也因之前的妥协自吞苦果。张振武一案导致黎元洪向袁世凯靠拢，在此次"二次革

▲ "二次革命"爆发。图为讨袁军在阵地装设大炮

命"中，湖北成为北洋军进军的前沿阵地，"二次革命"从一开始就是一场准备不足的战争。

◎ **"大妥协"的惯性思维**

"二次革命"失败的核心原因只有一个，即民国建立之后，当时社会的主流意见已经不认可"革命"继续作为一种合法的斗争手段。这种不认可在当时体现在两方面。

从7月12日到18日，众多省份相继宣布独立，只是这些省份的独立不少是"假独立"，有不少地方大员在政治上更倾向于掌握中央政府的北洋集团，在国民党形势不佳的时候立刻倒戈一击。

以安徽为例，柏文蔚虽然是名义上的安徽讨袁军总司令，但其军队实际上被师长胡万泰和民政长孙多森所控制。等到北洋军的倪嗣冲部及张镇芳部大兵压境，安徽那些搞假独立的人也就立刻撕下面纱，宣布拥袁，这就是柏文蔚率卫队等前往南京的原因。

至于福建，都督孙道仁本就是在师长许崇智等人的胁迫下宣布独立的，当许崇智提议出兵援赣及北伐时，孙道仁总以饷械缺乏为由拒绝。等到大局明朗，孙道仁自然发出通电，向袁世凯陈述"冤情"，宣布取消独立。

后来在反袁斗争中大显身手的云南总督蔡锷也不认可"二次革命"，因此宣布中立。地方实力派的不支持是一个方面，更要命的是国民党内部对此也意见颇大，敌强我弱，再加上内部不团结，实在是自取灭亡之道。

7月22日，江苏讨袁军在徐州地区与冯国璋北洋第二军和张勋武卫前军会战失利，退守南京。7月28日，黄兴看到大局无望，再加上其本身就不赞同"二次革命"这样的斗争方式，于是就玩起了"失踪"。仗还没打完主帅先跑了，讨袁军军心动摇，一战便被击溃。

8月18日，北洋军李纯部攻克南昌。8月28日，倪嗣冲率兵进驻安庆。9月1日，张勋武卫前军攻克南京。在各地的讨袁军相继失败后，袁世凯指控黄兴、陈其美、钮永建、何海鸣、岑春煊五人为这次战乱的一等犯，其余如孙中山、张继、李烈钧、柏文蔚、谭人凤、陈炯明等人也都在通缉之列。孙中山、黄兴、李烈钧、柏文蔚、陈其美、居正等人被迫亡命日本，重新开始了他们的流亡生涯。

孙中山的"二次革命"，当时看来很不得人心，其实这也是辛亥革命"大妥协"之后社会形成的惯性思维使然。事实上，辛亥革命与其说是一场暴力革命，倒不如说是一场和平的政权更迭。在民国建立后，反对武力解决问题更是成为当时国内的普遍舆论，当时的许多知识分子，认为可以通过低社会成本的和平斗争方式解决问题，因此，以"宋案"、"大借款案"为借口发动一次国内战争，遭到大多数人的冷遇也就在情理当中了。

◎ 孙中山是破坏宪政的元凶？

"二次革命"对国民党的力量造成了极大打击。有的国民党人被屠杀，有的投奔到袁世凯麾下，有的偃旗息鼓藏匿起来，有的逃往南洋，孙文、黄兴等中坚力量先后流亡日本。

"二次革命"也使国民党逐步丧失了在北京政治舞台上的合法地位，执政者不必再用暗杀手段解决反对派了，国民党议员被公开拘捕、被公然杀害，国民党籍大员被解职，国民党组织被武力解散，国民党机构被军警查封，共计四百三十八人与国民党有关的议员最终都被追缴议员证书徽章。自此，国会无法继续召开，只得解散，议会政治彻底瓦解，南方革命政治势力与袁世凯阵营彻底决裂。袁世凯在 1914 年另立宪法，也逐步走上了专制之路，直至君临天下。

20 世纪学界对于这一段历史的观点在八九十年代前后发生了极大变化。由于黄兴一派在后来的国民党中彻底失势以及孙中山在国共两党的超然地位，七八十年代延续了 20 世纪上半叶的革命史学观点，对孙中山发动"二次革命"持肯定态度，认为他看清了袁世凯专制的本质，坚持了革命派武装斗争的传统，宋教仁、黄兴等法律斗争路线被彻底批判。[1]

八九十年代后，随着历史学界观点的多元化，开始有人为黄兴等人说话，逐步彻底否定前一历史观。宋教仁的政治路线一改负面形象，反而成为一条光辉的宪政之路。在 21 世纪初，许多研究反而称孙中山是破坏宪政道路的元凶，首开民国滥用武力、以刀枪分"是非"之先河，对此后一系列接踵而来的武人干政、军阀混战事件难辞其咎。

这两种观点各有各的问题。前一观点是 20 世纪革命胜利者的自我肯定，延续前任革命党——国民党的革命史观，以自己为核心论述政党逐步夺取执政权并改造中国的历程，将历史的过程看作胜利者走向胜利的单向通道。而这个过程中的其他"配角"是惨遭淘汰的角色，他们存在的积极因素也是在批判中给予的微末肯定。

第二种观点反其道而行之，为了同情地理解历史上那些被革命淘汰的"失败

---

① 朱宗震："宋教仁与民初法治"，载于《广东社会科学》1987 年 04 期。

者"为近代国家建设所作出的努力，无意中走了"矫枉必过正"的道路，在历史中寻找一切可以否定前一历史观所确立起来的正面形象，在批判的同时重新树立那些被批判者的光辉形象，因此"国父"孙中山不复光辉，成为宪政的破坏者。

历史往往容易被政治立场所左右，但我们抱着追求绝对中立的目标寻求相对的客观。我们不去预想袁世凯等北洋集团"邪恶"的专制本质，也不认为孙中山、宋教仁等人如何光明伟大正确，单纯以当时的社会背景和条件做两个假设：首先，如果宋教仁不死，中国会走上民主宪政的道路吗？其次，宋教仁案发生之后，孙中山不是采取武装斗争的方式，而是继续宋教仁的路线走议会斗争的形式，可以消弭之后十几年兵连祸结的武人干政之乱吗？

◎ **宋教仁的议会政治道路可持续吗？**

首先看第一个问题，我们从宪法的本义谈起。

宪法的英文单词是 constitution，constitution 这个词的结构本身就包含了"整合"的意思。该词源于拉丁文 constitutio，con 是"在一起"的意思，situere 是"设"、"置"的意思。宪法原本就是将诸多政治势力的利益整合成为一个政治共同体的技艺。

宋教仁制约北洋集团依靠的是宪法，他要依靠宪法夺取政治领导权，因此国民党人在立宪过程中排斥北洋集团的参与，并拒绝妥协，这就使得宪法根本无法体现统治国家的精英阶层的共识。袁世凯只是为了当总统才接受孙中山的让位，由于不懂民主政治，所以对宪法并不了解，但这并不意味着他就因此认可由革命派制定的临时宪法。

就像现在两个公司签订交易合同，甲公司单方面制订了一套规定要求乙公司遵守，乙公司因为不太懂法律或者利欲熏心，没怎么认真看规定细则，糊里糊涂就签了合同；但是等明白自己被欺瞒之后自然不会认可这合同对自己的约束力，但合同已生效也就没办法，只能捏鼻子认了。这样的例子生活中也不少见。这就是革命派打的算盘，但是他们没注意到一点，在刚才举的例子中，乙公司之所以吃哑巴亏，是因为它必须遵守《民法》《合同法》的规定，法律是有国家强制力保障的，而北洋集团如果不认账，国民党有办法吗？

革命派既想用法律约束北洋集团，又在立法过程中将北洋集团排斥在外，同时又没有足够的军事实力保障自己政治路线的施行，这就导致革命派与北洋集团之间的结构性冲突。当矛盾稍有激化，就会有流血事件发生，宋教仁案正是在这样的背景下发生的，之所以死的是宋教仁，只是因为他是推行议会政治的主力。他不死，自然会有其他人成为结构性冲突的牺牲品。

宋教仁要实现议会政治，就必须先解决这个结构性冲突。要么在立宪过程中不再排斥北洋集团，在宪法上与北洋集团达成真正的政治合意，要么拥有强大的军事力量迫使北洋集团进一步妥协。而就当时的情况而言，第一是宋教仁不想做，第二是宋教仁做不到，结果显而易见，只有败亡一途。

从这个意义上来看，孙中山在辛亥后鼎力支持袁世凯，放弃政治去修铁路，未尝不是出于对革命派尴尬境遇的清晰认知——武力既不能抗衡，民意也是虚妄。北洋集团掌权后咄咄逼人，不断压制革命派的实力，孙中山不能坐以待毙，却没有一个好方法，因此默许宋教仁的斗争活动。

▲1914年，孙中山先生在日本东京筑地精养轩组织中华革命党

这样的局面因宋教仁遇刺而终结，宋教仁要面对的问题成为孙中山必须要做的抉择，如果继续宋教仁的路线，只能向北洋集团进一步妥协，革命派丧失对立法权的绝对控制，更加难以制约北洋集团，革命派就像温水锅中的青蛙，慢慢被煮熟。在孙中山的眼里，一个良好的共和政体形式，应该能够抑制专制野心，促进公共利益。辛亥革命推翻了一个压迫民族的专制，却释放出更多的专制者。这标志着这一期间共和政体建设的大失败，因此孙中山发动了"二次革命"，继续武装斗争的道路。

"二次革命"失败后，孙中山领导的革命势力也没有再回到议会政治，无论是"护国"战争还是"护法"战争，实际上采取的都是当初同盟会武装起义推翻清朝的手法。1914年7月，孙中山在日本成立中华革命党，以图"再举革命"。在政党发展方向上，这无疑与宋教仁当初将国民党打造成现代政党的努力存在明显区别。

◎ 军阀时代的到来

宋教仁遇刺成为民初政治的一个转折点，从此之后的十几年间，是所谓军阀的时代，袁世凯自取灭亡后，原本在表面上还算是被捆缚在一起的大大小小的诸多军阀，一跃成为中国政坛的主角，互相攻伐以争权势，国家四分五裂，政治保守无为，外交仰人鼻息。中国近代政治，走入最为混乱黑暗的一节。

这个结果，是由那个时代的诸多因素决定的，就像章永乐老师所讲："北洋集团费尽心思挤进了一个由别人筑就的巢穴，却很快发现这并不是自己的家。它推动墙壁希望获得更大的空间，但墙壁却日益逼仄。总有一天，它要破墙而出，为自己建筑一个新的巢穴。但破墙之日，必定也是宪政的受难之日。"①

在其他论述中，章永乐老师进一步指出，1914年《中华民国约法》就是北洋集团的新巢，它以清帝的委任作为自身的历史正当性的基础，突出共和制继承君主制。结果，北洋集团也进入了一种尴尬的境地，它试图撕破革命党人的法统，却无力自成一体。②

北洋军阀时代的终结，要等到14年后国民党与共产党联合北伐。但军阀的阴魂并未随之而去。整个民国，北洋军阀时代培植并成长起来的军阀，部分在革命势力的发展过程中演变成了新的军阀，国家的政权因此反复被割裂，直到共产党重整中国社会基层组织的力量，以一种全新的政党形式终结了民国的乱局。与民国初年法律精英们所设想的理想国截然不同，中国的历史再次延续了原本政权更迭的周期律。

在此之前，历史的车轮依然滚滚向前。在军阀混战的年代，民国的法律精英们又迎来了新的挑战。

---

① 章永乐：《旧邦新造：1911—1917》，北京大学出版社2011年版，第81页。
② 章永乐：《"旧邦新造"的历程：1911—1917年宪政史反思》，改编自《旧邦新造：1911—1917》序言。

第三章
军阀间的龙虎斗与
进退维谷的法律界精英们

军阀时代降临之后，当时代表"先进势力"的中国政治精英在这个时间节点产生了分裂：提倡"首重法律"的孙中山开始以党治军，继续革命；还有些人依然留在北洋军阀的政府里，采取"非暴力"抗争的方式，坚持自己"司法独立"的法治梦想，与残酷的现实作激烈斗争。

这些没有走上革命道路的民国法律人，他们的未来何去何从？他们又是怎样在军阀的淫威之下，保持独善其身，同时又试图去完成自己兼济天下、依法治国的梦想？

民国法律党的风骨

1913 年，中国自宋元八百年以来，再次进入了"武人干政"的时代。1911 年辛亥革命之时，作为社会革新势力的革命派以及由部分开明旧士绅转化而来的立宪派，在北洋集团这个由职业军人组成的政治集团面前，只能算是还没有得势的"穷秀才"。

这些"穷秀才"学了点"洋墨水"，以为用嘴皮子一顿忽悠就能"杯酒释兵权"，结果他们眼中的土鳖武夫们给他们上了生动的一课。以袁世凯为首的北洋集团充分发挥了中国政治的传统智慧，在一番合纵连横之下，政治技术上略显稚嫩的革命派以及习惯于"坐而论道"的立宪派相互之间多有摩擦。

面对旧势力阶层，不管是宋教仁的议会斗争还是孙中山的武装革命，革命派一直采取对抗态度，在政治斗争中他们锋芒毕露，也因此急速激化了与当时社会基层组织力量——旧士绅和旧官僚阶层的矛盾。而立宪派大多脱胎于旧士绅阶层，也保持了两者之间的暧昧关系，所以在革命派（后来的国民党）与北洋集团针锋相对时，立宪派的表现就有点"首尾两端"的感觉，在精神方面他们和革命派有着同样的政治蓝图，在物质层面他们却无法与社会旧势力划清界线，这也就决定了立宪派与革命派之间的分歧。

相反，1911 年至 1913 年在袁世凯的整合之下，社会旧势力阶层不断被统合在以北洋集团为旗帜的政治集团中，他们的利益诉求相近，社会基础统一，是当时社会中的既得利益者。如果不是袁世凯后来复辟帝制导致这个政治集团的四分五裂，历史会往哪个方向发展也还未可知。

一群不团结的"屌丝"妄图逆袭至少在表面上维持"和谐"局面的"高富帅"，同时没有一股"敢把皇帝拉下马"的狠劲，结果不言而喻。宋教仁被刺，宣告了革命派和平解决路线的彻底失败。孙中山发动"二次革命"，导致革命派与北洋集团的彻底决裂，最后孙中山流亡海外，革命派辛辛苦苦几年的努力，一夜回到了辛亥前。代表"先进势力"的中国政治精英在这个时间节点产生了分裂。

一部分开始学习军阀的做法，他们认为要打倒猛虎必须先拥有比猛虎更尖利的爪牙。这一派以孙中山为代表，也是过去几十年历史研究的主旋律，他们训练一支用新思想武装起来的军队，整合财政并重组社会基层组织，这也就是孙中山"联俄、联共、扶助农工"的三大政策，他们以掌握地方行政权为起点，逐渐"入主中原"，并在这个过程中建立起一套理论。1924年孙中山发表了《国民政府建国大纲》，把建立"民国"的程序分为军政、训政、宪政三个时期，也就是先夺取行政权，在掌握行政权的基础上再实行宪政。

1927年国民党北伐之后与旧士绅、官僚阶层达成妥协，蒋介石宣布训政时期开始，即国民党一党独裁。为了解决乱局，国民政府再次加强行政集权，推动"司法党化"。直至1928年张学良改旗易帜，国民政府名义上统一了中国，其实只是又回到了1911年至1916年北洋时期的政权状态，内部派系林立的局面一直没有本质的改变。从国共十年内战到抗日战争，如何削藩一直是蒋介石首先考虑的政治难题，这个问题最终以败退台湾的结局画上了休止符。

近十几年来，史学界反而对另一派政治精英挖掘得更多，其实也是在弥补历史学原本单极化所造成的创伤。这些人没有走上公开武装对抗的道路，依然留在北洋军阀的政府里，采取"非暴力"抗争的方式，坚持自己"司法独立"的法治梦想，与残酷的现实作激烈斗争。

中国历史有一个很有趣的现象，武人与文人的斗争往往保持着必要的底线，而文人与文人的斗争往往更加疯狂和残酷。因为中国的文化传统是尊崇知识的掌握者，武人对文人总是有种潜在的尊重，即使有流血冲突，也很少因此形成大规模公开的迫害，对失败者不会进行由肉体到精神的鞭挞。

北洋政府时期正是充分体现了这一特性，留守在北洋政府体制内的法律界精英们坚守理想，或许因为现实最后结果未必如人意，但是至少那个时代为他们留有一定的保护他们部分尊严的空间。

坚守在黑暗里坚信心中的光明，又以相对体面的方式走向人生的终局，当时法律界精英这种士君子风格成为今天的学人重点挖掘的对象。他们当中有的是教科书中的大汉奸，有的是中国大陆毕业的第一个大学生，有的是文化界的名流。在他们的坚持下，不少像交通部长这样相当于今天的省部级高官相继被推上法庭，在舆论的监督下，报社指名道姓地痛骂当局总统是日本人养的龟儿子，最后也只是罚了两百大洋了事。

也许世上不如人意之事十之八九，他们的努力不应该被历史遗忘，就让我们走近那段历史，感受他们的人生旅程。

中国第一号律师：卖国贼曹汝霖的另一面

"一千个人眼中有一千个哈姆雷特。"历史也正是这样充满着多元思考，这也正是历史的魅力所在。

在历史教科书中，曹汝霖因签署"二十一条"而被定性为大汉奸，在诸多历史书籍中更多以负面形象出现。但他却是民国时期，中国律师制度建立之后的第一位律师，其人在法律行业的业绩也令人称道。

◎ 中国第一号律师

其实许多文章、资料中都认为伍廷芳是"中国律师第一人"，其实并不准确。伍廷芳（1842—1922），1874 年留学英国，后获得英国大律师资格，回到香港任律师。孙中山在南京成立临时政府后，伍廷芳被任命为司法总长，并代表南方与袁世凯就清帝退位等具体事务进行协商。准确地说，伍廷芳应当是中国人取得国外律师资格的第一人，曹汝霖才是真正取得中国律师资格的第一人。

1912 年，北京临时政府成立司法部，9 月 16 日，公布施行《律师暂行章程》，规定法庭诉讼可延请律师，中国的律师制度就此初步建立。此时，曹汝霖仕途不顺，刚从袁世凯府中辞去公职，遂决定将学自东瀛的法律知识加以应用，开始律师执业。

按照当时的《律师暂行章程》，想要成为执业律师，需经过律师资格考试。但因民国建元之初，百废待兴，当时政府尚未能及时组织律师考试，故《章程》又规定：在接受法律教育、从事法学教育以及法律职业经历等方面，满足较之允许参加律师考试更高条件者，可不经考试，直接获取律师资格。譬如，"在外国大学或专门学校以及在中国国立、公立大学或专门学校学习法律三年以上，获得毕业文凭者"，可不经考试，径自获取律师资格。如此一来，作为法学科班生的"海归"，曹汝霖符合免试申领的标准。①

顺利拿到律师证之后，曹汝霖发现，证书编号居然是民国的第 1 号，是中国建立律师制度之后第一位本土的执业律师。

◎ 律师与讼棍

1912 年，当时的民众对律师一词充满了偏见，更多将律师理解为古代的讼

① 林天宏："曹汝霖：民国第 1 号律师"，载于《中国青年报》2010 年 9 月 1 日第 10 版。

师，俗称"讼棍"。所以在当时，律师制度的建立并未引起社会的广泛关注，曹汝霖成为中国第一号律师的事迹也更多地被他在仕途上的发展掩盖了。

在民国元年 9 月至 12 月的四个月时间里，曹汝霖代理的诉讼案多达二十八件，并承担了当时大理院上诉刑事案件中半数以上的辩护工作。有关这一段经历，在 2009 年大陆出版的《曹汝霖一生之回忆》中，曹汝霖对自己的律师生涯进行了细致的描述。

> 余初作律师，除照章公费外，不计较酬报，听当事人之便。其时风气未开，请教者不多。后有一案，一审判死罪，二审维持原判，上告到大理院。该案论事实应判死刑，惟因律无明文，情形特殊，第一审根据事实判处死刑，第二审仍维持原判，被告不服告到大理院，请我辩护。余即根据律无明文不能判罪为理由，大理院本是书面审理，遂将辩护状送进。结果原判撤销，改判无罪，于是被告全家老小，到我事务处叩头致谢，感激涕零，谓因家贫，只送些土产表示谢意。
>
> ——业律师领第一号证书《曹汝霖一生之回忆》[1]

正是为这起刑事案件的成功辩护，使曹汝霖一夜成名。曹汝霖在晚年的回忆录中提起这段往事，字里行间亦流露出意气风发之感："从此大家知道诉讼不能不请律师……区区之名，不胫而走，从而门庭若市……后来，法政学生挂牌业律师者渐多。"

曹汝霖做律师这件事，很多亲朋好友对此都表示不理解。就连颇为赏识曹汝霖的袁世凯，都曾问他："何必做律师，律师不是等于以前的讼师吗？"曹汝霖对此正色答道："律师与讼师，绝对不同，律师根据法律，保障人权，讼师则歪曲事实，于中取利。"

▲曹汝霖（1877—1966），字润田。早年留学日本。五四运动时期，被指为卖国贼，住宅惨遭烧毁。抗日战争时期，曹汝霖不愿意与日本人合作，拒绝担任伪政府总理大臣一职。与之相反，"五四运动"的健将，火烧曹汝霖住宅的北京大学学生梅思平，却主动投靠日本人，做了一个名副其实的汉奸

像袁世凯这样做过民国总统的人物，对于律师的理解还是停留在讼师的阶段，可见当时的国民，距离真正理解现代法治的精神与理念，还需要一个漫长的过程。

---

① 曹汝霖：《曹汝霖一生之回忆》，中国大百科全书出版社 2009 年版。

◎ 妓女与太监离婚案的曲折

在那个年代，有各种稀奇古怪的案例，比如曹汝霖曾经手的"妓女与太监离婚案"就是其中一例。

清朝末年有个叫张静轩的太监出宫独居，由于年老体迈，形单影只，便想找房妻室。后经媒婆介绍，认识了一个名叫程月贞的妓女。程月贞的母亲提出，如果张太监能够为程月贞支付三百两银子的身价，并帮程家偿还所有的债务，就将女儿嫁给他。

张太监答应了王母的要求，程月贞便嫁给了张太监。新婚一年多，辛亥革命爆发，清王朝被推翻了。一天，程月贞母女趁着张太监外出会客之机，悄悄带着金银细软离开了。当张太监四处查找寻访之时，突然接到了法院的传票。原来程月贞已向法院递交状纸，要求与张太监离婚。

程月贞聘请的律师正是曹汝霖。曹汝霖在状纸上替程月贞提出的离婚理由是：第一，张静轩身为太监，娶妻既伤风化又不人道；第二，张静轩虐待成性，程月贞不堪忍受；第三，张静轩曾经婚娶，置前妻不顾，再娶少妻，构成重婚。

开庭时双方唇枪舌战。张静轩提出离婚可以，但是程月贞必须退还娶她时的三百两银子的身价以及卷走的金银财宝，否则不同意离婚。曹汝霖指出：人身不得为所有权目的之物，前清之际，已是厉禁，何况现在已是民国；如果要求程月贞偿还三百两身价银，就等于承认人口买卖，而解除婚姻关系，则与身价银无关；原来娶程月贞的身价款没有偿还之理。程月贞所携带的财物，有相当一部分是她自己的首饰和物品，理应归程月贞所有。

张静轩又称，曾在程月贞出嫁之前代为清偿债务，有字据为证。曹汝霖辩称：张静轩当初为程月贞偿还债务纯属自愿。程月贞因张静轩代为还债，故愿为其使女。王之于张虽负有债务，但以劳动力为还债工具。且张静轩娶程月贞为妻后，夫妻财产并无区别，不论婚前各自财产多寡，婚姻成立之时，财产即为共同所有，张、王之间的债权债务关系已经消灭。

曹汝霖指出张静轩在进宫当太监前曾经婚娶，现当年所娶之妻仍然健在，并未离异，张太监置前妻不顾而再娶，实属不义。曹汝霖进一步申辩离婚关系到公益之事项，若因钱债之故，而拘束离婚之自由，与共和体制以及民国法律精神相悖。①

---

① 老何：《太监妓女闹离婚》，载于《文史博览》2012年第3期。

在庭审中曹汝霖以自由、人道的新词和有伤风化、有失仁义的旧理进行论辩，巧舌如簧。最后审理结果，审判官几乎全盘接受了曹汝霖的意见，准予离婚，但认为程月贞携带金银珠宝外逃无理，其应分期将财物偿还给张静轩，曹汝霖也因为这起离婚案而时名满京城。

◎ **步入仕途误成"卖国贼"**

随着一件件大案的完美解决，曹汝霖表现出其高超的才能，名声也越发彰显。一本民国年间出版的律师诉状汇编——《刀笔精华》，收录了当时的三十三篇经典的律师诉状，其中开头的两篇即为曹汝霖办理的两起案件的诉状，其一为《奸非致死之辩诉状》，另一为《烟案俱发之上诉状》，可见当时曹汝霖办理的案件具有深远的社会影响。

虽然名动一时，但曹大律师的收费并不昂贵，"除照章公费外，不计较酬报，听当事人之便"。就像之前引用回忆录中举的例子，当事人全家老小到曹家叩头致谢，感激涕零，但家中贫困，只能送些土产表示谢意。曹氏不仅不收酬劳，就连工本手续费都免了。

据曹汝霖自述，从事律师业后，他不管案件大小，来者不拒，每月收入，绰有余裕，大致能在二千元左右。

在当时，曹汝霖是亲日派的代表人物，曹汝霖向来不否认其"亲日"立场。据他在回忆录中称，他对日本人的好感始于日俄战争期间。那时曹汝霖正在日本读书，亲眼看到明治维新后的日本百废俱兴的景象和开战时日本人踊跃从军的场景，心中已将其视为中国今后发展的范本。而且他认为日本与中国同为亚洲国家，可相互依傍。

随着中日关系在袁世凯政府对外关系中日渐占有重要的地位，亲日派的曹汝霖很快被袁世凯重用，并于1913年8月当上袁世凯政府的外交次长。

1915年1月，日本向中国提出了臭名昭著的"二十一

▲图为当时1915年中日谈判的一张照片，中国的代表是陆征祥、曹汝霖（左一）、施履本，日本的是驻华大使等有关人员

▲赵家楼是老北京的一条胡同，位于北京长安街东端之北。"五四"一把火，把位于赵家楼的曹汝霖宅邸东院基本焚毁。图为位于胡同西侧的火烧赵家楼纪念碑

条"，袁世凯两面为难，就派外交总长陆征祥、外交次长曹汝霖、秘书施履本代表中方与日本谈判。曹汝霖每日清晨入袁世凯府报告，商议对策，实为具体的出谋划策者。5月7日，日本发出最后通牒，要求中国政府5月9日前做出答复。袁世凯政府最终以"我国国力未充，目前尚难以兵戎相见"为由签了字。5月9日于是被定为"国耻纪念日"，卖国贼的帽子也很快被扣在了曹汝霖头上。[①]

1919年，对日外交和"巴黎和会"的失败（曹汝霖时任外交总长）激发了民众及学生的不满，五四运动爆发，结果出现了"火烧赵家楼"。曹汝霖辞职下台。其实，五四运动的发生有着非常复杂的多种因素，并非曹汝霖"一人之过"。因此，段祺瑞在后来安慰曹汝霖说："这次的事，他们本是对我，竟连累了你们，我很不安。"后来的教科书把曹汝霖定性为"卖国贼"，曹汝霖便背负了"卖国贼"的骂名。

◎ 晚年的"骨气"

抗战开始后，曹汝霖曾公开发誓不在日伪政权任职，要以"晚节挽回前誉之失"。据说，日本在筹组华北伪政权时，一度曾把曹汝霖看作总理大臣的理想人选。但曹氏始终不为所动。日伪华北政权曾为其挂上一个"咨询委员"的空衔，但曹汝霖从不到职视事，也从不参与活动。

国民党政权在大陆败退后，曹汝霖离开大陆转居香港，后寄居日本八年，再赴美国寄居女儿家。1966年在美国去世，终年89岁。

晚年时，曹汝霖在《曹汝霖一生之回忆》中谈起"火烧赵家楼"一事，读来倒也颇有意味——"此事距今四十余年，回想起来，于己于人，亦有好处。虽然于不明不白之中，牺牲了我们三人，却唤起了多数人的爱国心，总

① 李宁："民国头号律师：曹汝霖与丧权辱国的二十一条"，载于《城市快报》2010年8月18日。

算得到代价"。

在《曹汝霖一生之回忆》一书中，曹汝霖以"此事对我一生名誉，关系太大"来描写五四运动对他人生的影响。他对签订"二十一条"的内情、西原借款的来龙去脉，以及资金的用途走向，都做了详细说明。对于自己在五四运动中的遭遇，曹汝霖觉得有些委屈——从他的角度看，他参与这些事务，只是在其位谋其政，尽职尽责罢了。

历史是无法还原的，尽管曹汝霖有为自己辩护的权利，但他的言说是否可信，只能由读者去评判了。

铁面法官杨荫杭：一代法学家的气节

曹汝霖并不像我们想象中的法律人那样是非分明，他的人生中有不少灰色调，这也正好反映出了当时法律精英社会成分的复杂性。

乱世之中，礼崩乐坏之际，正是因为一位位法学家始终不放弃心中的坚守，才令我泱泱大国不至于沦为"不法之国"。回溯民国初年，彼时军阀林立，战乱频仍，但随着辛亥革命的燎原之势，民主与法治的观念深入人心。堂堂中华涌现出一大批坚持法治梦想的知识分子，他们蔑视权贵，宣扬法律面前人人平等的思想。杨荫杭就是其中的一例。

说起杨荫杭这个名字，也许有人会觉得陌生。但说到杨绛的父亲、文化大师钱钟书的岳丈，恐怕是无人不晓。然而，纵观其生平，他更是一位杰出的法学家，一位不畏强权的忠肝义胆之人。其一生，足以堪称刚正不阿的典范。

◎ 报国然无门，法治树人心

杨荫杭，字补塘，清光绪四年（1878年）出生于无锡书香门第，自小就受到祖父和父亲的严格教育。杨荫杭在年轻时就读于北洋公学。当时的北洋公学由外国人把持，常在生活上压迫求学的中国学生。在就读期间，部分学生因对伙食不满而掀起学潮，外国人因此开除了一名带头闹事者。杨荫杭并未参与此事，但他看到许多学生慑于外人淫威，噤若寒蝉，血性上涌，愤而挺身说："还有我！"结果也遭到了开除。经此一事，年少的杨荫杭深刻认识到外国人对国人的压榨，争取民族独立这一思想在他的心中扎根。

被北洋公学开除后，1898 年杨荫杭转入南洋公学，因成绩优异，杨荫杭于 1899 年被学校送往日本早稻田大学留学。在日本时，由于学习了西方的思想理念，杨荫杭更加坚定了要为振兴中华而奋斗的决心。而此时，受到在日的孙中山、黄兴等人的革命影响，杨荫杭也开始产生革命的想法。1901 年，他利用暑假回无锡探亲的机会，在无锡鼓动一批进步青年组织励志学会，入会者有四十余人，公推裘廷梁为会长，秦鼎臣、俞仲还为副会长。他们更是在埃实学堂以讲授新知识为名，宣传反清革命。

后来，杨荫杭在日本早稻田大学卒业，回国后任上海《时事新报》编辑，同时在中国公学、澄衷学校、务本女校教课，并经常在《大陆月刊》等报刊上发表文章，宣传革命。

由于杨荫杭的影响越来越大，他的举动引起了清政府的重视，准备将其逮捕。于是杨荫杭被迫再度出国，于 1906 年到美国宾夕法尼亚大学学习法律。在美读书期间，杨荫杭意识到，在专制的封建国家中，没有稳定的社会秩序，根本无从谈起国家的振兴。在学习的过程中，他深刻意识到法治的重要性，抓住了法律维系社会稳定的本质。因此他毅然投身法律学习，希望用西方的民主法治来改良腐朽透顶的封建制度，挽救贫穷落后的中国，就此竖立起为之毕生奋斗的法治梦想。

在学习法律期间，他精益求精，成绩杰出。卒业时他所作的硕士论文《日本商法》，得到了导师的赞赏，被收入这所大学的法学丛书。

几年后杨荫杭学成归国，先在北京一所法政学校教书，后来为了实现自己的理想抱负，在上海中报馆担任编辑并从事律师事务，发起创立了上海律师公会，开始了自己的法律征程。

◎ 气节岂可折腰，名器怎能假人

辛亥革命之后，经过清末状元张謇的推荐，杨荫杭就任江苏省高等审判厅厅长兼司法筹备处处长之职。在杨绛的怀旧作品中，有一篇题名为《回忆我的父亲》，杨绛以明丽流畅又不乏诙谐的细腻笔触，向读者叙述了父亲的生平事迹。透过朴实无华的文字，我们能了解到一名出身于封建家庭的法学大家的气节。

文中提到杨荫杭的做事风格："名与器不可以假人。""名器"者，古时指"名号与车服仪制"，代表着一个人的身份及尊严。杨荫杭认为，不能因为一些利益而做有损气节的事情。

这一做事原则在杨荫杭为官期间得以充分体现。1913 年因宋教仁案而引发的"二次革命"失败时，张勋卷土重来占据南京，江苏士绅联名登报拥戴欢迎。杨荫杭的某下属擅自把杨荫杭的名字列在了欢迎者的名单中，以为反正也不是什么大事，名字既已见报，杨荫杭即使不愿意也只好默认。而杨荫杭认为"名与器不可以假人"，他立即在报上登了一条启事，申明自己没有参与此事。[①]

对于这样的不通世故，杨荫杭自己是明了的，他学着一位朋友的语气对女儿们讲："唉，补塘（杨荫杭的字），声明也可以不必了。"随后杨荫杭语气一转，补充道："你知道林肯说的一句话吗？ Dare to say no（敢于说不）！"

做人如此，做事更是如此，而执法则特为尤甚。杨荫杭是无锡人，北洋政府有"本省人不能担任本省官职"的规定，因而他在江苏任职不久后被调到浙江省，仍任高等审判厅厅长之职。其秉公执法、不阿不谀的原则令人称道。

浙江有一个恶霸，凭着自己与浙江省的督军有裙带关系，在乡里鱼肉百姓，无恶不作，甚至行凶杀人，百姓苦不堪言。

被害人家属忍无可忍，决定上诉，地方法院审理后呈报省厅，杨荫杭依法审结案件，收集证据，最后提笔判处这一恶霸死刑。

这一判决一下子捅了马蜂窝，各方势力要求杨荫杭更改判决，甚至连浙江省的省长屈映光也出面说情，要求杨荫杭予以减刑，可是杨荫杭的回答铿锵有力："杀人偿命，不能宽宥。"屈映光以势相压，杨荫杭声称司法独立，不予理睬。

屈映光没有办法，就向当时任大总统的袁世凯告状，幸亏当时袁世凯机要秘书张一簏与杨荫杭是同窗好友，从中为杨荫杭说情，袁世凯才亲笔批了"此是好人"，并于1915年将杨荫杭调到北京了事。

◎ **忠义铸法胆，强项对公侯**

被调到北京后不久，袁世凯复辟帝制失败而倒台，黎元洪上台执政，杨荫杭随即被任命为京师高等检察厅长。

1917年春，刚刚成立不久的津浦铁路管理局（设在今天津北站）曝出一件全国性舞弊丑闻，本来只需120万元就能购得的火车货车车厢，担任正、副局长的王家俭与盛文颐，竟然花了430万元的租金与洋商签订了15年的租赁合同。

原来1916年7月，许世英以内务总长兼任交通部总长之职，开始大批裁减

---

① 王国华："名器"，载于《中外文摘》2012年12期。

▲ 许世英（1873—1964），1916年先后任段祺瑞内阁内务总长、交通总长。后以贿赂案失察为由被免职，退出政坛

交通系①人员。旧交通系成员借津浦铁路局购买机车收受回扣的案件，牵连到交通次长王巏炜收取巨额佣金。旧交通系雷光宇、曾鲲化奉命查办，指出许世英严重贪污渎职。文官惩戒委员会本想拖延化解事态，但雷光宇、曾鲲化极力要求从严究办，并制造社会舆论，使当局无法回避事态。②

此案一经曝光，天下哗然，杨荫杭身为京师高等检察厅长开始介入调查。有人揭发时任交通总长的许世英也牵扯其中，严重贪污渎职，杨荫杭二话不说，直接传讯许世英进行调查，并将其拘押至看守所，此举一出，顿时名噪一时。

像交通总长这样的高官被扣押，可谓是一石激起千层浪。许世英是一个很有"能量"的人物，他曾担任北京政府大理院院长、司法部总长、内务部总长等职，政府要人纷纷向杨荫杭说情，要求特许保释。许世英被拘传那天杨家的电话整整响了一夜。杨荫杭坚持自己的"法治"抱负，认为任何人犯法均需追究，绝不能像封建时代那样"刑不上大夫"。

国务总理段祺瑞想挽救许世英，但进入司法程序之后，段祺瑞对于公开干预司法颇有顾虑，两次收回抗议检察官的草拟命令。杨荫杭区区一个检察官如何与整个北洋政府抗衡？司法总长张耀曾在杨荫杭准备查处许世英时就出面干预过，要求其停止侦查。杨荫杭没有理睬。张耀曾恼羞成怒，在杨荫杭传唤许世英的第二天就停止了杨荫杭的职务。而后司法部又呈文给总统，以检察官"违背职务"为由将京师高检厅检察长杨荫杭、检察官张汝霖停职，并交司法官惩戒委员会议处。

虽然杨荫杭坚定立场、毫不让步，结果也没能尽如人意。不久之后，在证据确凿的情况下，许世英却被国务会议宣告无罪。有关此事的结果，在杨荫杭

① 交通系是中国北洋军阀统治时期的一个政治派系。分为以梁士诒为首的"旧交通系"和以曹汝霖为首的"新交通系"。交通系起源于晚清负责铁路、航运、邮政、通信和交通银行事业的邮传部官僚体系。因为该部门是一个财政收入较高的部门，因而有较多的发言权，并派生出名为交通系的官僚体系。交通系控制着当时的国家经济命脉，是袁世凯政府的支柱之一。1912年中华民国首届内阁总理唐绍仪是交通系的创始人。之后经过曾任袁世凯政府秘书长的梁士诒多年培植，逐步发展起来。重要人物包括周自齐、叶恭绰、朱启钤、汪有龄等。

② 姜新："津浦铁路借款合同评议"，载于《徐州师范学院学报》1994年01期。

之女杨绛的文集中有所体现。

许世英受贿被捕，在1916年5月。国务会议认为许世英没有犯罪的证据，反要追究检察长杨荫杭的责任；许世英宣告无罪，他随即辞去交通部长的职务。我想，父亲专研法律，主张法治，坚持司法独立；他小小的一个检察长——至多不过是一个"中不溜"的干部，竟胆敢拘捕在职的交通部总长，不准保释，一定是掌握了充分的罪证，也一定明确自己没有逾越职权。他决不会顺从国务会议的"宣告"，不会承认国务会议有判决权。我不知这个案子是如何了结的，可是我料想从1917年到1919年秋，我父亲准是和北京的行政首脑在顶牛。1919年他辞职南归，没等辞职照准。[①]

杨荫杭无辜受处分的事引起了媒体的广泛关注。《申报》更是十分活跃，它在报道"高检长杨荫杭因传讯许世英交付惩戒"的新闻时，将司法部请交惩戒的呈文和杨荫杭的申辩书全文同时刊出，引起社会一篇哗然。

对于自己被停职的结果，杨荫杭愤慨不已，随后离京南下，回到家乡无锡，甚至因为过于忧愤重病一场。坚持了半辈子的法治梦想就此破碎了。

◎ 法治梦难圆，律人亦律己

作为一个法官，杨荫杭有理想、有素质、有魄力，还有关系。他和司法总长是同学，袁世凯说"此是好人"。在社会上他更是享有清誉，可谓权高、位重、声隆。他是最有条件坚守司法独立的。但现实结果是，杀恶霸不成，抓总长不成，换院长虽成，但结果更坏。他的失败揭示了一个基本道理，即仅仅依靠职业法官，无法完成司法的历史使命。袁世凯虽知"此是好人"，但当时的现实是，袁作为一个大军阀必须依赖和仰仗小军阀，政治家们的政治决策是由实力决定的，而非由公道良心决定。

宦海浮沉数年的杨荫杭对中国当时的现实有一个清醒的认识，但是他不愿同流合污，多年来坚持自己的理想与抱负，虽多次遭受艰难却越挫越勇。

民国时期的司法部门与所有官府一样，黑暗腐败，贪污受贿成风。有一个法官在开庭时总要带着一把装满了酒的茶壶，喝酒审案。杨荫杭十分气愤，他同另一位有正义感的律师陆棨成，联名向司法总长写了一个呈文，要求撤换这

① 杨绛："回忆我的父亲"，载于《杨绛作品集》(第二卷)，中国社会科学出版社1993年版，第59～60页。

▲图为钱钟书与杨绛的合影

个酒醉糊涂的法官。而后，上海地方法院调来一个院长。经了解，这个糊涂法官曾在美国因为伪造支票而被判过刑。

面对如此荒谬和黑暗的现状，杨荫杭一人又能做什么呢？最后经历许世英案的打击，他决心退出官场，立志要通过自己的努力为中国法制事业作出贡献。因此，他做了自认为系"自由"职业的律师，依然保持了自己有所为有所不为的做派，不见钱眼开，不唯利是图。

在他做律师的时候，有一次一家银行保险库内巨款失窃，明明是银行经理监守自盗，却诬告是两位管库职工所为。杨荫杭知道后十分气愤，义务为这两位职工出庭辩护，不取分文。而一个驻外领事由于私贩鸦片的案情败露，想请杨荫杭为他辩护，派秘书陈某再三上门请求，并许以重金相酬，杨荫杭却坚决不予受理。

当时也有律师向当事人索取贿赂：两支雪茄就是两百元，"一记耳光"就是五百元。杨荫杭出于义愤，自告奋勇为请不起律师的穷人辩护，但有时也会遇到一些并不贫困、打胜官司后赖掉律师费的人。据杨绛回忆，其父大约有三分之一的律师费被赖掉。她笑父亲：作为一个律师，却连自己的权益也不会保障。

在做律师之余，他收藏古钱、古玩、善本书，钻研音韵学，抗战时期做不了律师就在大学里教《诗经》，在庙堂之上与江湖之远之间进退随意，于专业职业与学问爱好之间游走自如，其淡定的心态与超凡的能力，常人望尘莫及。除了精通法学，杨荫杭还是一位诗人，爱读杜诗，于音韵学钻研很深，把各时代的韵书一字字推敲。杨绛取笑说："爸爸读一个字儿、一个字儿的书。"[1]

◎ 胸怀正义心，横眉千夫指

杨荫杭不只是帮别人打官司，自己吃官司的时候，也能应对自如。

"九一八"事变之后，救亡运动如火如荼地在各地展开，其中之一就是学

---

[1] 罗银胜：《杨绛传》，北京联合出版公司 2011 年版。

校学生走上街头募捐。苏州也不例外。当年苏州各学校都组成小组，穿梭在小巷深处，市民也总是慷慨输捐，但是有些学生的募捐形式却引发了很大的争议。

1931 年 11 月 19 日，苏州美术专科学校的第七募捐队到庙堂巷杨荫杭律师家募捐，门房通报进去，杨荫杭正好在家，就叫门房拿了几个铜圆给他们。结果这些学生嫌少，就叫两个女同学强行进去强要加添。这举动惹怒了杨荫杭，据这些学生的说法，就是杨荫杭"高声怒叱"，"该律师怒跃而前，挥拳掷掌，破口大骂，斥余辈为（盗匪）"。于是，第七募捐队就上告到救国反日会，希望他们帮自己出头。11 月 23 日在《苏州明报》上刊出了一封苏州学生救国反日会致杨荫杭律师的公开信①，给杨荫杭施加压力，警告他"以后改正自新，勿再作无理之举动，切记切记"。这个救国反日会说他们是为抗日英雄马占山募捐的，讲了许多堂堂正正的大道理，意图指责杨荫杭律师缺乏救国热忱，甚至"有妨救国运动，而于国际旁观者，实为最耻最辱之事"。

这份来自苏州救国反日会的指责一下子将杨荫杭置于不利的地位。于是 11 月 24 日，《苏州明报》广告栏里刊出一份《杨荫杭启事》，是杨荫杭对此次事件的公开回应。②

为抗日救亡募捐，固然是一件好事，然而，不能因为正义性就使用不择手段的行为。应捐人本来就是自愿，出多出少，都是一份抗日爱国的心，不能因为"房屋之巍峨，装饰之奢丽"就必须相应地拿得更多，杨荫杭实在是无法忍受他们一脸正义面孔的骚扰，忍无可忍才怒火中烧的。如果信中描述得不错，杨荫杭"怒跃而前，挥拳掷掌，破口大骂"，对于一个律师来说，已经很失态了，正好说明这个第七募捐队的作为是如何使他怒不可遏。

学生做事，往往凭一时意气，不考虑别人的感受，以为只要自己站在正义的一边，别人就应该积极配合。孰料别人也有自己的烦恼，有自己的生活，名声显赫并不等同于家财万贯。

1930 年，杨荫杭的大儿子宝昌因病去世使他相当悲痛，而那几年也正是杨荫杭收入不景气的几年。杨绛的回忆录对其父这段时间的窘迫也有所描述。

《大光明》在 1930 年 12 月初刊出《美专募捐之刺激》，谈到美专与杨荫杭的冲突，颇有持平之论。文章说："募捐应捐，双方都属赤心勇义之行为，自应

① "致函杨荫杭律师"，载于《苏州明报》1931 年 11 月 23 日。
② "杨荫杭启事"，载于《苏州明报》1931 年 11 月 24 日。

互相谅解。故不论任何方面，其态度似应恭逊揖让，始足以言仁义。美专同学，经此刺激，自当有以自省也。"

◎ **半生从律政，思想聚精髓**

杨荫杭博学多才，从事律师职业之余又做报人，发表了许多范围广泛的文章。其中，法学类占有相当的比重，成为我们研究近代法学发展时应当注意的文献。

这些文献记载了很多杨荫杭先生的思想，比如由杨先生之女杨绛教授整理主编的《老圃遗文辑》，其中不少观点谈到当时移植西方法律制度过程中一些"食洋不化"的现象。[①] 例如，在发表于 1924 年的系列短文"读律余谈"中，作者对于继承时效、刑事程序、律师等问题都有颇具兴味的议论。他称"司法改革以来，最不惬人意者，莫如检察官垄断诉追权"。他认为这种制度"最不合中华之习惯与中华人之心理"。

自唐代以来的旧法虽含国家追诉之意，但从未设专司起诉之官，"告发、告诉悉听人民自便，实与英美之法相近"。而由国家垄断追诉，若遇检察官渎职懈怠，则受害人"除饮恨吞声之外，更无他法"。[②]

杨荫杭对当时司法改革中对日本法的亦步亦趋提出了批评：

中华法政人才以出于日本者居大多数，故中华人之食日本法，如日本人之食鱼，生吞活剥，不暇烹调。[③]

所谓"国家追诉主义"，只是其中的一个例子。

民国年间，社会动荡。1937 年日军发动全面侵华战争，杨荫杭一家逃难避居香山。十一月妻子病故，更是对杨荫杭人生的一大打击。随着时局的不断变化，1938 年杨荫杭一家避居上海，在上海震旦女子文理学院任教。1939 年把妻子葬在了灵岩山绣谷公墓，1941 年将震旦女子文理学院职位转让与钱钟书。1945 年抗战胜利前夕，杨荫杭因脑溢血逝世，终年 67 岁。

---

① 杨荫杭著：《老圃遗文辑》，长江文艺出版社 1993 年版。
② 慕槐："杨荫杭不满检察垄断刑事追诉权"，载于《法学研究》1995 年 04 期。
③ 杨荫杭著：《老圃遗文辑》，长江文艺出版社 1993 年版，第 803 页。

王宠惠：当过民国总理的国际海牙法官

曹汝霖是律师，杨荫杭是法官，民国时期法律精英的最大成就是什么呢？那就是从政即当总理，循法则成国际海牙法官。

在现代国家中，法律和外交在一国占据十分重要的地位。自古以来，我国就具有独特的法文化和外交传统。可是近代以来，西方强敌入侵，传统的以中华为中心的封贡外交体系被大炮和洋枪轰得支离破碎，随之而来的西方民主共和思想冲击着中国古老的法治观念。

面对国家的落后与衰弱，中国开始向西方学习，走上了艰辛的近代化之路。在那个时代，有一个人为中国近现代法学界、外交界都作出了不可磨灭的贡献，他的名字叫王宠惠。

◎ 第一个中国大学毕业的大学生

王宠惠，字亮畴，祖籍广东东莞，1881 年出生在香港的一个基督教家庭。他的父亲十分注重对子女的教育，不仅为他们聘请家庭教师讲授儒家经典，还把他们送入西式正规学校学习。王宠惠幼年入圣保罗学校学习英文，课余随周松石学习《论语》《孟子》等典籍，很早就开始接触中西方文化的他为日后的发展奠定了良好的基础。

1895 年，清政府在天津设立北洋大学，开始在全国招考学员。北洋大学是中国近代史上第一所真正意义上的大学。它全面引进西方教学模式，不仅教员多聘请外教，并且所开设的课程也移植西方国

▲图为国民政府时期的王宠惠

家的设置。以法科为例，它开设的课程包括英文、几何、化学、天文、万国公法、商务律例、民间诉讼律等二十门，所用课本也均援用英文版本。王宠惠在香港报名参加了这次考试，并以优异的成绩被录取为法科学生。[1]

---

[1] 张仁善："王宠惠先生年谱"，载于《王宠惠法学文集》，法律出版社 2008 年版，第 565 页。

时光飞逝，转眼就到了 1900 年的正月二十六日，这是北洋大学第一届毕业生王宠惠毕生难忘的日子。这一天，19 岁的他以北洋大学第一名最优等生的身份领到了考凭（即文凭）。这张考凭是我国有据可查的第一张大学毕业文凭，文凭的原件现存台湾地区。《北洋大学——天津大学校史》一书收入了该文凭的影印件。作为我国第一所新型大学的第一届毕业生，王宠惠获颁的是"钦字第壹号"文凭，因此他所持的文凭被认定为我国第一张大学毕业文凭，而文凭的持有者王宠惠，也被誉为中国首位在本土大学毕业的大学生。[①]

◎ 回应嘲讽的智慧幽默

毕业之后，王宠惠先就教于上海南洋公学，稍后赴日本留学，专攻法政问题。1902 年转赴美国留学，获得耶鲁大学法学博士学位后，又赴欧洲继续研究国际公法。他不仅获得英国律师资格，还被选为德国柏林比较法学会会员，这也是亚洲人中第一位入选该学会的学者。

在那个时代的西方社会中，华人的地位极其低下，许多外国人都十分瞧不起华人。王宠惠在国外时极力维护华人的形象。有一次在伦敦参加宴会时，席间有位英国贵妇人问王宠惠："听说贵国的男女都是凭媒妁之言，双方没经过恋爱就结成夫妻，那多不对劲啊！像我们，都是经过长期的恋爱，彼此有深刻的了解后才结婚，这样多么美满！"王宠惠笑着回答："这好比两壶水，我们的一壶是冷水，放在炉子上逐渐热起来，到后来沸腾了，所以中国夫妻间的感情，起初很冷淡，而后慢慢就好起来，因此很少有离婚事件。而你们就像一壶沸腾的水，结婚后就逐渐冷却下来。听说英国的离婚案件比较多，莫非就是这个原因吗？"[②]

◎ 力挺孙中山的维新志士

说起王宠惠的一生，有一个人对他的影响最为深远，这个人就是孙中山。孙中山与王宠惠的父亲王煜初私交甚笃，王宠惠还是孩童时，孙中山在他家旁边的雅丽氏医院附属的西医书院习医，常常与王煜初研讨革命理想。所以在王宠惠的成长过程中，无论是留学海外还是后来涉足政坛，孙中山都给予了他极大的帮助。东渡日本留学期间，王宠惠于 1905 年加入同盟会，成为孙中山领导

① 天津大学校史编辑室：《北洋大学——天津大学校史资料选编（一）》，天津大学出版社 1991 年版。
② 余伟雄：《王宠惠与近代中国》，文史哲出版社 1987 年版。

的反清革命和反袁斗争的追随者。他曾担任《国民报》英文部撰述，从事资产阶级革命思想的宣传工作。孙中山不仅在经费上赞助过海外求学的王宠惠，还经常勉励他积极探究中国的法律问题。

1911 年，而立之年的王宠惠初涉政坛。王宠惠政治生涯中的第一个重要职务，是孙中山力挺出任的。1912 年元月，孙中山就职临时大总统，提名王宠惠为外交总长。当时有人提出王宠惠资格不足，建议起用外交经验丰富的伍廷芳。但孙中山力挺王宠惠，称"吾人正当破除所谓官僚资格，外交问题，吾自决之，勿怯之"。而对于老将伍廷芳，孙中山在会见上海的报社记者时，则强调民国建国之初立法很重要，对伍廷芳另有重用。但孙中山的本意，是希望任用年轻的王宠惠，将外交权掌握在自己手中。即便如此，这对王宠惠也是莫大的支持，为他今后在国际舞台上施展外交才能，成为第一个出任海牙国际法庭法官的中国人做了铺垫。[①]

但好景不长，1912 年 3 月，仅仅当了三个月临时政府的外交总长，王宠惠的第一次政治经历就随着袁世凯的上台而匆匆落幕。但王宠惠在法学方面的造诣也得到了袁世凯的赏识，袁世凯出任中华民国临时大总统后，命唐绍仪组织新内阁，王宠惠被选为司法总长，这也是北洋政府的首任司法总长。面对袁世凯的独断专行，身为司法总长的王宠惠"事事咸恪守约法"，以欲限制之，又是三个月，王宠惠的仕途因袁世凯的窃国行为而中断，也宣告了他自己政治理想的破灭。[②]

◎ **被忽悠的"好人"总理**

虽然前路艰辛，但王宠惠并没有从此一蹶不振。

沉寂十年，王宠惠东山再起。此时的中国正处于军阀混战时期，以蔡元培、胡适、梁漱溟、王宠惠等人为核心的一群知识分子在《努力周报》上发表《我们的政治主张》，认为军阀混战，国无宁日，是因为"好人"不愿参与政治，让坏人当道。因此，他们提出由知识分子中的"好人"组成"好人政府"，努力改变政府腐败的现实。

1922 年 4 月，直系在对奉系的战争中取得胜利，将北京政府置于自己的控制之下。对直系来说，要想真正控制北京政府，首先要解决的问题是如何宣布现有总统为非法任职，只有在这个前提下，自己的首领曹锟才有望登上总统宝

[①] 《王宠惠传记资料（第一、二、三册）》，天一出版社 1979 版。

[②] 郑则民："王宠惠"，载于《民国人物传（第 2 卷）》，中华书局 1980 年版。

座。为此，吴佩孚想出了恢复 1916 年旧国会的奇招，即以"恢复法统"为名，将南方总统孙中山、北方总统徐世昌一并宣布为非法。这个建议一出，立即为直系各派所接受。

这个时候的吴佩孚，不仅是直系内部举足轻重的实力派人物，也是社会上享有较高声誉的人。在一些自由派知识分子心中，甚至在中国共产党人的心目中，吴佩孚与别的军阀不同，他有过反对安福系亲日卖国行径、支持学生爱国运动的光荣历史，是一个值得信赖的军人，认为将北京政府置于他的控制或影响下，能给饱受"无政府"或"坏政府"之苦的人们，多少带来一些希望。也正是出于这样的考虑和期望，以胡适为代表的一批自由派知识分子对组建一个"好政府"表现出了强烈的兴趣和信心。就这样，在 1922 年 9 月，在直系军阀吴佩孚的支持下，王宠惠等人组成"好人政府"的愿望成真。

紧接着，在多方呼应的气氛中，"恢复法统"的努力很快见效。1922 年 6 月1 日，以王家襄、吴景濂为首的一百五十多名旧国会议员在天津开会，通电全国，即日行使职权，取消南北两政府，另组合法政府。翌日，徐世昌宣布辞职。曹锟、吴佩孚领衔联合十省区的督军、省长，通电"恭迎我黎元洪大总统依法复职"。稍后，孙中山也在陈炯明的逼迫下离开广州大本营，南北总统问题宣告解决。①

6 月 13 日，黎元洪下令撤销 1917 年 6 月的解散国会令，半数以上的旧国会议员随后聚集北京，中华民国一时间"法统重光"了，王宠惠出任国务总理并组阁，其个人政治生涯也在此时达到了巅峰。由于政府阁员中容纳了不少"好人"，更由于总理就是由"好人"王宠惠出任的，所以这届政府在当时又被称为"好人政府"或"好人内阁"。

可惜"好人政府"在军阀混战的特殊年代，各方矛盾极其尖锐，没有强有力的组织和武装力量的支撑，也缺乏人民的广泛支持，无力控制当时的混乱政局，后来，甚至连胡适等"好人们"也有所不满。所以仅仅 70 天，王宠惠执掌的"内阁"就倒台了②，仕途不畅的王宠惠离国，到海牙出任国际法庭候补法官。

◎ **学贯中西的法学大家**

王宠惠是一位出色的外交官，但其一生最值得骄傲的，应该是他在法学上的贡献。王宠惠凭借其天才般的语言天赋和在法学研究上的突出贡献，为国际

---

① 刘宝东：《理论与实践双向参与：近代中国的法制变革》，中央文献出版社 2005 年版，第 52 页。
② "好人内阁"倒台的来龙去脉在后文罗文干案一文中详细描述。

法学界书写下了浓重的一笔。1907 年，王宠惠将德文版的《德国民法典》翻译为英文。这是当时欧洲最早的《德国民法典》英译本之一，此译本出版后立即博得世界法学界的赞誉，成为英美各大学法律学院指定的必读课本。美国前总统尼克松到台湾地区访问时，要亲自拜访王宠惠，因为尼克松上大学时所使用的教材正是他翻译的《德国民法典》。①

不愿与袁世凯同流合污的王宠惠辞去司法总长后，转而受聘中华书局任英文编辑部主任，不久出任复旦大学副校长。虽然不在官场打拼，但这段"清心寡欲"的时间却让王宠惠在法学研究上有了很深的造诣，他深入研究《临时约法》，先后著有《宪法刍议》《比较宪法》等影响深远的书籍。王宠惠在中国民法和刑法上的贡献也为人所称道。1928 年，王宠惠开始主持修订刑法，他在《刑法第一修正案》的基础上，起草了《刑法草案》。这一草案废除了旧刑法中受传统礼制影响的内容，确立了在刑事惩罚方面所有国民在法律面前平等的原则。草案最终于 1928 年通过，即中国历史上第一部以法典的形式颁布的刑法典——《中华民国刑法》，王宠惠因此被誉为中华民国第一法学家。《中华民国民法》的编订也有王宠惠的功劳，他学贯中西的背景，使这部法典注重对西方先进的民商法思想的吸收，又兼顾了中国传统的民间习惯，达到了中西合璧的效果。②

1923 年，作为当时中国最有名的法学家之一，王宠惠又打破了一项全国纪录。受北京政府的委派，王宠惠出任海牙国际法庭法官，成为了海牙国际法庭第一任中国籍的法官。担任国际法官，王宠惠坚持以公平适当的原则处理国际纠纷，他所表现出来的法学修养和绅士风度，世界各国的学者和政治家无不为之折服。身在海牙的王宠惠也不忘维护民族尊严，常常有力回击西方世界对黄种人的歧视。1924 年王宠惠游历法国时，法国最高法院特别邀请他作演讲，以此表达对他的敬意。这一隆重的礼遇，充分显示了王宠惠在国际法学界的重要地位。③

◎ 灵动思辨的"犀利哥"

王宠惠敏捷的思维、犀利的词锋，常常让瞧不起中国的外国人自取其辱。1933 年，王宠惠奉命出席国际联盟会议。会上，日本代表以轻蔑的口吻挑衅王

---

① 刘宝东："法学家王宠惠：生平·著述·思想"，载于《比较法研究》2005（1）。
② 于语和："王宠惠法律思想与实践述评"，载于《天津大学学报》（社会科学版）1999 年第 3 期。
③ 吴相湘："王宠惠是蜚声国际法学家"，载于《传记文学》44 卷第 1 期。

宪惠说："你是代表南京国民政府呢，还是代表东北满洲国政府？"王宠惠立即站起来，义正词严地大声回答："我代表贵国承认的那个中国政府。"顿时各国代表掌声雷动，日本代表自讨了个没趣，悻悻而退。

1943年，王宠惠代表国民政府出席中、美、英三国召开的开罗会议时，再一次向世人展示了中国捍卫主权的决心。11月26日，三国代表正式会商《开罗宣言》一事，英国代表别有用心地将"满洲、台湾、澎湖列岛当然归还中国"改成"当然必须由日本放弃"。此言一出，王宠惠当即表示中国不能赞成，若如此含糊，只说日本应该放弃而不说应归何国，则中国人民乃至世界人民皆将疑惑不解。英国代表表示日本放弃即代表归属中国，但王宠惠坚持不得含糊，否则会议公报将丧失其价值，若不明言归还中国，则盟国联合作战，反对侵略，维护世界和平的目的就不明显了。美国代表也赞同王宠惠的提法，最终英国照中美意见写明"满洲、台湾、澎湖列岛应归还中国"。

第二次世界大战结束后，1946年，王宠惠作为中国方面的代表出席了联合国成立大会，他对《联合国宪章》的制定提出了富有建设性的建议，并被委以润色和审定《联合国宪章》中文版工作的重任。

王宠惠一生品德清正、学识渊博、仕途通达，如果按照中国传统的"立德、立功、立言"来衡量一个人终生成就的大小，那么，王宠惠是近代中国在这三个方面都达到很高层次的不多的达人之一。纵观王宠惠的一生，他至死都没有改变他的士君子人格。据说，他平生不贪名利，当他晚年生病的时候，困顿得连治病的钱都拿不出来，而只能靠别人的捐赠清偿医药费。

1958年3月15日，77岁的王宠惠在台北去世，这个新闻并没有在祖国大陆掀起什么波澜，此后更是湮没无闻，直到今天，大陆学界才对他略有关注。王宠惠虽早已离我们远去，可是却给我们留下了丰厚的法学和外交思想遗产，至今我们仍然可以从中得到有益的启示。

报社戏弄大总统：轰动民国的诽谤案

在古代，辱骂皇帝可不是罚款就能打发的小事。老百姓经常挂在口头的"十恶不赦"，也就是中国古代法律中的"重罪十条"，其中有一条叫作"大不敬"，指的就是严重侵害皇帝个人尊严的行为，不但自己掉脑袋，还要株连九族。而在民国却有一家报社，戏称当时的大总统为日本子孙的"私生子"，一时名扬四海，最后也只是罚款两百大洋了事，这起轰动民国的诽谤案到底是怎么回事呢？

◎ **亲日的安福系军阀**

袁世凯死后，皖系军阀头子段祺瑞控制了北京政府，1918 年 3 月，段祺瑞指使亲信徐树铮、曾毓隽、王揖唐等，在北京安福胡同组织安福俱乐部，由此形成了一个民国初年影响力颇深的政治团体——安福系，而这个派系也正是因为其成立及活动地点在北京宣武门内安福胡同而得名。

从成立到 1920 年直皖战争皖系失败止，该系作为皖系军阀左右北方政局的政治力量在政界颇为活跃，甚至一度包办了民国政府的选举，于 1918 年 8 月间成立新国会，推徐世昌为大总统。因国会中以安福系马首是瞻，故而这届国会又称"安福国会"或"安福政府"。

段祺瑞控制的安福政府，通过出卖铁路、矿山、森林等权益，换取日本巨额贷款扩充军力，推行武力统一政策，激起举国共愤。[①]一片讨伐声中，别开生面的"某君戏作"《安福世系表之说明》应运而生，时人称之为"惹祸文章"。

围绕着这篇"惹祸文章"，一起精彩纷呈的"侮辱大总统案"拉开了序幕。

1916 年 1 月 22 日，以讨伐袁世凯为主旨的《民国日报》在上海创刊，设有编辑、营业、总务等部。该报创始人是中华革命党总务部长陈其美，主编为叶楚伧、邵力子，主要撰稿人有戴季陶、沈玄庐等。该报除刊载全国各地讨袁斗争的消息外，还设有"来电"、"专论"、"要电"、"时评"、"快风"等专栏，是中华革命党在国内的主要言论阵地。

▲段祺瑞（1865—1936），安徽合肥人，为民国时期政治家，皖系军阀首领，曾多次出任国务总理，1916 年至 1920 年、1924 年至 1926 年为北洋政府的实际掌权者

1919 年 9 月 15 日，《民国日报》当日刊发的一篇文章让这份报纸又彻底火了一把。只见一篇署名为"某君戏作"的文章《安福世系表之说明》，以安福系核心人物徐树铮为"本身"，用家谱的形式对安福系政要按照各人的地位、权

[①] 彭明："'五四'前后的安福系"，载于《历史教学》1964 年 03 期。

力、作用分别赋予不同的辈分。①

◎ 满朝文武皆"日本子孙"

当时的安福政府为了获取日本的支持，出卖了许多国家利益，对日本的态度可谓是"摇首乞怜"，当时的国人不齿其行为，戏称安福政府是日本的"龟儿子"。这一点在《安福世系表之说明》一文中体现得淋漓尽致，在文章描述的家谱中，"日本人"被摆到辈分最高的祖宗级别。

▲ 徐树铮（1880—1925），
北洋军阀皖系将领。

该家谱中徐树铮是"本身"，而日本人是爷爷辈的人物，那徐树铮自然就变成日本人的孙子。徐树铮是段祺瑞政治生涯的左膀右臂，极力推行段祺瑞的武力统一政策，而段祺瑞也是徐树铮最大的靠山，因此也就成为家谱中徐树铮的"父亲"，也就是日本人的儿子。对大总统徐世昌，由于他的大位是在徐树铮的大力支持下，利用安福系的力量操纵国会选举产生的，就像不是正式结婚就生出来的孩子，《安福世系表之说明》一文将其比喻为徐树铮的"私生子"。倪嗣冲、曾毓隽是徐树铮的得力助手，情同手足，所以定位为徐树铮的"兄弟"。朱深、王揖唐、方枢是徐树铮底下的得力"狗腿子"，所以就成为家谱中徐树铮的"儿子"。对趋炎附势投靠安福系升官发财的龚心湛、张弧等人，则说他们"恰合螟蛉子、干儿子也"，只能定位为徐树铮的"继子"、"义子"之类。刘恩格等十三人"皆有承家分产之望"，其地位与职权均在"子"之下，"名之以孙宜也"，只能算是"孙"字辈了。至于袁荣叟，由于他是投奔来的，地位在刘恩格等孙子辈之下，被称为"继孙"。

◎ 政府把本国公民告到洋人法庭

世系表，原是按照嫡系继承，将祖父儿孙各代各辈依次列明，供人查对的表。一幅描绘出的安福系"家谱图"，生动形象地反映了当时安福政府的政治分野，挖苦讽刺入木三分，时人看了无不拍案叫绝。一时间《民国日报》销量大增，各地都卖断了货，而当政的安福政府诸君则灰头土脸，成为全国上下的一

① 彭劲秀："〈民国日报〉侮辱大总统案感言"，载于《杂文月刊》（原创版）2011 年 08 期。

大笑谈。段祺瑞气急败坏，要求严惩始作俑者。

但是《民国日报》设在上海租界里，那里是洋人的势力范围，外国人享有领事裁判权。安福政府鞭长莫及，只能到上海公共租界会审公堂控告《民国日报》"侮辱大总统及在职官员"，要求严惩《民国日报》并追究作者的罪责。段祺瑞、徐树铮等政要甚至放出狠话，说这场官司务必使公堂判处关闭《民国日报》，对邵力子、叶楚伦力争判处徒刑。①

上海公共租界会审公堂接受了安福政府的诉状后，向《民国日报》总经理邵力子、总编辑叶楚伦发出传票。邵力子、叶楚伦聘请林百架为辩护律师，于10月1日前往会审公堂自行投案。身兼法官的英国副领事简单问过后，告诉两人定于10月3日开庭，两人爽快表示，届时一定准时到庭，接受法律的公正审判。

这是历史上第二起中国政府状告本国公民的案件。第一起是发生在1903年7月15日的"《苏报》案"，一场以清政府为原告，以案犯章炳麟、邹容为被告的特殊审判活动，在上海公共租界公廨②开始进行。由外国殖民者在中国的土地上审判中国政府控告中国平民的案件，听起来让人觉得不可思议，在那个时代却接二连三地发生，国家贫弱，被欺压是常有的事情。

《苏报》案最后的判决结果是章太炎监禁3年，邹容监禁2年，监禁期间罚做苦工。不知这次邵力子等人面临的是怎样的判决呢？

◎ **属不属于言论自由？**

1919年10月3日，上海南京路上的公共租界会审公堂开庭审理"侮辱大总统案"，主审法官是英国驻华领事馆副领事，陪审的华人法官是俞英荪。

开庭后，先由安福政府的代理人穆安素律师宣读起诉书，接着，主审法官问被告，原告控告的是否属实，叶楚伦抢先答道："本人主笔报章已有十年之久，现任《民国日报》总编，当负刊载上之责任，但不负控告书中所谓诽谤侮辱大总统与在职官员之罪责。"③

法官奇怪了，你们不是已经把段祺瑞等人比喻为日本人的子孙了吗，怎么能说不是诽谤侮辱呢。叶楚伦回答说：《安福世系表之说明》其实就是玩了一个文字游戏，目的只是批评当局政府过分亲日的政策，并没有侮辱的意思。《民国

---

① 彭劲秀："〈民国日报〉侮辱大总统案感言"，载于《杂文月刊》（原创版）2011年08期。

② 公廨，意思是官员办公的场所。上海公共租界公廨（shanghai associated house common pleas），翻译成现代汉语就是：上海公共租界高等民事法院。

③ 陆茂清："〈民国日报〉与‘污辱大总统案’"，载于《龙门阵》2006年07期。

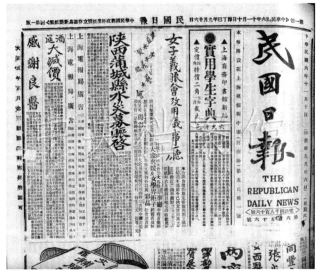

▲1916年1月22日，以讨袁为主旨的《民国日报》在上海创刊。图为《民国日报》截图

日报》的观点与作者的本意相同，是在希望中国政府能够越来越好，使中华振兴，独立昌强，才能使得国民享有和平、自由和幸福。

穆安素坚持被告有罪，认为叶楚伧的回答完全是强词夺理。编排大总统及政府要人的家谱，说他们的祖宗是日本人，这还不算诽谤？穆安素从被侮辱者之地位、侮辱之方法、侮辱时间及地点和侮辱人之地位四个方面，详细阐述了这次诽谤所造成的严重危害。不仅如此，还在公堂之上给被告扣了顶大帽子：羞辱政府要人，妨碍了北京政府和广州护法政府之间的和谈。

接下来，双方律师展开辩论，现场吵成了一锅粥。被告方林百架律师为邵、叶两人申辩，称原告对于本案证据，未能将充分理由提出，指控侮辱诽谤不能成立，因所提出之证据与所控告之案件，于法律上毫无符合之处。之后，他从三个方面，说明被告无罪：①

首先按照中华民国宪法的规定，人民有言论之自由，《民国日报》的行为正是行使了宪法授予的这项合法权利。

其次，原告控诉案件应有北京政府派人来上海庭审现场提出充分证据，而原告席原告本身缺席，代理律师提供的证据不足，这是何意？

最后，被告的这篇文章，是法律所许可的言论自由，目的也没用侮辱的意思，只是希望中国能够有一个良好的政府。

林律师强调指出，上述三项理由，只其中一条，均足以为被告开脱，所以要求法官能够主持公道，将该案撤销，宣告被告无罪。

---

① 陆茂清："民国时期轰动全国的'侮辱大总统案'"，载于《档案春秋》2006年08期。

◎ 总统名誉只值两百大洋

针对穆安素所说《安福世系表之说明》一文可能会影响和议前途的说法，林百架更是给予了有力的批驳。要知道北京政府与广州护法政府之间的谈判，早在 1919 年 2 月 20 日开始，由于北京方面没有诚意，已在 1919 年 5 月 24 日终止，这已为众所周知的事情。《安福世系表之说明》一文刊发于 9 月 15 日，距离谈判结束已经过了近三个月的时间，如何妨碍到和谈的前途呢？

穆安素这时才意识到自己摆了一个大乌龙，自感十分尴尬，只好说两被告均是报馆主笔，受过高等教育，明知故犯发表此项文字，诽谤侮辱大总统与在职官员，实属案情重大，应按律严惩。

辩论完毕，主审法官宣布暂时休庭，去另室与华人法官俞英苏合议一阵后，重又开庭宣布判决。最后，法庭没有按照御用大律师所期待的那样，重判报人关闭报馆，也没有像辩护律师所主张的那样，宣判无罪。法庭认为，《安福世系表之说明》这篇文章在文字上侮辱了大总统和政府官员，但是本意良好，颇有价值，最后只判决处罚叶楚伧和邵力子二人各一百元大洋。①

判决一出，穆安素傻了眼，这和段祺瑞、徐世昌等人的预期差得太多了，回北京后他怎么向安福政府交代？于是又向法庭提出叶楚伧有过两次不服判决的"前科"，要求对被告从严究办，加重惩处。主审法官认为穆安素藐视会审公堂，当即严词拒绝。轰动全国的《民国日报》侮辱大总统案就此了结。

案件结果一出，段祺瑞、徐世昌等人再度成为全国人口中的笑柄，当时有人在报上评论此事讽刺说，大总统的名誉也只值两百元大洋。《民国日报》经此事后名声大噪，《安福世系表之说明》洛阳纸贵，在大江南北、长城内外广为流传，段、徐两人及安福系成了通国笑话。

1924 年 2 月中国国民党第一次全国代表大会后，《民国日报》成为国民党中央机关报，进行反帝反封建宣传，日出四大张，当然这都是后话了。

罗文干案：财政总长"受贿渎职"被推上法庭

1923 年 1 月 17 日，时任北大校长的蔡元培突然辞职，第二天，他在《晨报》

---

① 章敬平："辱骂大总统的代价"，载于《经济观察报》2011 年 6 月 6 日。

刊发辞去北大校长职务声明，区区七十余字，却如洪钟大吕："元培为保持人格起见，不能与主张干涉司法独立、蹂躏人权之教育当局再生关系，业已呈请总统辞去国立北京大学校长之职，自本日起，不再到校办事，特此声明。"[①]

蔡元培到底因何愤而辞职，为何又在第二天发出如此声明呢？

这一切源于发生在1922年轰动民国的"罗文干案"。这起大案的主角罗文干，时任财政总长。从案情的潮起潮落，可以看得出当时军阀派系党同伐异的恶劣政治背景。有人说这是一场民国司法界的独立战争，的确很有道理，即使其结果未尽如人意。

◎ 罗文干其人

罗文干字钧任，广东番禺人，1888年出生在当地的一个富裕家庭。1904年赴英国留学，入牛津大学荣誉班，专攻法律，四年后毕业，获得法律硕士学位。回国后，罗文干长期从事司法工作。1909年任广东审判厅厅长。1911年应学部留学生考试，授法科进士。1912年任广东都督府司法司司长，旋升广东高等检察厅厅长。1913年辞职北上，任北京政府总检察厅检察长。之后的十多年里，罗文干当过北京大学的法官讲习（类似于今天的兼职教授），历任司法部次长、大理院院长等职务，在1922年案发之时，官至财政总长，可以称得上是民国法律界的一位大佬。[②]

▲罗文干（1888—1941），在官场上，特立独行，颇有官场"侠客"风格，且被认为是"学贯中西"的"法界泰斗"。抗战期间因与蒋介石的对外主张发生矛盾，于1934年辞去职务，脱离政治舞台。之后有感于缺一部系统完整的有中国特色的《中国法制史》教材，遂倾注心血。不料，天妒英才，1941年10月患恶性疟疾不治身亡，享年53岁

罗文干能够当上财政总长，与吴佩孚不无关系。

1922年4月，第一次直奉战争爆发，直系军阀获胜，引发北京官场大洗牌。作为直系首领的吴佩孚虽然是一个军人出身的"武夫"，但是相比其他军阀大佬的"粗鄙"，当时国内的知识界对吴佩孚还很有好感。吴佩孚充分利用自己在这方面的优势，部分迎合知识界的一些政治诉求，其中最著名的莫过于当时"好人政府"的成立。

---

① 娄岙菲："蔡元培1923年辞职原因新探"，载于《教育学报》2008年06期。
② 陶永江、陶仁人："政海妙人罗文干"，载于《钟山风雨》2008年01期。

◎ "好人政府"与罗文干案

上文已提到"好人政府",即源于蔡元培、胡适、梁漱溟等国内著名学者在《努力周报》上发表的一篇名为《我们的政治主张》的文章。在这篇文章里,蔡元培等人提出成立"好人政府"的主张,就是由知识分子中的"好人"组成"好人政府",努力改变政府腐败的现实。由这些人组成"好人政府",形成社会的重心,一点一滴地改造社会,创造出一个完美的"大我"。不必开展打倒帝国主义和封建军阀的斗争,中国就可富强起来。

▲ 吴佩孚(1874—1939),晚清秀才,北洋军阀中曾经为实力最雄厚的军阀之一

从政治的角度讲,这种建立在道德评判标准之上的政治主张难免有些幼稚,但是吴佩孚却很有心地利用到了这一点。1922年9月,在他的支持下,曾在《我们的政治主张》上签字的王宠惠等人入阁,王宠惠担任国务总理,其他人担任各部门总长,罗文干就成为财政总长。①

吴佩孚此举满足了当时英美派知识分子的政治诉求,在良好的社会舆论中,"好人政府"一下子被寄予了无限的希望,王宠惠、罗文干等人踌躇满志,意图一展抱负。但俗话说人生不如意之事常十之八九。很快"好人们"就面临一系列的问题,罗文干案正是其中一例。

◎ 案发之初

缔造新中国的毛泽东也是文人出身,他曾有句名言:"枪杆子里出政权。"这句话很好地诠释了"好人政府"的本质,这是一个由直系军阀推上台的政府,也许"好人们"很有抱负,但是他们的权力建立在吴佩孚的军事实力之上,就像一个公司,CEO也许很有权力,但在原则问题上,最终拍板的还是董事长。在其他政治势力眼里,"好人政府"只是吴佩孚的代言人而已,为了瓦解吴佩孚在政界的力量,"好人政府"就成为其他派系的"眼中钉",罗文干很不幸地成为他们的第一个靶子。

有道是"枪打出头鸟",罗文干之所以成为第一个目标,就在于他实在太能干。"好人政府"成立之初,北京政府的财政其实早已崩溃,就连政府能不能运

---

① 刘宝东:"'好人政府'中的'好人'们",载于《百年潮》2005年08期。

作下去都是一个问题。年轻气盛的罗文干"新官上任三把火"，要整理财政，并提出了一系列计划，其中一条就是想要通过国内银行发行特种库券（也就是一种临时国债），以解燃眉之急。

这计划貌似很合理，其实就是一个意思，政府没钱了，国内的银行业给借点花花呗！当时政府换了一届又一届，谁知道下届认不认你这届政府的账啊？这种"肉包子打狗"的事情，国内银行界自然很不乐意。为了提高和政府谈判的地位，竟动员英籍税务司爱格兰从中作梗。

罗文干当时面临的处境也很艰难，发现竟然有外国人"掺和"进来找麻烦，一怒之下，解除了爱格兰的职务。免除外国人税务司职务，这是中国近代史上破天荒的举动。有时候出风头未必是好事，罗文干此举得罪了不少人，正好当时一些政坛大佬要收拾收拾"好人政府"，于是针对罗文干的阴谋开始了。①

◎ **黑手乍现**

1922 年 11 月 18 日，众议院正、副议长吴景濂、张伯烈带着华意银行买办李品一，来到了位于东厂胡同的总统府邸，声称有大事要找黎元洪商量。黎元洪被弄得莫名其妙，吴景濂从公事包中拿出一封由众议院盖过印、以议长名义写给总统的公函，黎打开公函一看，内容是检举财政总长罗文干和华意银行代理人罗森达、格索利于 11 月 14 日擅自签订奥国借款展期合同，换发新债票，使国家财产受到五千万元的损失。

三人详细列举了罗文干三处违法行为。

首先，奥国借款已由巴黎和会议决，作为赔偿中国的一种债票，当然不必再签新约，换发新债票。其次，这一案既未提交国务会议通过，呈请总统批准，也未提交国会讨论，违背了正常的程序。最后一点也是最致命的一点，华意银行因为达到了换发新债券的目的，已经秘密支付八万英镑的支票，这张支票上盖了财政部印信和罗文干的亲笔签字，显然这是行贿受贿的铁证。华意银行买办李品一愿为此作证。基于以上三点，请黎元洪依法查办罗文干。

黎元洪也是久经风浪的政治老手，吴景濂等人此举让他嗅出一些不同寻常的味道来，吴景濂等人的意图不言而喻，就是要打倒现任内阁。黎元洪举棋不定，不知该不该趟这浑水。从私人的角度讲，吴景濂曾帮助他重登总统宝座，他也应该投桃报李；但从公事讲，他还摸不清具体的状况，究竟是何方势力要

---

① 石建国："罗文干：曾三度入狱的外交总长"，载于《世界知识》2008 年 14 期。

这么做？目的何在？这么一想，难免有一些犹豫。

吴景濂有备而来，就说道："这事出在现任政府，不把责任推到罗文干等财政部头上，最后追究责任，可是到总统你头上啊！"

黎元洪最终还是被说服，立刻命令侍从武官打电话通知步兵统领聂宪藩、京师警察总监薛之珩到总统府来，让他们派兵去抓罗文干和财政部库藏司司长黄体濂，抓到后押送到法院。①

当天晚上，刚回到家的罗文干，以及财政部的库藏司司长黄体濂都被抓到了京师警察厅，第二天被移交法院，这起震动民国的大案就此开幕。

◎ 一波三折

就在罗文干被抓不久，时任外交总长的顾维钧接到了一则令他十分惊诧的消息，一两个小时前还与他一起聚会的罗文干突然被逮捕。大惊之下，他立刻联系内阁总理王宠惠等内阁成员。

王宠惠此时也得到了消息，第二天一早就带着内阁成员到警察厅要人，要求警方给个说法。堂堂财政总长，说抓就抓，总统眼里还有没有法律？事情越闹越大，黎元洪此时也发现之前的举动确实不妥。

首先按照法律，就算内阁成员有违法之举，逮捕令也需要经过内阁同意才能生效，而黎元洪仅凭一面之词就直接下令逮捕阁员，不但越出了总统的职权范围，更是对责任内阁制度的严重破坏。

其次，吴景濂、张伯烈携带众议院公函向黎告发现任阁员贪污渎职也是违背程序。按照《约法》，阁员贪污可以在国会通过查办案，查办案未通过前，议员怎可代表国会署名致函总统。假如这是私人告发，就不该以议长身份列名，在文件上公然盖上国会的印信。还有一点，奥约展期合同的经办部门是财政部公债司，然而吴、张控告的另外一人则是财政部库藏司司长黄体濂，公债司是主管司，当然不能追究刑事责任，就算惩罚，也应该是行政处罚。

黎元洪、吴景濂等人的行为引起多方的不满，各方一致的口诛笔伐，让他颇感"压力山大"。面对王宠惠等人的质问，他赶紧赔不是，表示愿意立刻将罗文干接出来以示诚意，就此内阁成员在总统府达成共识，此次事件是几位国会议员"胁迫"总统所为，但是还是按照法律程序，公开宣判，对相关违法人员追究责任，务必使真相大白于天下。

---

① 丁中江：《北洋军阀史话》，中国友谊出版公司 1996 年版，第 263～269 页。

所谓奥国借款展期合同到底是怎么回事呢？

原来当时政局你方唱罢我登场，但财政情况一直不容乐观，几任政府基本是靠向外举债维系，到了"好人政府"也是这样。为了解决财政问题，王宠惠、罗文干等乃和西方国家秘密洽商，拟用整理旧债作为幌子，向四国银行团进行一笔一亿元的新借款。于是意大利公使首先提出签订奥款展期合同的要求，接着英国公使也向外交总长顾维钧接洽，想要促成这笔交易。王宠惠为了挽回中国的国际信用，遂同意签订奥款展期合同，作为整理旧债的一个开端。事急从权，手续上自然就有所欠缺，而这也成为罗文干被攻讦的把柄。

而后在 11 月 20 日案件开庭审理的过程中，华意银行代表柏克尔出庭作证，该行所付出的三万镑和五千镑两张支票，都是意大利人所拿的手续费，与罗文干无关。另外八万镑由财政部公开领收，这当然也无法一个人独吞。至于吴景濂所依赖的原始告发人华意银行副经理徐世一则逃避无踪，不敢出庭作证，这些足以证明罗文干的清白。于是满天云雾的罗文干受贿渎职案就不能成立了。

11 月 20 日，"好人政府"的后台吴佩孚也发电申明支持无罪释放罗文干，谴责了黎元洪的行为；22 日，英国和意大利公使致函外交部，声明展期合同并无手续上的不妥，并未有所谓的"造成国家经济损失"，事情貌似向好的方面发展。①

◎ 急转直下

主持案情的熊元襄是罗文干的老部下，罗文干被移交法院后，熊元襄对其礼遇有加。在案件查明之后，京师地检公布了调查结果。

第一，议会指控罗文干造成国家经济损失一项不成立。奥国因第一次世界大战战败，但其债权转移至战胜国手中，因此奥款展期合同的签订并无不妥。

第二，关于手续问题：这份合同确实未经国务会议讨论，也没有请求总统和国会的同意，但财政部办理展期合同一向如此，也算有章可循。因此罗文干应无罪释放。

就在无罪释放的判决即将宣布、黎元洪派专员礼送罗文干出狱之时，被礼送出来的罗文干突然又被送回了法院，而以王宠惠为首的内阁也突然倒台。

世事的发展往往出人意料，但也非无迹可寻。"倒阁"行动的幕后黑手终于浮出水面，不出手则已，一出手则致命，原来这黑手是直系军阀的"总瓢把子"曹锟。

---

① 周默："罗文干案：司法界的独立战争"，载于《看历史》2011 年 05 期。

11 月 23 日，曹锟通电全国，认为罗文干受贿渎职，丧权辱国，建议组织特别法庭，进行彻底的追究。直系十一个省区的将领王成斌、齐燮元、蔡成勋、田中玉等人紧随其后，纷纷响应。与此同时，天安门前还出现了三千多人参加的群众集会，声讨罗文干、黄体濂，要求严惩、逮捕王宠惠内阁其他成员孙丹林（内务总长）、高恩洪（交通总长）、顾维钧、汤尔和（教育总长）等人。

而此时，"好人政府"的总后台吴佩孚突然"疲软"，声称自己与王宠惠等人并无瓜葛，只是有一面之缘，对曹锟的意见表示赞同。吴佩孚毕竟不是直系军阀的一把手，总不能跟老大对着干。

就这样，仅仅成立三个月的"好人政府"就此倒台，而罗文干又回到了法院，前途未卜。

◎ 司法界的努力

曹锟此举可谓是一石二鸟，既打击了黎元洪的威望，也限制了吴佩孚的势力，铺平了通往总统宝座的道路。

在熊元襄的主持下，案件继续向前推进，法院再次票传吴景濂、张伯烈到庭。结果吴、张二人觉得自己受到了人格上的侮辱，堂堂的国会议长竟然也被传讯，这成何体统？吴、张二人不仅拒绝法院的传讯，更是以国会的名义威胁京师地检，扬言要撤了熊元襄等人的职务。

在这样的强压之下，熊元襄对审理此案的胡宝麟、胡宏恩和胡绩三位检察官下了保证，所有侦查手续，应当按照通常正当程序办理，外面的一切压力由他负责，主办人不必顾虑。

案情证据确凿，罗文干两人确实无贪污受贿的行径。经过两个多月的审查，京师地检最终一致决定对罗、黄二人的案件做不起诉决定，根据检察一体原则，送请总检察长汪牺芝审阅，认为妥当，于 1923 年 1 月 11 日发表，并将罗、黄二人，交保释放。①

消息传到国会，可谓是"捅了马蜂窝"。好家伙，我们连内阁也是说倒就倒，你个小小的京师地检竟然也敢给我们上眼药？实在是不识时务！

于是 1923 年 1 月 17 日，众议院通过重新查办罗文干的决议，并要求查办京师地方审检厅的检察官。为了把罗案办成"铁案"，程克首先把北京高等检察

---

① 经先静："内阁、国会与实力派军阀——20 世纪 20 年代罗文干案始末"，载于《史学月刊》2004 年 04 期。

长周贻柯、地方检察长熊元襄及主办罗案的检察官纷纷调职，另派马彝德为京师高等检察长，龙灵为京师地方检察长。迅速重新审查案情，以受贿、伪造公文书、损害国家财产等罪名起诉。

罗文干就这样"三进宫"，司法界与行政界的斗争以司法界的惨败而告终。

◎ 无罪释放

罗文干案发展成这样，全国一片哗然，梁启超公开指责："总统蹂躏人权。"1月17日当天，蔡元培对此表示愤慨，宣布辞去北大校长一职。1月19日修订法律馆总裁江庸以司法总长程克破坏法令，司法独立无望而通电全国，并愤而辞职。

紧接着，从27日东三省特别法庭通电谴责京师地检开始，全国各地乃至北京的高等监察厅也开始京师地方检察院再度拘捕罗文干的做法，结果发生了一幕令人瞠目结舌的闹剧。[1]

司法部部长程克竟不顾各地司法机关的意见，强行将所有参与进言的司法机关"大换血"。许多法官、检察官因此被迫离职，而被换上的都是程克的亲信。这些受压制的司法人员奋起抗争，一方面根据《临时约法》第52条"法官在任中不得减俸或解职，非依法律受刑罚宣布或应免职之惩戒处分，不得解职"的规定，斥责司法部任免命令为不合法，不予接受。俗话说上有政策下有对策，你不是炒我鱿鱼吗，我就是不交接工作，你一个人能把全国那么多省市的司法人员怎么着？

程克的大后台国会以及曹锟，此时对罗文干的个人命运其实并不关心，毕竟罗文干案的目的已经达到，再加上各地司法界人士的压力，经过半年的抗争，京师地检最终宣布罗文干无罪释放，历时一年多的罗文干案就此落下帷幕。

◎ 司法行政一锅粥

罗文干的个人命运虽已挽回，但是由此案而引发的问题，深为当时的法律界人士所忧虑。

抛开之前提过的总统擅权及议长越权之事，就国会在此案中的表现来说，众议院在议长告发后才提出查办案，却置议长盗盖印信、伪造文书罪于不顾，也是令人大惑不解的。根据《临时约法》第十九条十二项的规定，对于失职、渎职的

① 毕连芳："北洋财长罗文干案"，载于《检察风云》2006年11期。

国务员，只能提出弹劾而不适用查办，查办对象是一般官吏，所以对罗提出查办案，在法律上也是站不住脚的。即使是弹劾案，也需要参、众两院同时通过，才能咨交总统执行。罗文干案只是在众议院走了个过场，参议院根本未曾讨论。

在内阁方面，对这案也应负责任，因这案并未在国务会议中提出讨论，仅仅取得国务院的批准，虽然检察院最终认为罗文干的做法有章可循，但实质上依然违背当时的法定程序。

这一切的背后，曹锟等大佬则是稳坐钓鱼台，看它潮涨潮落，把一个国家的司法和行政搅成一锅粥。从此，民国司法的独立地位无法保全。

罗文干案，就结果来说，是司法界抗争的胜利，但从更高的角度讲，并不是你赢了，而是人家达成目的不想跟你玩了。因此留下一句俗话："大案看政治，小案看法律。"即使今天读来，心底也别有一番滋味。

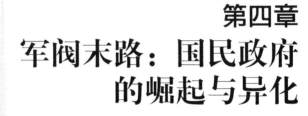

第四章
军阀末路：国民政府的崛起与异化

　　随着时局的变化，北洋军阀逐步衰落，国民政府经北伐一战卷土重来，法律依然只是政治的玩偶：北伐军蒋系、桂系党同伐异，一切都借着"革命"的名义，如王天培无辜被杀。国民党夺取中国的最高政治权力后，民国司法开始从制度层面异化。

地方实力派的悲剧：北伐名将王天培
如何被"疗养"杀害

从1926年7月开始，一场扫除封建军阀势力、统一中国的北伐战争打响了。由国民革命军组成的北伐军自广东出发，势如破竹。迅速统一长江之后北伐军产生分裂。"宁汉合流"后国民政府再度北伐，随着冯玉祥、阎锡山的加入，北伐军驱逐了奉系军阀占领了北京。张作霖回到东北后被日本人刺杀而死，张学良宣布改旗易帜，民国复归统一。

其实在北伐的过程中，冲突不只存在于北洋军与革命军之间，北伐军内部的矛盾也很多。以蒋介石为首的黄埔系，以李宗仁、白崇禧为首的桂系，还有汪精卫一系以及共产党等政治派别，他们之间斗争不断。除了这些已具规模的派别，还有一些游离于派系斗争边缘的地方实力派，北伐战争既是一场剪除军阀的军事战争，也是一场革命军内部大洗牌的政治风潮。

本文以两个例子揭开这段复杂历史的冰山一角。

◎ 冉冉升起的将星

有道是时势造英雄。北伐战争中涌现出一大批骁勇善战的将领，王天培这位侗族将领在此时横枪跃马呼啸而出，可谓是战功卓著。

王天培[①]，原名伦忠，进贵州陆军小学堂时始改名天培，字植之。王天培年幼时正值清朝风雨飘摇之时，年幼的王天培心怀壮志，决心经武报国，于是考入贵州陆军小学堂，之后升入武昌陆军第三中学。其时正值辛亥革命爆发的前夜，他加入了同盟会，并在投身革命之后屡建奇功。

1911年10月武昌起义爆发。他作为学生代表参加革命军，任前线作战指挥官。12月被黄兴任命为

▲ 王天培（1888—1927）旧名伦忠，字植之，号东侠，侗族人，中华民国军事将领

---

① 杨义樵："侗族民主革命将领王天培"，载于《贵州民族研究》1997年02期，第53～56页。

凤凰山要塞司令。1912 年入学保定陆军军官学校。

四年后，袁世凯倒行逆施，敢冒天下之大不韪而复辟帝制，他又参加了蔡锷领导的护国战争，以一营之寡胜一旅之众，打得袁军旅长马继增无路可逃而自戕。

1921 年秋，两广军阀沈鸿英与陆荣廷秘密联合北洋军政府，妄图割据广西作乱。孙中山下令坚决打击其嚣张气焰，于是时任团长的王天培奉命出征，再次创造奇迹，以一团之兵击败叛军一旅。

王天培娴于韬略，智勇兼备，往往出奇制胜，重创强敌，表现出卓越的军事才能，深为孙中山器重。沈、陆动乱平息后，王天培被孙中山任命为中央直辖黔军第一独立旅旅长，后又晋升师长。

◎ 北伐显神威

在风起云涌的北伐战争中，王天培率部出征，在湖南洪江誓师北伐，被国民革命军事委员会任命为国民革命军第十军军长兼左翼前敌总指挥。

就这样，王天培从侗寨到军营，从普通一兵到一代名将，一步一个脚印，冲到了革命的最前线，成为时代骄子中的一员。

1926 年 5 月，王天培率部离黔，经湘鄂挺进北伐，迅即向鄂西北洋军发起进攻。激战中，第十军勇猛异常，气势如虹，表现出锐不可当的战斗力，接连取得胜利。在击败北洋军卢金山、杨森及于学忠部后，第十军占领宜昌，并将卢、杨、于部缴械与收编，第十军得以扩大。[①]

此后，王天培率军转战千里，从湖南一直打到江西。攻占安庆后，王天培被任命为北伐第三路军前敌总指挥，率北伐第十军、七军、二十七军、三十三军、四十四军及冯祥武、王令韬等独立师，继续向北挺进。在北伐三路大军的打击下，不到一个月，战线迅速推进到长江以北。北洋军阀兵败如山倒，纷纷北逃。王天培乘胜追击，挥兵直指徐州。[②]

◎ 徐州攻伐变数多

正在北伐战争前线战事正酣的时候，"四一二"反革命政变爆发，紧随其后的是蒋介石与汪精卫的"宁汉分流"。

---

① 魏幼安："袁系黔军之瓦解和第十军参加北伐"，载于《贵州文史资料》第二十五辑，第 216 页。
② 任景周："黔军王天培参加北伐始末"，载于《贵州文史资料》第二十五辑，第 224 页。

▲图为北伐初期的蒋介石戎装照

蒋介石组建南京政府后，继续抓住"北伐"这面旗帜，力图用军事胜利扩大势力范围，巩固统治地位，乃于1927年5月1日组织军事力量，进行"二期北伐"。

5月7日，北伐军开始行动，渡江后一路顺利，时任前敌总指挥的王天培率军在华东与张宗昌率领的直鲁联军展开激战，仅用十四天时间就取得徐州大捷，一时间全国为之振奋，各报竞相报道，将王天培的十军和叶挺的独立团并称为"铁军"。

正在形势一片大好之时，以汪精卫为首的武汉政府突然公开反蒋。7月17日，汪精卫下令组成东征讨蒋军，由唐生智指挥，顺长江而下。蒋介石为了保住南京，阻击武汉东征军，不得不将北伐主力撤回长江沿线防守，只留下第三路军前敌总指挥、第十军军长王天培率部孤守徐州。

第十军连战两月，弹药所剩不多，于是驻扎在泰安、兖州、徐州一带休整，王天培多次电请南京补充，以防敌人反扑，而蒋介石则置之不理。

同年农历六月，张宗昌与孙传芳会合大举反攻，来势猛烈，第十军在徐州与敌鏖战至弹尽粮绝，王天培所率第十军损失惨重，不得已撤出徐州退回安徽宿州固守待援。①

◎ 进退失据的蒋介石

徐州得而复失，大大丢了蒋介石的面子，他为了挽回影响，也是为了同武汉方面争声势，急于夺回徐州。当时有人提出反对意见，认为以现有兵力，恐力有不逮，有冒进之嫌，但蒋介石并未听取，并亲自提兵反攻徐州。他甚至负气地声称："此次不打下徐州，便不回南京。"

---

① 孙日锟："试论王天培之死及其北伐功绩"，载于《贵州师范大学学报》（社会科学版）1987年04期，第63～66页。

此后，蒋介石踌躇满志，于 7 月 29 日亲自指挥王天培的第十军、王普的第二十七军、钱大钧的第三十二军、贺耀祖的第四十军和第一军一部，以及白崇禧原来指挥的陈调元第三十七军、叶开鑫第四十四军，从东、南、西三个方向，向徐州发起反攻。

蒋介石原以为大军压境，直鲁联军不堪一击，在徐州前线云龙山上设总指挥部，亲自督率三路兵马前进。直鲁联军施用诱敌深入的古老战法，蒋军误以为敌人溃退，长驱直入，拼命追击，结果落入圈套，被孙传芳、张宗昌指挥的直鲁联军集中兵力打得落花流水，全面溃败。①

蒋介石在慌乱中率先逃回南京，各军失去指挥，纷纷溃退，从徐州一直退到浦口，全程七百余里，成为北伐出师以来最大的一次溃败。蒋介石亲自指挥反攻徐州，原来希望能够"反败为胜，一振威望"，结果事与愿违，落得个铩羽而归，威信扫地。

在徐州战役中，蒋介石意图一举拿下徐州，下令所有预备队调入一线作战，轮番强攻徐州。不想这正中了孙传芳的圈套，北洋军阀依仗坚墙高垒，敞开徐州门户任你消耗有生力量。王天培第十军三入徐州而不得，已露出危险的端倪。

眼看时机已到，孙传芳终于下令反击，突然从右翼突出一支精锐，直扑第十军指挥部所在地卧牛山。第十军急忙调兵阻击，无奈部队早已在连续攻城中锋芒尽折，心有余而力不足。战至下午，第十军节节败退，不得不撤退至霸王山一线。

王天培一退，徐州城压力顿减。孙传芳传令，全线向南压迫。由于蒋介石将预备队都调上了前线，一旦被敌突破，后继无援，一时全线崩溃。

战败自然需要有人为此负责，可是罪魁祸首蒋介石是当时南京政府的首脑，怎么会处罚自己呢？自然是需要一个替罪羊，于是找上了北伐战争中颇有战功的王天培。

◎ 成了替罪羔羊

王天培并非蒋介石嫡系，统率着杂牌部队，属地方实力派。最让蒋介石耿耿于怀的，是王天培与他的政敌桂系首领李宗仁、白崇禧打得火热，而且在之前"四·一二"政变之时王天培没有贯彻执行反共的命令，于是战后蒋介石将

① 孟绍廉："王天培之死"，载于《文史资料存稿选编》（东征北伐卷），第 857 页。作者曾任国民革命军第十军中将参军。

战败的原因归结于王天培的败退，要将其绳之以法。

为了将责任推到王天培身上，并乘此机会收编像王天培这种游离于派系斗争边缘的中间派力量，蒋介石召集了何应钦、李宗仁、白崇禧举行秘密会议①，决定扣押王天培，并由军委会准备颁发《通令》告知王天培的家属，会议最后认定王天培为徐州战事失败的主要责任者。

当然，要扣押王天培这种手握兵权的大将，不能明摆着说你回来吧，回来我收拾你。怎么把王天培召回来使他脱离自己的部队呢？就是一个"骗"字。

1927年8月8日，蒋介石电召王天培赴南京"面商机宜"。王天培却不知其中有诈，自认问心无愧，乃遵命前往。8月9日，王天培一到南京就去拜见蒋介石，但蒋介石却说他太忙没空会见，其实就是找个由头晾一晾王天培，让他失去戒备后立即动手。果不其然，王天培在8月10日早上八点第二次求见蒋介石未果后，就被扣押了。

第二天（也就是8月11日②），总司令部就向全国发布了一纸通令："查国民革命军第十军系黔中子弟，向以善战见称。此次北伐，竟节节失利，牵动全局，实由该军军长兼总指挥王天培当战事剧烈之际，安处后方，致前线无人指挥。身总军干，昏聩至于此极，及至退却。谕令该军长兼总指挥王天培暂在本部守法以观后效。"

这道通令，就是向全国传达之前秘密会议的精神，王天培是因为徐州打了败仗，所以把他叫回来"反省"。同样被蒋介石要求在"本部守法"的除了王天培以外，还有甘嘉仪，也是黔军出身。

◎ **下野前最后的"咆哮"**

虽然蒋介石早有"料理"王天培的想法，但是前线情况不容乐观，若是此时杀了王天培，那王天培所部第十军一旦哗变，后果不堪设想，于是只是暂时把他关押起来。

关于为什么要关押王天培，蒋介石在自己的日记里也有所提及，将其归之于"内部复杂"，也就是说除了之前所说王天培不尊蒋介石号令的原因外，更深层次的原因是当时国民党内部的派系斗争。以蒋介石和何应钦为首的黄埔系、

① 有关此次秘密会议的记录参见于"黔军北伐革命战事纪要"一文，载于政协黔东南文史资料研究委员会：《黔东南文史资料第四辑·北伐战争专辑》1985年版。

② 王天培到南京后直至被杀的时间记录详见吴学粹、朱竹君："辨冤状"，载于中国第二历史档案馆藏件《辨冤状》，为王天培的妻子在王天培被杀后所述的回忆。

李宗仁和白崇禧为首的桂系、以汪精卫为首的汪派，还有像王天培这样的地方实力派之间，矛盾错综复杂，党同伐异，相互吞噬。

这个矛盾贯穿于整个北伐战争的主线，总的来说，王天培并不是个例，当时在北伐战争中被蒋系、桂系用各种手段吞并的地方实力派还有不少。蒋介石收拾他，也是为了向桂系示威，起到杀鸡儆猴的作用。

可是蒋介石万万没有想到，在扣押王天培的通告刚发布的第二天（即8月12日），在南京国民党中央执监委会议上，蒋介石为了表示自谦，谈了他要辞去总司令之职、并把首都防务交给其他将领的意图，结果何应钦与桂系配合，对此表示默认，其实就是逼着蒋介石引退。蒋介石觉得自己受了极大的侮辱。8月13日，蒋介石在上海发表《辞职宣言》，这是蒋介石第一次下野。①

蒋介石第一次下野，北伐战争的接连失败是直接原因。虽然徐州的战败责任推给了王天培，但是整个战局的颓势，蒋介石应当负主要责任。更深层次的原因包括蒋介石以反共为借口，另立政府，导致整个国民党的大分裂。而当时国民党各大实力派倾向于承认武汉政府的正统地位，因为蒋介石另立政府的行为在程序上是非法的。要"宁汉合流"，汪派明确提出蒋介石必须下野才有继续合作的可能，时局逼迫，蒋介石只有暂时避让。②

◎ *卸磨杀驴*

蒋介石虽然下野，但是对于整个政局仍然有着无与伦比的影响力。8月14日，何应钦、朱绍良亲自下令释放甘嘉仪，而却以"送王将军去西湖疗养"为名，将王天培深夜转押至杭州浙江省防指挥部。

为什么只放甘嘉仪不放王天培呢？因为何应钦知道甘嘉仪不是蒋介石要收拾的人，放了他不会触怒蒋介石。而何应钦也是黔军出身，出于旧交应当帮老朋友一把。但王天培却是蒋介石明令扣押的人，何应钦也怕将来蒋介石卷土重来后自己没法交代，于是给自己留一条后路，在王天培这件事情上，继续贯彻蒋介石的意志。③

即便如此，对外可不能说王天培要玩完了，否则第十军还不得炸锅？8月

① ［美］费正清：《剑桥中华民国史》，中国社会科学出版社1994年版，第767页。
② 有关蒋介石第一次下野详细的来龙去脉，参见张学继："1927年蒋介石下野的原因"，载于《近代史研究》1991年06期，第186～203页。
③ 有关何应钦与王天培之死的关系参见熊宗仁："试论何应钦与王天培之死"，载于《贵州社会科学》1989年12期，第56～59页。

18 日，军委会令杨胜治代第十军军长职，王天培之弟王天锡代副军长职。军委会曾不断向王天锡发出函电，谓"只要击退张（宗昌）军，王天培就会安然无恙"，并承诺战后升官。

在王天培被扣押之后，第十军就被划入何应钦所部第一军的指挥序列。直到 9 月 1 日，何应钦与桂系配合，取得了龙潭之役的胜利，歼俘孙传芳主力六万余人，史称"龙潭大捷"。龙潭大捷之后，前线的孙传芳再没有能力威胁到南京方面的安全，是时候解决王天培和他的第十军这个残留的问题了。

9 月 1 日当天，何应钦先枪毙了王天培的死忠，也就是第十军支队司令陈干，然后以军委会名义下令浙江省防军总指挥蒋伯诚所部秘密处决王天培。9 月 2 日深夜，王天培被枪杀于杭州，就这样，堂堂一位国民革命军军长，功勋卓著的北伐名将，未经正式的军法审判，被何应钦一纸命令送上了西天。①

◎ **冤魂昭雪应得后人铭记**

王天培遇害后，当时的小报如《武汉晚报》《铁嘴报》《湘江快报》……都发表评论，为他鸣冤，其中有的以"莫须有三字何以服天下"为标题，叙述徐州得而复失的实际情况，有力揭穿了何应钦等人宣布的所谓"罪状"。在媒体舆论的推波助澜下，痛失夫君的王天培的遗媚强烈要求为其平反，但国民党政府却置之不理。

王天培在狱中写《宁归歌》，表达自己信仰三民主义、宣传革命、为国战斗的胸怀。他陈述孤军奋斗，不惜牺牲，忽遭横祸，混淆是非的遭遇，长叹含冤莫白，境同岳飞，无比愤慨。这首歌在他死后广为流传，闻者伤心，见者落泪，其歌云：

吾为党国兮，十年有六。三民主义兮，素所钦服。为国革命兮，奔走号呼。凡我同胞兮，皆应有责。有形无形兮，革命工作。竭尽心力兮，求达目的。适得其反兮，忽遭横祸。哀我将士兮，万里从征。枵腹从公兮，惨无人知。津浦国道兮，独立支撑。孙、张合力兮，混以白俄。白俄铁甲兮，搏以肉体。孤军奋斗兮，两月余矣。敌众我寡兮，弹尽粮绝。昼夜鏖战兮，精疲力竭。再接再厉兮，不惜牺牲。死伤枕藉兮，惨目伤心。实情实境兮，有耳应闻。是非混淆兮，公理

---

① 有关王天培死于杭州的过程记载，除之前《辨冤状》之外，张英志：《略论王天培》（载于 1982 年四川人民出版社出版之《西南军阀史研究丛刊》第一辑）、章培：《蒋介石一九二七年下野返浙点滴》（载于 1984 年文史资料出版社出版之《文史资料选辑》第九十三辑）两文可印证。

沉沦。青天白日兮，惨淡烟云。人心不古兮，悲歌慷慨。恶有未尽兮，恶潮澎湃。东海沧浪兮，吾宁速归。卫士环伺兮，不忍弃之。仰天长叹兮，失复何为？杭州道上兮，武穆徒悲。人生至此兮，万念俱灰。①

1929 年 10 月，王天培遗骸由上海启迁天柱，安葬于距天柱县城不远的铜鼓坡。1931 年反蒋的广州国民政府成立，出于政治目的，汪精卫、孙科、古应芬、李宗仁、白崇禧、李济深等人开会议决，才为王天培下昭雪令，说蒋介石"妒忌贤能，致王天培无辜被杀"，就此王天培沉冤昭雪，表彰其

▲图为王天培故居。

"忠勇双全，夙娴韬略，历著当勋"。追授为陆军上将衔。1933 年 10 月 14 日贵州省主席王家烈主持公祭。王天培的旧部第十军教导团团长雷应楫沉痛哀悼曰：

伤心二字莫须有，
回首一棺归去来。②

王天培将军精忠报国，为中国的革命事业抛头颅洒热血，结果蒙受冤屈，因为派系之争，英年遇害，令人扼腕。其事迹应当代代相传，永远深刻在历史的丰碑之上。

党派嫡系的特殊待遇：逃跑将军孙元良
如何逃脱军法制裁

派系斗争，极其残酷。像王天培这样的地方势力派，没有什么派系归属，即使没有什么大的过错，也往往都是第一个牺牲的对象，为战败负责。但如果有派系归属，即使犯下大错也能一笔勾消。

① 参见于贵州省民族研究学会（编）:《贵州民族调查卷十三·贵州少数民族爱国主义专辑》，贵州省民族研究所 1995 年版。

② 陈德远："辛亥革命元勋王天培将军遗文"，载于《贵州文史丛刊》2011 年 02 期，第 106～111 页。

纵观古今，无论依照哪国军法，一军统帅临阵脱逃都是一个不小的罪名，其影响之恶劣，可能直接导致一场重大战役失败，一般将军临阵脱逃，丢官下狱，影响恶劣的可能还会被处以极刑。

有意思的是，在蒋介石手下有这么一位将军，此人作战积极，但更擅长临阵脱逃，人送雅号"飞将军"。说起孙元良也许很多人不熟悉，他是大明星秦汉的父亲，有多次扔掉军队独自逃跑的经历。蒋介石军法严厉，因此有不少丢官杀头的倒霉蛋，而孙元良却能屡次逍遥法外，这其中道理何在呢？

◎ 北伐战争仓皇逃窜

虽然孙元良的征战史劣迹斑斑，但是不得不承认，此人在战局尚未明显不利的情况下，打起仗来还是不含糊的。

▲图为孙元良，外号"飞将军"：因北伐期间临阵脱逃，且屡次有擅离部队独自逃跑的经历，故获此绰号，讽刺他不以逃跑为耻

孙元良是黄埔一期学生，科班出身，根正苗红，是蒋介石的得意门生，在作战中奋勇杀敌，升迁极快，至北伐战争爆发，他已经被提拔为蒋介石嫡系第一师第一团的团长。从这个番号，可见孙元良的受器重程度非同一般。有道是站得越高摔得越惨，春风得意的孙元良没有想到不远的前路他会栽一个大跟头。

1926年秋，在北伐战争的江西战场，程潜统帅的国民革命军第三军及王柏龄、缪斌所率国民革命军第一军第一师分兵疾进，势如破竹。俗话说骄兵必败，因轻敌贪功，几人放弃原定的作战计划，贸然攻打南昌，终于铸成大错。

姜还是老的辣，孙传芳以逸待劳，发动反击。此役孙元良所率部队负责驻守牛行车站，战斗刚一打响，由于缺乏警戒，惊慌失措之中孙元良率先逃跑。部队群龙无首，尚未组织起有效的抵抗，已经纷纷作鸟兽散了，致使战略要地失守，门户洞开，南昌得而复失，北伐军丢盔弃甲，一败涂地。

此战被蒋介石称为"北伐史上最耻辱的一页"。蒋介石气急败坏地宣布要对孙元良实行军法，甚至枪毙。

◎ 戏剧性的逢凶化吉

客观地说，此次大败最主要的原因在于王柏龄等人的战略失策，轻敌冒进之下敌人有机可乘，可是和其他北伐军的高歌猛进相比，北伐以来蒋介石的第一军却是寸功未立，大受友军诟病，唐生智、李宗仁诸将领早已指责他对第一军"偏爱有私"。如今又遭新败，如不找出一替罪羊，势必军心浮动，不能服众。

于是，战役中"表现突出"的孙元良同志就被拉了出来。不久，蒋介石召集朱培德的第六军及孙元良团，郑重宣布了对孙元良的处罚决定。大多数人都以为孙元良在劫难逃了，在此后的一段时间里，孙元良悄无声息，随着北伐的胜利，这件事逐渐被人们淡忘。

风波过后，有人突然发现，孙元良又回到了人们的视野之中，并且更胜往昔。他不仅躲过此劫，而且又去日本陆军士官学校镀了一层金。回国后，孙元良凭借"海归"的光环任教导第一师野炮兵营营长，很快又提升为第二师第七团团长，官复原职。到1931年，已升任国民政府警卫军第一师第一旅旅长，可谓仕途坦荡，风光无限。

◎ **法外施恩的人情社会**

蒋介石对于处罚自己的心腹爱将是非常肉疼的，孙元良是蒋介石亲手训练的第一批弟子，英俊潇洒，风度翩翩，一表人才。在进黄埔军校之前，曾在北京大学预科班学习。在黄埔一期的学生中间，他的文化程度算是比较拔尖的。作为黄埔一期的旗手，孙元良经常在各种典礼、阅兵式中，接受孙中山等名人的检阅，深受蒋介石的器重。最重要的是，孙元良对蒋介石忠心耿耿。他是黄埔军校国民党右派组织孙文主义学会的骨干成员。在"中山舰事件"中，黄埔军校的右派学生是坚决站在蒋介石这一边的。这部分学生也是蒋介石后来掌控军队的重要基石。对于蒋介石来说，黄埔生是他争权力、夺江山之资本，怎么能为区区南昌失守而杀了自己的得意门生，寒了黄埔同学的心呢？

于是，在黄埔系将领的劝说下，考虑到孙元良对自己忠心耿耿，蒋介石"法外施恩"，饶他一命，不久还派他去日本陆军士官学校学习。

就这样，败军之将几年之后摇身一变成"海归"，继续他"光荣"的历史。

◎ **褒贬不一的"孙跑跑"**

孙元良的逃跑轨迹贯穿了整个民国兴衰的历史，从淞沪抗战、南京保卫战、淮海战役，一直到最后跑到台湾才"金盆洗手"，弃军从商，其逃跑的能力不得不令人叹服，真可谓是"民国第一逃跑将军"。但是凭借着对蒋介石的绝对忠诚，每次惩罚对孙元良来说都是"有惊无险"。

他的言行，就连一些黄埔一期的同学也看不过眼去，宋希濂就曾声称："孙元良我是深知道的，是个把个人看得比什么都高的人，我无法与他共事。"被孙元良逃跑坑到的王敬久也气愤表示："淞沪会战和他合作，是我一生最大的错误！"也有人戏称孙元良其人"成功虽无把握，逃跑却有决心"。

孙元良尽管作战不力，但爱国心还是很强的。当年东北沦陷，孙元良将其四个子女改名为思辽（辽宁）、思吉（吉林）、思黑（黑龙江）、思热（热河）。

孙元良晚年也表现出难有的气节，面对日本军国主义分子美化侵华战争、否认南京大屠杀等历史的行为，沉寂多年的孙元良挺身而出，作为见证人立即发表抗议书，驳斥了日本军国主义的谎言。

孙元良于 2007 年去世，享年 103 岁，是在世时间最长的黄埔一期将军。

◎ **民国法治的悲哀**

纵观孙元良的一生，尽管几经沉浮，官却越当越大，从北伐战争的团长，到抗日战争的八十八师师长，然后再到解放战争十六集团军军长，战场的逃跑失败阻挡不了官场的一路凯歌。

平心而论，孙元良也是有战功的，比如 1932 年淞沪抗战时，孙元良任二五九旅旅长，曾率部在上海庙行镇击退日军，当时被评为"国军第一次击败日军的战役"，受到蒋介石嘉奖。

有功劳的时候大加封赏很正常，而有罪责的时候却无实质上的惩罚。只循人情而赏罚无度，置国家法度于不顾，原因只有一个，那就是孙元良是蒋介石的嫡系。

蒋介石一次又一次的"法外施恩"，不得不说很有成效，换来了孙元良一生的忠诚，只是他们各取所需的背后，国家法度在无声地哭泣。蒋介石牺牲法律威严来换取个人忠诚的治军方式，折射的是对法律的藐视和玩弄，民国虽重修法律，却无本质变化，人治还是高于法治，人情比法律更有价值。无形之中，孙中山的后继者已经放弃了国父当年"首重法律"的承诺。

孙元良一生的飞黄腾达与宦海浮沉今天依然历历在案，这不能不让人对民国时期法律的尊严、权威打上问号。

名记者喋血案：邵飘萍被杀的来龙去脉

北伐之战如火如荼，在 1928 年二次北伐之前，盘踞在北京的奉系军阀掌控北京政府，暂时稳如泰山。1926 年 4 月奉系军阀开进北京，一夜之间改变了很多人的命运，多位名记者被杀，共产党的创始人之一李大钊也在此时被军阀杀害。希罗多德曾说："要让其灭亡，先使其疯狂。"举起的屠刀，只是军阀时代的末路之判。

从辛亥革命之始，民国新闻界人士形成了言论自由的共识。民国初年，新闻管制是相当宽松的，这与当时的新闻界人士一直坚持不懈地争取言论自由是分不开的。而后几十年，有关政府规制言论自由的具体尺度，却随着政局的波澜起伏而反反复复，新闻独立的土壤越发贫乏，但也无法遏制那些追求新闻自由者的脚步，对于他们而言，为了理想，即使付出生命也在所不惜。

邵飘萍就是其中最有影响力的记者、报人之一。

◎ 理想的起点

谈到近代新闻史，邵飘萍是一个绕不开的重要人物。邵飘萍于 1886 年 10 月 11 日（清光绪十二年九月十四日）出生在浙江东阳。原名振青，飘萍是他后来改的，意寓"人生如断梗飘萍"。

邵飘萍的家庭并不富裕，但是他从小就表现出超人一等的学习天赋，14 岁便考中秀才，后来的学业之旅也很顺利。1903 年进入省立第七中学，1906 年考入浙江省立高等学堂。1909 年邵飘萍大学毕业回到金华，在母校教历史、国文。

除教书外，他对文字十分感兴趣，经常为上海的报纸写通讯。1909 年春省运动会期间，他还和陈布雷、张任天三人一起，在一个图画老师的指导下创办《一日报》，这可以说是他报业生涯的开始。慢慢地，邵飘萍对报纸产生了极大的兴趣，希望将来有一天能够自己也办一份报纸，用手中的笔去真实地描述自己的所见所闻，通过新闻来实现自己救国的抱负。

▲邵飘萍（1886—1926），著名新闻工作者，被称为新闻界全才，根据他的讲义出版的《实际应用新闻学》是中国第一部新闻采访学专著

邵飘萍真正的事业起点，是在 1911 年成为《汉江日报》的主笔。后来谈起自己从业新闻界时他是这么说的："因此关系，辛亥革命之岁，遂与杭辛斋君①经营浙江之汉民日报。"②

1912 年春，杭辛斋被选为众议院议员，将《汉民日报》交给邵飘萍一人主持。从此，邵飘萍就开始大展身手，逐渐闻名于报界。

◎ 报界全才

邵飘萍当时被称为报界的"全才"，各个方面都能胜任。方汉奇先生评价邵飘萍时说其人是少有的新闻界的"多面手"。他比史量才、汪汉溪多几分文采，比黄远生、刘少少又多几分组织和治事的能力，像他这样的"全才"，当时是不多见的。③

任职《汉江日报》主笔期间，邵飘萍干了不少惊心动魄的大事。

早在 1912 年 1 月，他就撰文声称袁世凯将来一定是一个大祸患，并把他与曹操、王莽等人相提并论，断言"袁贼不死，大乱不止"。1913 年 3 月 20 日晚，民国元勋宋教仁在上海火车站被刺客暗杀。邵飘萍撰文指出"有行凶者，有主使者，更有主使者中之主使者"，矛头直指袁世凯。

如此"不和谐"的人物自然要被"敲打"一番。不出半年，浙江当局就以"扰害治安罪"及"二次革命"嫌疑罪，查封《汉江日报》馆，逮捕了邵飘萍。事后回忆这段横遭苦楚的经历，邵飘萍只是轻描淡写："忽忽三载，日与浙江贪官污吏处于反对之地位，被捕三次，下狱九月。"④

后来被营救出狱后，邵飘萍被迫出国到日本留学。1916 年回国后受到《申报》社长史量才之邀，继黄远庸之后，北上来京担任《申报》驻京特派记者，在去职前的两年间，经常深入一线搜集新闻线索，短短两年间，他为《申报》写了 200 多篇 22 万多字的《北京特别通讯》。

由于痛感中国没有自己的通讯社，邵飘萍首创"北京新闻编译社"，它的功

① 杭辛斋（1869—1924），浙江海宁人，名慎修。早年读书于杭州正蒙义塾，后入同文馆。1897 年在天津与严复等创办《国闻报》。1905 年加入同盟会，后又加入南社。赴京创办《白话报》，因触怒清廷权贵被押，后解回杭州禁锢。获释后主编《农工杂志》。光复后与邵飘萍合办《汉民报》，任众议院议员，曾因抵制袁世凯复辟被逮押。1917 年南下参加护法运动。病逝于沪。
②《东阳文史资料选辑·第二辑·邵飘萍史料专辑·附第 1 辑目录》，中国人民政治协商会议浙江省东阳县委员会文史资料工作委员会。
③ 方汉奇："邵飘萍其人其事"，载于《新闻业务》1963 年 01 期，第 40～41 页。
④ 傅国涌："新闻报国：邵飘萍的不归路"，载于《同舟共进》2006 年 06 期，第 25～28 页。

能跟今天的新华社类似，主要是自编本国新闻，翻译重要外电，每天 19 时左右准时把稿件分送给各个报馆。①

◎ "使政府听命于正当民意"

在京时间越久，邵飘萍越感到自己有责任改变北京报纸受制于政治集团的无奈命运，如《北京时报》有段祺瑞的背景，《黄报》由张宗昌资助。同时，他已不满足于做上海方面的扬声器，积极酝酿创办一份真正属于自己的报纸。

1918 年 10 月 5 日，邵飘萍在北京前门外三眼井创办《京报》，报社后来迁址至宣武门外魏染胡同 30 号。在创刊词《本报因何而出世乎》中，邵飘萍明确提出了他的办报宗旨和新闻理想："必使政府听命于正当民意之前，是即本报之所作为也。"②

为了激励报社同人秉笔直书、宣达民意，邵飘萍挥笔大书"铁肩辣手"四字，悬于报社办公室内。此词取自明代义士杨椒山的著名诗句"铁肩担道义，妙手著文章"，但他将"妙"字改为"辣"字，意思十分明白：《京报》就是要突出它"辛辣"的特色。

邵飘萍充分展示出他在经营报纸方面的天赋。《京报》创办之初，在当时著名的报纸当中是晚辈，然而在他的主持下，不到十年就后来居上，成为最受欢迎的报纸之一。这份报纸办得很活跃，它有四多：新闻多、通讯多、评论多、副刊多。它消息灵通，内容充实，又好发议论，很能引起读者的兴趣。

《京报》副刊的数量和质量在当时国内各报中居于上游。除正刊外，还有近二十种副刊，经常出版的就不下十种，比如孙伏园主编的《京报副刊》，以及鲁迅主编的《莽原周刊》和李大钊参加撰稿的《社会科学半月刊》等，都很受欢迎。

邵飘萍善于借助社会上的力量，不少副刊的主编人和撰稿人都是国内知名的专家、教授和学者。对于这些副刊，他只确定根本方针，一切权力都下放给主编。这样一来，报刊办得好像万花筒，百花齐放，百家争鸣，给人丰富多彩

① 刘国强、罗芳："邵飘萍：新闻专业主义理想的追寻与失落"，载于《新闻知识》2009 年 03 期，第 75 ～ 77 页。
② 张艳红："以真相为筋骨、以法律为灵魂——民国名记者邵飘萍的法制新闻报道特色研究"，载于《湖北师范学院学报》(哲学社会科学版) 2007 年 05 期，第 102 ～ 105 页。

和新颖活泼的印象。①

◎ 开展新闻学教育

创办《京报》的同时，邵飘萍积极促成北大新闻研究会的成立，蔡元培聘他为导师，这是中国新闻教育的开端。尽管《京报》的工作非常繁忙，邵飘萍仍然坚持每周去上两小时的课。他提出记者要"主持公道，不怕牺牲"，品性要完全独立，有操守人格，做到"贫贱不能移，富贵不能淫，威武不能屈"，"泰山崩于前，麋鹿兴于左而志不乱"。

一年以后，得到一年期结业证书的有23人，得到半年期证书的有32人。学生中有不少人是中共最早的领袖级人物，如毛泽东、高君宇、谭平山、陈公博、罗章龙等，其影响可谓深远。

毛泽东曾多次拜访邵飘萍。1919年毛泽东第二次到北京时，还在《京报》馆内住了一个多月。后来毛泽东在长沙创办《湘江评论》，在很大程度上受了邵飘萍的影响。毛泽东也亲口承认："邵飘萍对我帮助很大。他是新闻学会的讲师，是一个自由主义者，一个具有热烈理想和优良品质的人。"②

◎ 策反郭松龄

邵飘萍与他的《京报》在历次社会公共事件中，都坚持其办报的宗旨，用事实说话，多次与政府对抗。段祺瑞政府视他为眼中钉、肉中刺，欲拔之而后快。他们下令查封《京报》，并派出军警包围报社，声称要逮捕社长邵飘萍。而邵飘萍也因此被迫再次流亡日本。段祺瑞政府被推翻后，邵飘萍回国重振《京报》，其"辛辣"的笔锋丝毫未变。

邵飘萍和冯玉祥关系甚笃，曾因不凡的见识被冯玉祥聘请为高级军事顾问，并得到丰厚津贴。《京报》上常有赞扬冯玉祥革命军的文章。邵飘萍与冯玉祥两年的亲密交往中，有一件值得大书特书的事，即推动郭（松龄）冯联盟，口诛笔伐张作霖。③

郭松龄是张作霖的心腹大将，曾为张作霖立下赫赫战功。郭松龄与张学良

① 赵丽萍："一代名记邵飘萍——记邵飘萍的记者生涯"，载于《广西大学学报》（哲学社会科学版），2009年S1期，第316、318页。
② [美]埃德加·斯诺：《西行漫记》，三联书店1979年版，第127页。
③ 盛小平："邵飘萍与冯玉祥——兼论邵飘萍对冯玉祥政治生涯的影响"，载于《池州师专学报》，2001年02期，第103～106页。

关系甚好，既是张的老师，也是张的部下，可以说郭的决定就是张的决定。二人不仅相知，而且相谅。张学良曾说，郭松龄是对他一生有重大影响的人。二人还义结金兰。张作霖也戏言，张学良除了不能把自己的老婆给郭松龄外，有口吃的都想着他。

尽管如此，郭松龄和奉系内部另一实权人物杨宇霆不和，并反对张作霖举兵入关的战略决策，实际上他与奉系并不十分和谐。1925 年，郭松龄与夫人到日本参观军事，听说张作霖正在日本购买武器，要与南方的国民军开战，郭松龄愤慨至极，遂决定联络冯玉祥共同反奉。在这场关乎奉军命运的大事变中，邵飘萍扮演了重要角色。虽然他不是最早联络郭松龄和冯玉祥的人，但在郭松龄回国后与冯玉祥的接洽中，邵飘萍起到了重要作用。①

当郭松龄和冯玉祥决定联合之后，邵飘萍不仅在报纸上称赞郭松龄为"人民救星"，张作霖为"马贼"、"人民公敌"，而且在私下的交往中，"主动宣传国民革命的形势，大摆张作霖引狼入室的罪行，促使他及早下决心，与割肉饲虎的张作霖决裂"。邵飘萍更派自己的如夫人祝文秀往来于北京、天津，暗中联络二人。

1925 年 11 月 22 日，冯玉祥与郭松龄签署密约，23 日郭通电反张，24 日冯玉祥也发通电，历数张作霖的罪状，劝他引咎下野，以谢国人。为支持郭、冯联盟，1925 年 12 月 7 日，《京报》推出一大张两整版的"特刊"，以厚厚的铜版纸精印，上面全是关乎时局的重要人物照片，异常醒目。在每个人物下面，邵飘萍亲自撰写了评语，"通电外无所成自岳州赴汉口"之吴佩孚，"东北国民军之崛起倒戈击奉"之郭松龄，"忠孝两难"之张学良，"一世之衮亲离众叛"之张作霖，"鲁民公敌"张宗昌，"直民公敌"李景林等。特刊一出，洛阳纸贵，京城物议沸腾。报纸传到前线，军心甚至为之动摇。②

邵飘萍不断发表报道、时评，力数张作霖的罪状，甚至撰文鼓励张学良"父让子继"。连相信暴力的张作霖也慌了手脚，马上汇款三十万元给邵飘萍，企图堵他的嘴。其数额之巨，远超当年袁世凯企图收买梁启超《异哉所谓国体问题者》一文所出的二十万银元。邵飘萍收到汇款后立即退回，同时宣称："张作霖出三十万元买我，这种钱我不要，枪毙我也不要！"

---

① 王润泽："张学良为什么不肯施救邵飘萍——兼论邵飘萍的死因"，载于《新闻与写作》2008 年 04 期，第 42 ~ 43 页。
② 马和来、邵雪廉、胡国洪："邵飘萍：'一代报人'的救亡启存"，载于《金华日报》2011 年 5 月 10 日 D4 版。

◎ 风云突变

政治局势总是变化莫测，邵飘萍在这次政治博弈中无疑押错了宝。12月24日，郭松龄在日本关东军和张作霖的联合夹攻下，兵败被杀。1926年4月，张作霖、吴佩孚、阎锡山三面夹攻冯玉祥的国民军，冯部被迫撤出北京，奉军开进了北京城。[①]

随即，直奉联军公布了所谓的《维护地方治安公告》，其中特别规定："宣传共产，鼓吹赤化，不分首从，一律处以死刑。"意在以清剿"赤化分子"的名义铲除与奉军作对的人，而邵飘萍作为导致郭松龄叛变的重要人物，早已上了奉军清剿的"黑名单"。

▲ 图为京报馆旧址，邵飘萍于1918年在此创办《京报》，报馆有两层楼，52间房。门楣上的"京报馆"三个字是飘萍先生亲笔题写的，字上面的金色至今仍未褪去

邵飘萍对此早有应对之策，他躲进了俄国使馆。但奉军进城后即搜捕邵飘萍。张作霖的便衣宪兵和警察厅的侦缉队，环伺于邵飘萍避居的东交民巷口外和宣外魏染胡同京报馆周围，执行张作霖"务将邵飘萍拿获"的严令。[②]

为了拔去邵飘萍这根"眼中钉"，4月24日，张作霖以造币厂厂长之职和两万块大洋为诱饵，收买了邵飘萍的旧交——《大陆报》社长张翰举，令其将邵飘萍从使馆骗出。张翰举向邵飘萍谎称张作霖惧怕国际干涉，不敢杀他，并说自己已向张学良疏通，张允诺《京报》可以照出。邵飘萍信以为真，结果一出现即被逮捕。侦缉队在邵飘萍的住所搜出了冯玉祥聘请邵飘萍为军事顾问的聘书、军事电报密码一本，以及他与冯玉祥的合影等，作为邵飘萍犯罪的物证。同时，《京报》被封，终期2275号。[③]

---

① 姚福申："关于邵飘萍之死"，载于《新闻研究资料》1983年06期，第180~186页。
② 崔瞻："张作霖蓄意杀害邵飘萍"，载于《新闻三昧》1994年12期，第25页。
③ 散木：《乱世飘萍：邵飘萍和他的时代》，南方日报出版社2006年版，第191页。

邵飘萍被捕当日，北京报界就得知了这个消息。报界同仁召开全体大会，讨论营救邵飘萍的办法。大会讨论的结果是：推荐代表，向张学良求救。会后，十几个大会代表乘坐四辆汽车浩浩荡荡地赶到张学良的住处——北京的石老娘胡同。

但是张学良却再三推诿，后来更是找了个借口走了。张走之前把其中曲直向求情的人说得明明白白。虽然张学良与邵飘萍有旧，但是邵飘萍却策反与他亦师亦友的郭松龄，导致原本亲如兄弟的两人分道扬镳，这让张学良在张作霖面前没法交代，而且杀邵飘萍是张作霖亲自下达的命令，张学良也无能无力。

4 月 26 日凌晨 1 点多，警厅把邵飘萍"提至督战执法处，严刑讯问，胫骨为断"，秘密判处他死刑，宣布他的罪名并判刑：

> "京报社长邵振青，勾结赤俄，宣传赤化，罪大恶极，实无可恕，着即执行枪决，以照炯戒，此令。"①

4 时 30 分，邵飘萍被押往天桥二道坛门刑场。临刑前，他还向监刑官拱手说："诸位免送！"然后面向尚未露出曙光的天空，哈哈大笑，一代新闻名家凛然就义，年仅 40 岁。邵飘萍死后由京剧艺人马连良等友人筹办治丧，后遭受威胁，草草安葬于广安门外天宁寺旁的荒地。

▲图为邵飘萍入棺时的遗容。行刑时子弹从面部右眼射出，导致缺损，收殓时只好用药棉堵塞

邵飘萍虽然死了，但他的《京报》并没有因此中断了传承。1929 年，在邵飘萍夫人汤修慧女士的主持下，《京报》得以复刊，并一直坚持到"七七事变"后正式停刊。

1949 年 4 月 21 日，毛泽东在新中国即将成立的日理万机时刻还亲自批复：确认邵飘萍为革命烈士。后来，他还多次在会见外宾以及其他场合提到过邵飘萍，邵飘萍的遗孀汤修慧也在他的亲自关怀下得到了妥善的安置。

1986 年 7 月 10 日，中共中央组织部正式确认邵飘萍的确是中共秘密党员②，入党时间是 1925 年，入党介绍人是李大钊、罗章龙。

---

① 常江："邵飘萍遇害始末"，载于《中华新闻报》2004 年 5 月 28 日第七版。
② 曾宪明："邵飘萍政治身份的三次认证"，载于《党史文汇》1998 年 07 期，第 34 ~ 36 页。

奉系军阀的末路之判：林白水之死

▲图为林白水

在邵飘萍死后不过百日，1926 年 8 月 6 日，又一位报界名流死于奉系军阀的枪口之下，这个人就是林白水。

林白水的本名并非白水，白水是他的笔名。他的本名是林獬，又名万里，号宣樊、退室学者。"獬"是传说中能辨曲直的独角异兽，在中国古代社会是象征公平正义的神兽。1874 年 1 月 17 日林白水出生于福建闽县，他既是民国初年活跃在政坛的政治家，又是纵横天下舆论界二十多年的独立报人，他不畏强权的事迹为世人所称道。[①]

◎ 丰富的从业经历

林白水的一生曲折坎坷，经历颇为丰富。弱冠之年，林白水在福州书院就读，师从名士高啸桐。年轻时曾与同乡林纾同在林伯颖杭州的家塾任教，成为林长民、林尹民等人的老师。又应同乡、杭州知府林启之邀，先后执教于杭州蚕桑学堂、求是书院。受林启创办新学的启发，1899 年春天，他和方声涛、黄展云等在福州创办第一所新式学堂"蒙学堂"。[②]

林白水教过书、办过学、从过政，但就其一生来看，主要还是办报。他的报业生涯开启于 1901 年，时年 27 岁的他当时担任《杭州白话报》主笔。这是林白水参与创办的第一份报纸，该报的发刊词《论看报的好处》就是由他写的。从此，林白水在报界叱咤风云二十五年。

《杭州白话报》每日的时评立场鲜明，主要分三个方面：一个是革命，打倒清政府；一个是提倡学校普及教育；还有就是号召在全国各地普遍创立报社，使全国人民对国家和世界大事，都能有所了解并产生兴趣。该报思想开放，倡导维新，很受读者欢迎，风行杭州城内外。

① 庆斌："'独角怪兽'林白水"，载于《新疆新闻界》1987 年 02 期，第 48 ～ 49 页。
② 方汉奇、林溪声："以身殉报的报界先驱"，载于《新闻与写作》2006 年 09 期，第 36 ～ 38 页。

◎ 指着鼻子骂老佛爷

1903 年，林白水应蔡元培之邀来到上海，共同创办《俄事警闻》，后改名《警钟日报》。随即他又独立创办了《中国白话报》，此举得白话文办报的先风，一时间"诸报无不以刊白水之文为荣"。

林白水颇有"名士"风范，每篇文稿一律收润笔 5 元，而当时一般一篇文稿稿酬只有 2 元左右，可见林白水已经是当时撰稿人群体中的高收入人士了。而且林白水有一个习惯，那就是只有等这 5 元用尽之后，才动手写下一篇文章。[1]

真正使他名动天下的，是 1904 年的慈禧大寿。当时正值慈禧太后 70 寿辰"普天同庆"，林白水却在《警钟日报》发表了一副对联："今日幸西苑，明日幸颐和，何日再幸圆明园；四百兆骨髓全枯，只剩一人何有幸。五十失琉球，六十失台海，七十又失东三省，五万里版图弥戚，每逢万寿必无疆。"

此对联顿时道出国人几十年来的愤慨。国之财政不为强国富民而支出，却浪费在满足私人寿宴的享乐上，一时多少人看到这副对联都不禁拍案叫绝。

◎ 从政客复归文人

辛亥革命后，林白水一度出仕。1913 年春，他以众议院议员的身份进京，到袁世凯总统府当秘书。当时护国运动正搞得轰轰烈烈。三年后，林白水厌倦了政坛的翻云覆雨，也自知适应不了政客们尔虞我诈的生涯，决心告别政坛，专心从事自己心爱的老本行——新闻。

1916 年夏秋之交，林白水在北京创办《公言报》。办报资金大部分来自林纾的门生、段祺瑞的心腹徐树铮。俗话说："吃人的嘴软，拿人的手短。"经济上不能独立自然需要为他人办事。《公言报》在当时不得不为安福系[2]遮羞护短，使林白水讲真话多有顾忌。然而，即便如此，林白水依然不改本色，他曾讽刺安福系为"有吏皆安福，无官不福安"，见者莫不拍案叫绝。

1917 年春，林白水独家披露了政客陈锦涛暗中贿赂议员拉选票的丑闻，以及交通总长许世英在津浦租车案中贪赃舞弊的内幕，京津舆论一片哗然。结果

---

[1] 王开林："千秋白水文章"，载于《书屋》2005 年 08 期，第 46 ~ 53 页。

[2] 安福系是中国北洋军阀时期依附于皖系军阀的官僚政客集团。因其成立及活动地点在北京宣武门内安福胡同，因此而得名。袁世凯死后，皖系军阀首领段祺瑞出任国务总理，操纵了北洋政府。为了排斥异己，推行"武力统一"，建立皖系的独裁统治，段祺瑞指使其亲信徐树铮组织自己的政客集团。1918 年 3 月，在徐树铮的策划下，王揖唐、王印川、光云锦等皖系政客在安福胡同成立安福俱乐部，为该系形成肇始。

陈锦涛锒铛入狱，许世英畏罪辞职。[①]

林白水的此类做法自然引起《公言报》背后金主徐树铮的极大不满。林白水后来被迫离开《公言报》。1921 年 3 月 1 日，林白水和胡政之合作，又创办了《新社会报》，对开四版，林白水任社长，胡政之为总编辑。按照林白水自己的说法，他办这份报纸是为了"树改造报业之风声，做革新社会之前马"。

◎ 艰难的报纸经营

对于林白水来说，《新社会报》（后更名《社会日报》）在其报业生涯中无疑占有最重要的地位。我们谈到对林白水的评价，其中之一为独立报人，虽然只有短短的四个字，但在当时的历史背景之下要做到不知有多难。当时北京的报纸大多无法以报养报，如不靠军阀津贴，独立经营报业大多难以维系。

这一点可以从当时报纸的广告版面就可以看出。《新社会报》每天仅有 25% 的篇幅是广告版（头版上有半版，四版有半版），而《大公报》50% 左右的篇幅是广告。事实上，在 20 世纪 20 年代，多数中国报纸上的广告篇幅占报纸总版面的 50%～60%，相较这个数字而言，《新社会报》的广告是比较少的。当时的一些报纸，如《大公报》，还经营印刷业、图书出版业等，《新社会报》可谓耗尽林白水的心血。[②]

每况愈下的经济形势已经让《新社会报》的经营步履蹒跚，与此同时，恶劣的政治环境也给林白水以重大打击。1922 年 2 月，《新社会报》因独家披露吴佩孚挪用盐业公债的黑幕，被警察厅勒令停刊。

林白水经此打击并不气馁，停刊两个月后，《新社会报》原班人马改头换面，《社会日报》新鲜出炉。对于这次被迫改名，林白水自嘲地写道：

> "蒙赦，不可不改也。自今伊始，除去新社会报之新字，如斩首级，示所以自刑也。"[③]

◎ 揭穿贿选黑幕

涅槃重生的《社会日报》丝毫不知"悔改"，其抨击时政的辛辣作风依然照旧。

---

① 贺巧虹："为职业舍身的报人林白水"，载于《青年记者》2012 年 02 期，第 65～66 页。

② 阳海洪："乱世文人：从林白水之死看近代报人的职业化困境"，载于《湖南工业大学学报》（社会科学版）2009 年 03 期，第 68～71 页。

③ 福建省历史名人研究会林白水分会编印：《林白水文集》，2006 年版，第 97 页。

1923 年，政治野心急剧膨胀的曹锟不顾自己所依赖的直系支柱吴佩孚的反对，策划了贿选总统的丑剧。而揭露此事的正是林白水和他的《社会日报》。

2 月 28 日，《社会日报》"紧急新闻"栏刊出一篇《吴大头之进项》，骂时任众议院议长的吴景濂是"塞外的流氓、关东的蛮种"，披露了曹锟送他 3 万元、送副议长张伯烈 1 万 1 千元等丑闻，揭穿了曹锟与吴景濂之间的政治交易。

6 月，林白水又发文揭穿了曹锟贿选总统，以"津贴"为名义给每个议员每月 600 元、每张选票5000 元大洋等内幕，大大地触怒了曹锟，结果报馆被封 3 个多月，林白水也被囚禁了 3 个多月，罪名

▲图为当年京畿报业集中地的魏染胡同，往北直到南柳巷，两边全是报社。1922 年春，白水先生就在这里办《社会日报》

是妨碍总统选举。直到曹锟坐稳了自己依靠贿选得来的总统宝座，才将林白水放出。

1924 年秋天，冯玉祥发动北京政变，当了一年零二十多天总统的曹锟黯然去位。林白水发表时评《哭与笑》，将那些以往嚣张跋扈、不可一世的军阀们曾经编织的谎言，一一暴露在光天化日之下，狠狠地出了一口恶气。

◎ **再次燃烧的激情**

1925 年 11 月 29 日发生了著名的晨报馆被焚事件，北京《晨报》报馆被捣毁，《社会日报》也险些被砸。

林白水经历了大风大浪，不知为何这次却心生疲倦，无意再言国事，准备急流勇退。他在《社会日报》正式登出《白水启事》，说自己已经是五十多岁的老头了，家境窘迫，孩子学业未成，应当更加照顾家庭，听从亲友的劝告，不再写文章抨击时政，以免招致横祸……①

当时社会上许多人特别喜欢他的文章，一见林白水要"退休"，纷纷致信林白水希望他能够再接再厉。在《启事》刊出的短短 5 天内就收到 200 多封读者来信。一位青年学生在信中写道："我们每日拿出脑血换的八枚铜元，买一张《社会日报》，只要读一段半段的时评，因为他有益于我们知识的能力。"

见到众多忠实读者的支持和期许，林白水感到自己又充满了斗志，也感受

---

① 邓拓："林白水之死"，载于《新闻研究资料》1979 年 01 期，第 123 ~ 124 页。

到自己肩头责任之重。他再次刊出《白水启事》："这半个月之内，所收到的投书，大多数是青年学生，都是劝我放大胆子，撑开喉咙，照旧的说话。我实在是感激的很，惭愧的很。世间还有公道，读报的还能辨别黑白是非，我就是因文字贾祸，也很值得。"

只是他自己也想不到，此时一句普普通通的话，却在不到一年的时间里真的发生了。

◎ 撞到枪口

1926 年 4 月 16 日，冯玉祥战败，奉军入京，这突如其来的变化改变了许多人的命运，邵飘萍如此，林白水亦然。当时北京以邵飘萍、林白水为代表的舆论界，普遍对冯玉祥以及南方国民政府有好感，发文褒贬自然有所倾向。在冯玉祥军退出北京之时，林白水依然撰文赞扬冯玉祥秩序井然撤出北京。这一举动自然引起北京城新主人——奉系军阀的强烈不满。

就在奉军进京差不多十天的工夫，4 月 24 日，《京报》社长邵飘萍被捕，26 日在天桥惨遭杀害。奉军的做法激起了公愤。林白水在 5 月 12 日和 5 月 17 日的《社会日报》头版分别发表《敬告奉直当局》和《代小百姓告哀》，向奉军提出了强烈的批评。认为奉军视赤党为洪水猛兽，其实不赤之"洪水猛兽"早已到来。[1]

长期以来，现今的历史教育教出了一种定向思维：好人都是因为抨击黑暗势力，最后被黑暗势力杀害。然而，历史的精彩不在于定性的结论，而在于过程的多种可能性。我们跳出坏人杀好人的简单逻辑，林白水之死的直接原因和政治无关，他是因为在报纸上骂人而遭到私人报复。

1926 年 8 月 5 日，林白水在北京《社会日报》上发表了他人生中最后一篇文章，题为《官僚之运气》，文内说：

> 狗有狗运，猪有猪运，督办亦有督运，苟运气未到，不怕你有大来头，终难如愿也。某君者，人皆号之为某军阀之肾囊，因其终日系在某军阀之裤下，亦步亦趋，不离唇刻，有类于肾囊之累赘，终日悬于腿间也。此君热心做官，热心刮地皮，固是有口皆碑，而此次既不能得优缺总长，乃并一优缺督办亦不能得……甚矣运气之不能不讲也。[2]

① 傅国涌："一代报人林白水之死"，载于《文史精华》2004 年 04 期，第 25～31 页。
② 福建省历史名人研究会林白水分会编印：《林白水文集》2006 年版，第 185 页。

◎ 得罪小人

林文中所说的"某君"指的就是张宗昌的幕僚潘复，时任北京政府的财政次长。林白水把潘复和张宗昌的关系比喻为"系于胯下之肾囊"，已经是对潘复极为露骨的人格侮辱。

潘复当晚看到此文章当即火冒三丈，给林白水打电话，要求在报上公开致歉，林白水以暴力不能干涉言论自由回绝了潘复。潘复见林白水竟然如此要大牌，立即去找张宗昌，好啊你小子，你不是说言论自由岂容暴力干涉嘛，爷今天就干涉一个给你看看！

张宗昌与林白水也早有宿怨，早年林白水也经常在报纸上大骂张宗昌，张宗昌名声最响的绰号之一——"狗肉将军"就是出自林白水之手。潘复在张宗昌面前大倒苦水，极尽污蔑之能事。张宗昌早就看林白水不顺眼，立即下令逮捕并处决林白水。[①]

8月6日凌晨一点，京畿宪兵司令王琦奉张宗昌之命，乘车来到报馆，略谈数语，便将林白水强行拥入汽车押到宪兵司令部。报馆编辑见势不妙，赶紧打电话四处求援，林白水的好友薛大可、杨度、叶恭绰等人急匆匆赶往潘复的住宅，找到正在打牌的张宗昌及潘复，薛大可当即跪下，恳求张宗昌能够放林白水一条生路。

张宗昌见这么多以前尾巴翘到天上的文化人竟如此折腰，可谓是赚足了面子，于是自称与林并无深仇，只是因为林白水是共产党，故不能不杀之。求情的说，林白水办的《社会日报》并非宣传社会主义，而是取为社会服务之意。张宗昌想了想，答应死刑暂缓。

旁边的潘复一听这还得了，生怕迟则生变，立即联系到宪兵司令王琦。王琦是潘复的旧交，而且潘复还曾有恩于他，潘复示意立即处决林白水。

◎ 先下杀手

凌晨4点，林白水身着白色夏布长衫，时年52岁的他头发花白，被一队宪兵扣押来到北京城南天桥刑场。到刑场之后，林白水被叫嚣的兵士簇拥着推上一个垃圾堆，身子未及站稳，就听一声枪响，子弹从脑后射入，直穿到左眼。一番踉跄之后，终于颓然倒地，陈尸道旁。

[①] 侯夷："生之热烈，死之惨痛——一代报人林白水逝世八十周年祭"，载于《出版科学》2006年04期，第59～62页。

当时，位于天桥桥头的派出所张贴了北京宪兵司令部发布告示，写明死者身份和案情：

奉直鲁联军总司令张（宗昌）谕：《社会日报》经理林白水通敌有证，着即枪毙，等因奉此，应即执行，此布。

此时，薛大可等人依然在张宗昌处求情，没想到传来消息，说缓刑命令已迟，林白水已被处决，张宗昌对此深表歉意。

在死前，林白水留下一份遗嘱：

我绝命在顷刻，家中事一时无从说起，只好听之！爱女好好读书，以后择婿，须格外慎重。可电知陆儿回家照应。小林、宝玉和气过日，所有难决之事，请荩孙、淮生、律阁、秋岳诸友帮忙。我生平不作亏心事，天应佑我家人也。①

丙寅八月七日夜四时万里绝笔

▲图为林白水遗嘱

林白水的尸首是由他的徒弟建书到场收殓的，最后葬于南下洼龙泉寺。他有一个儿子，名叫陆起，时年19岁，正在美国留学。女儿林慰君当时只有14岁，随侍在京，闻讯痛极，吞毒药自杀，遇救得不死。

家奠那天，张宗昌派员送去祭金一万元，被慰君严词拒绝。林慰君②后来留学美国，成为知名的女作家，为亡父撰就一部《林白水传》，也算是告慰了一代报人林白水的在天之灵。她在《林白水传》中谈及父亲的惨死，曾写下这样一段文字：

人家都说先父是慷慨就义，丝毫不在乎。但他内心的痛苦不知多么厉害！又有谁知道？③

---

① 福建省历史名人研究会林白水分会编印：《林白水文集》，2006年版，第496页。

② 林慰君后成为美国著名的华人女作家、美国国防语言学院教授。1987年死于车祸。中美建交后，两次回国。为父亲奔走申办革命烈士证书、搜集和捐赠父亲遗物，和家乡政府共同筹款为父亲立纪念碑、建纪念馆。1986年8月6日，林白水就义六十周年，林白水烈士纪念馆在他的家乡——福建闽侯县青口乡青圃村落成。72岁的林慰君专程从美国回乡参加了落成仪式。她撰写了《林白水传》《我的父亲林白水》等书籍文章。

③ 顾亚、章伯锋编：《近代稗海·第十二辑·林白水传》，四川人民出版社1988年版，第277～279页。

每个人都是活生生的，谁能坦然面对生死呢？外人看到的是林白水光辉的背影，他自己的苦痛，只有最亲的亲人才能深有体会。

1928 年北伐功成后，首任北平市长立即为"萍水"二报人举行追悼会，与会者有千人之多。他们被新闻界奉为为民请命、不畏强暴、疾恶如仇的烈士。虽然他们走了，但是他们的身影已经刻进了历史，成为中国新闻精神的代表，时光穿越百年，依然不朽。

二次北伐前的反共高潮：李大钊被判死刑

中国历史博物馆展览大厅里有一件独特的国家一级文物，那是民国时期的一具绞刑架，1927 年，作为中国共产党创始人之一的李大钊就是被这具绞刑架所绞死，时年三十八岁。他的生死，在当时可谓牵动着无数人的心弦。

李大钊案是北洋政府时期的最后一件大案，整个案件的审理过程，凸显各方政治力量的博弈，在那个军阀混战的年代，反映出民国司法恶劣环境的冰山一角。

◎ 李大钊其人

李大钊在民国历史上可谓举足轻重。李大钊，1889 年 10 月 29 日生于河北省乐亭县大黑坨村，从小家境殷实，七岁起在乡塾读书，1905 年入永平府中学，1907 年入天津北洋法政专门学校。青年时代，目睹了帝国主义侵略下的国家危亡局势和社会的黑暗状况，激发了爱国热忱，立志要为苦难的中国寻求出路。

1913 年李大钊在法政学校毕业后东渡日本，入东京早稻田大学政治本科学习。战乱动荡的年代，艰辛备尝的生活，使李大钊从小养成了忧国忧民的情怀和沉稳坚强的性格。1915 年，日本向中国提出"二十一条"，李大钊积极参加留日学生的抗议斗争。他起草的通电《警告全国父老书》传遍全国，他也因此成为著名爱国志士，革命同志赞其为："铁肩担道义，妙手著文章。"

▲李大钊（1889—1927），中国共产党主要创立人之一，中国最早的马克思主义者和共产主义者之一，为共产国际的成员及其在中国的代理人。1927 年被捕后遭张作霖处决

1916 年李大钊回国后，到北京大学任图书馆主任兼经济学教授，积极投身于正在兴起的新文化运动，成为新文化运动的一员主将。[①]

1917 年俄国十月革命的胜利对李大钊的人生可谓影响深远，他迅速接受了马克思主义思想，认为这是解决中国当时社会问题的又一法门，积极地宣传马克思主义思想。

1920 年初，李大钊与陈独秀相约，在北京和上海分别活动，筹建中国共产党。他领导建立了北京的共产党早期组织和北京社会主义青年团，并与在上海的陈独秀遥相呼应，积极活动，扩大宣传，发展组织，积极推动建立全国范围的共产党组织。"南陈北李，相约建党"，成为中国革命史上的一段佳话。

◎ 反抗北洋军阀的民意领袖

在 20 世纪 20 年代，李大钊可谓当时闪耀政坛的新星。他是中国共产党的主要创始人之一，积极参与和推动"国共合作"，出席中国国民党第一次全国代表大会，以个人身份加入国民党，任国民党第一届中央执委。

对于当时执政的北洋政府来说，李大钊可是一个令人头疼的家伙。他屡次组织反政府游行，1925 年五卅运动爆发后，李大钊与赵世炎等人在北京组织五万余人的示威。李大钊因"假借共产学说，啸聚群众，屡肇事端"而被北洋政府下令通缉，遂逃入东交民巷俄国兵营。[②]

1926 年 3 月，李大钊领导并参加了北京"反对帝国主义和北洋军阀"的三一八运动，当时北京各界人士在天安门举行反对日本等国要求大沽口撤防的大会，并到皖系军阀段祺瑞执政府门前请愿，群众要求政府拒绝撤军的无理要求，反而遭到了政府的血腥屠杀。

惨案发生后，李大钊并不气馁，继续领导共产党和国民党的北方组织坚持斗争。不久，奉系军阀张作霖的军队进入北京，白色恐怖更加严重，李大钊的"斑斑劣迹"为他招来了杀身之祸。

◎ 防不胜防的抓捕

其实在当时，李大钊已经感觉到一些危险的信号，因此携带机关人员及家

---

① 朱文通："李大钊：从立志救国救民到拥护立宪、支持革命的思想转变"，载于《河北学刊》2009 年 06 期。

② 刘志光："两种选择："五四"时期的李大钊与胡适"，载于《中共党史研究》2007 年 01 期，第 86 ~ 93 页。

属躲避至东交民巷使馆区内，根据清朝末年清政府与外国签订的一系列不平等条约，明确规定外国人享有治外法权，而东交民巷使馆区正是处在治外法权的庇护范围之内，中国军警不允许入内。戊戌变法失败之后的康有为、梁启超，以及后来拥宣统复辟的张勋，都到那里避过难，国民党当局奈何不得。不得不说，李大钊考虑得还是比较周全，不过凡事往往会发生一些例外。①

1927 年 4 月 6 日，一个风和日丽的上午，安国军总司令部外交处长吴晋的座驾开入位于北平东交民巷使馆区的荷兰使馆，他此行是奉安国军总司令张作霖之命，专程拜访驻华使团首席公使、荷兰公使欧登科的。

吴晋向欧登科递交了一份警厅公文，说明了来意。就是说啊，一些共产主义分子最近不太消停，经常组织群众闹事，严重影响了社会的正常秩序，所以，必须"采取果断措施"、"抄查上述共产党人躲避处"、"请予许可"。这封《京师警察厅致首席公使函》至今仍有原物的照片可以找到，是研究这段历史的一手资料。

对于欧登科来说，共产党也是他们的"眼中钉"，于是很干脆地代表公使团在公文上签字，据《国闻周报》在 1927 年 4 月 16 日的文章，当时欧登科通知使馆界捕房说："有中国军警入界，勿得拦阻。"②

搞定了"通行证"，吴晋等人更是肆无忌惮地封锁交通，二百五十多名全副武装的警察和宪兵，分别控制了东交民巷使馆区的各路口，包围了苏联使馆旁邻的中东铁路办公处、俄款委员会、远东银行，所有便衣侦探一律胸系红线为标记。准备充分后直奔苏联使馆的旧兵营，就这样，躲避在苏联使馆的李大钊等五十多人被捕入狱。

◎ **治外法权失效的原因**

为什么屡试不爽的避难招数这次却落空了呢？关键在于李大钊不是一个人去那里避难，而是把国民党和共产党在北京的机关也带入了使馆区，违背了国际法的原则。

这种做法首先引起了其他国家驻华使馆的不满和怀疑，日本使馆和法国使馆人员相继发现苏俄使馆军营中国人来往频繁，夜间也经常大声争论，举行会议，因此将此信息通知当时的北京政府。张作霖政府之所以能够这么迅速地反

---

① 侯健美："碧血春花——李大钊就义前后"，载于《决策与信息》2007 年 11 期。
② 抓捕过程参见"民十六北京搜查俄使馆之经过"，载于《李大钊被捕牺牲安葬资料选编》，线装书局 2011 年版。

映，这些使馆人员的及时情报功不可没。就这样，很快京师警察厅就派来密探，装作三轮车夫等监视侦查，并跟踪相关人员，不久逮捕了重要嫌疑人李渤海。

李渤海是李大钊在北大的学生，1923 年入党，任过中共北京市委的宣传部长等职务，李大钊躲进苏联使馆后，他直接负责李大钊和外面的交通联系工作。

李渤海在被捕后非常合作，将苏俄军营的内部情况全部招供，换来秘密释放。当时南北处于战争状态，李大钊的秘密机关从事大量军事情报工作，并且藏匿了一些军火，苏联积极支持南方政府，并且提供了大量的援助，这对北方政权威胁极大。而其他外国领事团，因意识形态对苏联颇有微词，以苏俄革命后自行废除不平等条约为由，以领事团认为苏联使馆不受《辛丑条约》保护，其实也就是默许了张作霖抓捕李大钊等人的行动。

李大钊不是没有得到当局的行动信号，杨度是李大钊的好友，他在参加熊希龄长女的婚礼时，正好碰上旧友外交部总长汪大燮，得知张作霖已决定进入东交民巷搜查俄国兵营，杨度赶紧离席，当夜即把这个消息通知了俄国兵营的共产党人。

4 月 5 日晚，李大钊召集俄兵营中的同志开了个紧急会议，传达了这个情报，李大钊怀疑情报的可靠性，最后决定，"同志们要走的可以走，不走的可以留下来，听其自便"。当晚有四位同志及时离开了，而李大钊及其妻子、女儿于 4 月 6 日在俄兵营第 28 号房被捕。[1]

李大钊在被捕后受到张作霖当局的审问，审讯的警察详细讯问了李大钊有关共产党组织架构和诸多人事细节，李大钊很会"打太极"，说的都是些奉系军阀早就掌握的情报，一涉及关键问题就巧妙躲避过去了。[2]

◎ 移交法庭后的是是非非

李大钊被捕后，由于他是北京大学的著名教授，他的许多教育界、政治界朋友纷纷呼吁将李大钊案移交法庭办理。

张作霖当时也并不好过。人是抓回来了，却是一个"烫手的山芋"，怎么处置他也没有分寸。在奉系军阀内部，对李大钊案的处置分成了两派。据《晨报》报道，一派认为应交军法处分，因为"奉方所讨伐者赤，则凡赤皆为敌人。况

---

① 孙西勇：《杨度与李大钊》，载于《党史文苑》2004 年 07 期。
② 参见《李大钊狱中"供词"》，北京市档案馆藏李大钊 1927 年 4 月被捕后的口供笔录材料二件，是在京师高等检察厅档案中发现的。供词为抄件，是京师警察厅抄送给高等检察厅的，被警察厅称为"李大钊供词全份"。

共产党在北方显有扰乱阴谋"。另一派认为，应当依普通法律程序由法庭审理，因为所逮捕者悉为文人，并非军人，世界上其他国家破获共产党机关后，"未闻有以军法从事者"，即便是君主国日本的涉共案件亦由普通法庭审理。

经过多次讨论之后，考虑到当时的舆论压力，张作霖决定还是交付普通法院，对于他来说，如果有什么不方便的，一纸命令再改成军法庭审判不就得了。

进入法律程序后果然也是这样，所谓的法庭审理变成了牵线木偶戏，李大钊的命运并不在于案件的审理，而在于法庭之外诸位军阀大佬的意思。

关于李大钊案的审判，张作霖给军阀张宗昌、孙传芳及前方各路将领拍了电报，询问他们关于处置李大钊的意见。

据当年《顺天时报》4 月 14 日的记载，张宗昌、孙传芳等 6 名军阀给张作霖的回电中，只有一人"电请量情法办"，其余 5 人均主张"严办"，山西军阀阎锡山没有回电。

半个月后，4 月 23 日，李大钊案最终被交由军事法庭会审，依据是《陆军审判条例》第一条及《修正陆军刑事条例》第二条的规定，李大钊等人虽非陆军军人，但属"勾结外国人或附从阴谋意图紊乱国宪及煽惑内乱者"，所以由安国军总司令部、京畿卫戌总司令部、京师高等审判所、京师警察厅组成一个特别法庭，张作霖大元帅府军事部长何丰林任审判长、安国军军法处长颜文海任主席法官，审理李大钊一案。①

然而，4 月 28 日上午 11 点，特别法庭不顾各界人民和社会舆论的强烈反对，突然宣判李大钊等 20 名革命者死刑。下午 1 点，李大钊等 20 人，被荷枪实弹的士兵押解到西交民巷京师看守所里一个庞大的绞刑架下。

这个绞刑架是段祺瑞政府从意大利进口的，据说曾在 1919 年绞杀过一次人犯。用这个洋刑具绞杀李大钊这样德高望重的学者，大规模地迫害共产党人，激起了社会上的极大反响。

在刑场上，李大钊身着棉袍，淡定自若地在敌人的镜头前留了最后的

▲图为绞死李大钊的绞刑架

① 黄伟英："从李大钊案到陈独秀案：民国时期司法现代化的发展"，载于《历史教学》（高校版）2009 年 11 期，第 24～29 页。

一张照片，从容地看了看风中摇曳的绞索，第一个登上了绞刑架，残忍的刽子手对李大钊特别使用"三绞处决法"以延长其痛苦，绞杀整整历时28分钟，一代英杰就此过世，年仅38岁。①

◎ **南北政府一致掀起"反共"浪潮**

张作霖为何突然下决心处死李大钊等20人呢？流行的说法是，来自"前方某将领"和"南方某要员"的电报影响了他。

据4月29日出版的《世界日报》报道，当时张作霖只是打算处决李大钊、张伯华两人，其余的人没有打算痛下杀手，但是前线的一位将领声明对共产党分子要严惩不贷。

在同一天发行的《晨报》也发表文章《军法会审昨日开庭判决党人二十名死刑》也有类似的说法，并补充说明在军法庭未开庭之前，李大钊等人其实已经被处死了，特别强调了张作霖之所以痛下杀手，是因为"南方某要人"发电报表示对共产党分子应当严厉处分。

在1927年5月12日出版的汉口国民党中央委员会机关报《民国日报》以《北京各同志被害详情》为题，报道了此事，并提出"张作霖得其前方张学良等来电，主张杀害，同时蒋介石又密电张作霖，主张将所捕党人即行处决，以免后患"。根据这篇报道，"南方某要人"是指两手刚刚沾满"四·一二"死难志士鲜血的蒋介石，而前方某将领是张学良。报道在此处特别加了个记者按——"此讯甚确，二十九日北京晨报详载其事，惟改蒋介石三字为南方某要人。"②

但是在张次溪所编著的《李大钊先生传》中提到，"张宗昌忽由山东前线拍来一电，谓李大钊是北方革命领袖，赤党祸根，巨魁小除，北京终究危险"③。也就是说按张次溪先生的说法，这个"某将领"是张宗昌。

直到今天，这个用一封电报将李大钊等人置于死地的"某将领"究竟是谁，一直也没有定论，但这种说法存在很大的问题。首先，和李大钊一起被抓的除了二十多名共产党员以外，还有三十多名国民党员；其次，李大钊不只是共产党领袖，更是国共两党北方党务的总指挥，并且秘密策反冯玉祥，这才是触犯张作霖底线的根本原因。

不过在此前，就是李大钊入狱后的第6天，也就是4月12日凌晨，一场

---

① 北剑："李大钊就义前后"，载于《中国档案报》2004年4月30日。
② 李杨："李大钊案：北洋末路之判"，载于《看历史》2011年05期，第42～49页。
③ 张次溪：《李大钊先生传》，北京宣文书店1951年版。

突如其来的镇压在中国大地开始了，血雨腥风从上海开始，淹没了 1927 年中国的春天，史称"四·一二事件"。似乎与这样的结果有所呼应，有位台湾地区的历史学家关于这段历史曾毫不掩饰地总结说："此次北京政府搜查俄国使馆的结果，更促成国民党在南京清党的决心。"

张作霖跟蒋介石是不是约好反共，难有直接的史料证明。历史的结果是，南方"宁汉合流"达成反共的政治共识，北方奉系军阀以军法审判李大钊案，李大钊的人生也就这么匆匆结束。

◎ 案件的尾声

李大钊遇难的当天傍晚，赵纫兰母女三人被释放回家。当时，她们还不知道噩耗。次日晨，李大钊的舅舅周玉春上街买报纸，看到了李大钊遇害的消息，哭着回到家中，李家此时一片惨淡。①

当时的急务是死者的安葬，幸有北大同事梁漱溟、蒋梦麟等和友人章士钊、吴弱男夫妇等出手相援，大家集资置办了棺木，才将烈士遗体装殓入棺，由下斜街长椿寺移厝至妙光阁浙寺内停放。

李大钊的灵柩在浙寺停放整整 6 年后，1933 年 4 月初，当年被北洋军阀赶回河北乐亭老家的赵纫兰带着儿女返京，准备安葬李大钊。此时，赵纫兰疾病缠身，家中儿女年龄幼小，既无钱也无力操办丧事。赵纫兰带着儿女，登门拜见李大钊昔日的同事蒋梦麟、沈尹默、周作人、胡适等，请求北京大学代办安葬。这起轰动民国的大案就此匆匆落下了帷幕。

政府等于国家吗？ 陈独秀因何 "危害民国"

1911 年民国初立，孙中山提倡"首重法律"，北洋政府同样强调"司法不党"。1912 年时任司法总长的许世英发布通令强调："凡未入党者，不得挂名党籍，已入党者，即须宣告脱党，倘以党籍关系不愿脱党脱离，尽可据实呈明，将现充法官职务即行辞职。"②1920 年大总统申令司法不党主义。

---

① "李大钊殉难目睹记"，载于《李大钊被捕牺牲安葬资料选编》，线装书局 2011 年版。
② 李在全：《法治与党治——国民党政权的司法党化（1923—1948）》，社科文献出版社 2012 年版，第 8～9 页。

◎ 国民政府的司法异化

尽管有司法制度建设方面的这些成就，但是，北洋时期的政治却是每况愈下，军阀割据，战乱频仍，名为民治，实为专制。在这样的环境下，时过境迁，当初提倡"法治"宗旨的主导者也改变了自己的信念。随着军阀政治的实力游戏不断推出新的花样，孙中山的政党观，由推崇西式多党轮流执政的政党政治，转变为由革命党控制政权的"以党治国"。

前文第二章的末尾提到在宋教仁案之后，中国政治精英对于制度设计的态度发生了分化，孙中山等原来支持法律斗争的革命派再次走上了武装斗争的道路。为了挽救民族的危局，他们用了近十年的时间又找到了一条新的道路，即学习苏联，建立高度集权的党国体制。

这个时期，民国司法制度的建设发生了一个大转折，即由过去对司法独立和超党派原则的倡导，转向公开地将司法纳入国民党的领导之下，即所谓"司法党化"。在"司法党化"的思潮下，孙中山、徐谦、王宠惠、居正等国民党领袖及主要司法领导人的思想发生了极大的转变。

这个转变，引起了当时中国政治精英们的又一次思想分裂。司法党化推行之初，很多北洋时期遗留下来的法官（第三章重点阐述的精英人群）并不认同。在这些人心中，"司法独立"和"司法不党"才是人间正道。一番斗争之后，还是前者居于上风。

孙中山去世后，司法党化有条不紊地进行着。1926 年 9 月 10 日，广州国民政府政治会议向第 50 次中常会议移交时任司法部长徐谦拟定的党化革命化的司法行政方针案，中常会决议，仍交政治会议组织改造司法行政委员会。

1927 年秋，国民党设立了特别刑事法庭，开始了司法制度的党化。此法庭属独立机关，不隶属法院。1932 年 10 月 28 日，南京国民政府公布的《法院组织法》第 33 条规定：推事及检察官任用有四种资格，在四种资格中，无论是经过考试还是审查，都少不了党义这一条，由此彻底实现了司法界人员的党性从属。

司法由政党所操控，法律自然成为党派斗争的权威武器。比如 1928 年 8 月 21 日，国民政府训令行政院执行，设立反省院，经判决的共产党人，送反省院反省，美其名曰"感化"。反省院受国民政府司法行政部管辖，它是关押、摧残共产党人和异见分子的集中营。

国民政府的司法异化，极大地影响了中国历史。我以两例案件叙述这段复杂历史背后的奥秘。

南京中山北路 101 号是一幢别具特色的大楼，半个世纪以前，这里是国民政府最高法院，许多轰动民国的大案就是在此拉开帷幕，一幢古楼，见证了多少历史的腥风血雨。如今，大院是全国重点文物保护单位，尽管外观看上去风骨依然，但大院变成了停车场，内部墙体开裂、木质构建腐朽……时间的力量总是这样无情，而在 1932 年，陈独秀"危害民国案"也正是在这里上演的。

◎ 牢狱之灾若等闲

陈独秀这个名字，耳熟能详，他是中国共产党的创始人之一，领导新文化运动，四处散布共产主义思想。对于当时的政府而言，可谓是令人头疼的"不稳定分子"。而陈独秀也有他的过人之处，一般人视牢狱之灾如洪水猛兽躲之不及，而陈独秀却不然。

在 1932 年陈独秀因"危害民国"而被捕之前，曾四次被警探请去"喝茶"，在"六扇门"里走一遭后，安然返回，也算有惊无险。在上海就曾被捕两次，最后因社会各界的朋友相助，也就分别被罚款一百、四百元草草了事。四次被捕中影响最大的莫过于 1919 年被北洋政府拘捕，当时受到举国舆论关注，结果只是关押了 90 多天就获释出狱。

▲陈独秀（1879—1942），中国共产党的主要创建者之一及首任总书记。他是新文化运动的主要倡导者之一，创办了著名白话文刊物《新青年》，也是五四运动的精神领袖

可是 1932 年的这次逮捕非比寻常，因为陈独秀的反政府行为触碰到了当局政府的底线。1931 年 5 月 1 日，中国托派组织联合在上海开会，陈独秀被推举为"中国共产党左派反对派"总书记，全面领导五人"常委会"。1932 年 1 月，他发表《告全党同志书》，呼吁所有的共产主义者联合起来，集中力量于城市职工运动，推动工人群众参加反日反国民党的斗争。[1]

为了抓捕并处理陈独秀，当时的国民政府早已罗织好罪名，在逮捕之前已经做好了充分的证据准备，再加上叛徒的出卖，陈独秀当时的前途命运只能用一个问号来形容。

① 前四次被捕的详细经过可参见徐承伦："陈独秀的五次被捕及营救——兼论陈独秀的功过"，载于《深圳大学学报》（人文社会科学版）1998 年 03 期，第 66～72 页。

◎ 千防万防，内贼难防

对于陈独秀，国民党早想把他解决掉，在长期以来的巨额悬赏之下，陈独秀身边的人背叛了他。由于中央常委秘书谢少珊的出卖，1932 年 10 月 15 日，上海租界总巡捕房密探先到东有恒路春阳里 210 号房屋拘捕谢德培、罗世凡、彭述之、濮一凡、宋逢春等 5 人，搜出各种文件 106 份、俄文共产主义书籍 34 种，然后直扑陈独秀所居住的地方。[1]

晚上 7 点半左右，在上海周家嘴路的一条弄堂里，陈独秀正在奋笔疾书。突然，整个弄堂一片漆黑——停电了！

就在此时，门"咚"的一声被一脚踢开，几道手电光一齐向他射来。

"就是他吗？他就是陈独秀？"电光后面有人厉声问道。

"是的，就是他。"一个很熟悉的声音传到陈独秀的耳鼓。没等他反应过来，双手已经被沉重生冷的铁铐紧紧锁住。

就这样，陈独秀被租界总巡捕房抓走。10 月 17 日，租借总巡捕房将陈独秀以及搜获的各种书籍、文件送交江苏高等法院第二分院。经推事赵钰镗简单讯问案情，捕房律师厉志山陈述破案经过，认为属于"危害民国"的案件，根据上海市政府的意见，于 10 月 19 日将陈独秀等人解送南京卫戍司令部。

◎ 处置陈独秀的两种意见

在被押送的火车上，陈独秀还是那样从容地睡了一个好觉，好像被逮捕的不是他一样。

陈独秀被逮捕的消息一传出，社会舆论如同点燃的火药桶。据 1932 年 10 月 24 日发行的申报记载，陈独秀的老朋友蔡元培、杨杏佛、柳亚子、林语堂等八人，于 10 月 23 日致电南京中央党部和国民政府，大打感情牌，说明陈独秀已被开除共产党籍，曾经大力推动新文化运动，积极响应民国的文化政策。八人希望国民政府能够怜惜人才，对陈独秀从宽处置。[2]

当时的社会针对陈独秀的处置办法有两种意见。一种以胡适、傅斯年为代表，主张用正常的司法程序审判此案。傅斯年认为，自从开始打击共产党人以来，民国政府也越来越重视工人运动的影响，陈独秀早年组织工人运动，算不

---

[1] 第五次被捕经过参见胡明："陈独秀 20 世纪 30 年代的被捕与法庭上的斗争"，载于《殷都学刊》2004 年 04 期，第 53 ~ 58 页。

[2]《申报》，1932 年 10 月 24 日。

得反动，而且是当时社会的先驱。① 胡适利用自己上课和讲学的机会，大力宣扬陈独秀在新文化运动中的核心作用，② 希望政府能够依正常法律从轻判决。第二种意见则认为要对陈独秀严加处罚，即以危害民国紧急治罪法对陈独秀处以死刑。当时《广州民国日报》的社论很能代表这部分人的看法。社论认为 20 世纪 30 年代中国所经历的危难，原因在于日本的侵略和中国共产党所挑起的内乱。而日本的侵略之所以能得逞，则在于国民政府忙于剿共。共产党从哪里来的呢？十数年前陈独秀和李大钊建立起来的。因此，对共产党的创始人"应处以极刑，勿能宽纵"，否则就是"一面剿共而一面纵共"。③

其实当时国民党内部对于怎么处置陈独秀也有不同意见，但是从重处置陈独秀的声音居于主流，而 29 日蒋介石的电报也佐证了这一点，不过却综合了两派的意见。电报中，蒋介石表示陈独秀等人确实犯了"危害民国"之罪，交予普通法院依法审判，"以重司法尊严"。

10 月 30 日，国民党政府决定把陈独秀等案件交江苏高等法院审理，审判地点定在南京。11 月 1 日，军法司奉命派官员将陈独秀、彭述之等先行押解江宁地方法院。

陈独秀"危害民国案"就此拉开了序幕，这是民国时期第一例由普通法庭审理的国内公民涉共案件，这也是因为陈独秀身份特殊（中共左派反对派领袖），当时蒋介石的第一大敌是盘踞在江西的中央苏区，敌人的敌人就是朋友，正是得益于这样一层政治身份，陈独秀案才能进入正常的司法程序，否则按当时民国时期政府处理共产党分子的一贯做法，就像李大钊一样直接被军法处置了。

◎ **提起公诉**

虽然已是民国，但是由于社会上一些不良习性早已根深蒂固，很多清朝以前的司法陋习依然延续下来，比如牢狱的看守人员就像以前的狱卒，对刚进来的犯人往往都能刮出几层"油水"，而像陈独秀这样经济条件一般、社会影响甚众的人物，关押他审判人员还要遭群众骂，这样的"烫手山芋"自然能早处理就早处理。

陈独秀进了监狱，当时许多社会贤达都是他的好友，都在想方设法营救他。

① 傅斯年原话见于《独立评论》第 24 号，1932 年第 10 期，第 2 ~ 7 页。

② 胡适关于陈独秀的评论参见陈东晓：《民国丛书第一编：第 87 号·陈独秀评论》，上海书店出版社 1989 年版，第 51 ~ 57 页。

③ 陈东晓：《民国丛书第一编：第 87 号·陈独秀评论》，上海书店出版社 1989 年版，第 150 ~ 151 页。

▲图为狱中的陈独秀（1932年摄于南京第一模范监狱）

陈独秀性情倔强，此次入狱，他要与国民政府抗争到底，蔡元培、胡适等不少享有声望的人士纷纷为他推荐辩护律师，但陈独秀却一一谢绝了。

但是这样一件大案怎么能没有辩护律师呢？最后在朋友们的劝说下，陈独秀、彭述之和本案其他人员利用这段时间共同聘请了章士钊、彭望邺、吴之屏、蒋豪士、刘祖望等五位律师为他们义务辩护。①

经过几个月的调查，1933年3月，检察官朱儁按照公诉程序，提起公诉。陈独秀起诉书的大致内容，一方面是他的个人经历中"涉嫌危害民国"犯案要点；另一方面是"以文字为叛国宣传"的具体证据。

检方指控有两点，一是陈独秀多次组织工人运动，破坏国家的正常经济秩序；二是反对三民主义，宣传共产主义，以推翻国民党统治为目的，严重威胁"民国"的安全，证据确凿，事实充分，认定陈独秀犯"危害民国"罪，依《危害民国紧急治罪法》提出公诉。

◎ 我推翻的是国民党政府

1933年4月15日、16日、20日，陈独秀"危害民国案"在江苏高等法院相继三次开审，由苏州来的胡善称和朱儁分别担任审判长和检察官。

几次庭审，陈独秀以及章士钊等人面对法官、检察官的审问滔滔不绝。既然是"危害民国罪"，有一个问题是怎么都绕不开的，那就是陈独秀是否要推翻国民党政府？②

1933年4月14日上午，江苏省高等法院在江宁地方法院第二刑事审判庭第一次公开审理陈独秀等十人的案件。出庭审判长胡善称、推事张秉慈、林哲民、检察官朱儁、书记官沈育仁，旁听者约一百余人。庭审中，审判长胡善称问陈

---

① 卢天然："试探20世纪30年代中国知识分子群体的自我认同——以'陈彭案'为中心"，载于《华中师范大学研究生学报》2007年02期，第133～137页。

② 祝彦："1933年陈独秀在国民党法庭上"，载于《报刊荟萃》2003年04期。

独秀："你是否要推翻国民政府？"

陈独秀的回答很干脆："世界革命，在中国需要解放民众，提高劳动者生活水平，关于夺取政权，乃当然之目的。"

胡善称继续问道："那你为什么要推翻国民政府呢？"

陈独秀坦然答道："这是事实，我不否认。"然后他列出了三点理由：

第一，国民党政府"对日本国侵占东三省，采取不抵抗主义，甚至驯羊般跪倒日本国之前媚颜投降，宁至全国沦亡，亦不容人有异词，家有异说。'宁赠友邦，不与家奴'，竟成国民党之金科玉律。儿皇帝将重现于今日"。这样的国家政府，难道不应该推翻？

第二，"国民党吸尽人民脂膏以积极养兵，挟全国军队以搜刮人民，坚决屠杀异己。大小无冠之王到处擅作威福，法律制裁小民，文武高官俱在议亲议贵之列。其对共产党人杀之囚之，犹以为未足，更师袁世凯之故技，使之自首告密。此不足消灭真正共产党人，只以破灭廉耻导国人耳。周幽王有监谤之诬，汉国武帝有腹诽之罚，彼时固无所谓民主共和也。千年以后之中国，竟重兴此制，不啻证明日本国人斥中国非现代国家之非诬。法国国王路易十四曾发出狂言'朕即国家'，而今执此信条者实大有人在。国民党以刺刀削去人民的伟大权利，以监狱堵塞人民喉舌。"这样的国家政权难道不应当坚决颠覆和推翻？

第三，"连年混战，杀人盈野，饿殍载道，赤地千里。老弱转于沟壑，少壮铤而走险，死于水旱天灾者千万，死于暴政人祸者万千。工农劳苦大众不如牛马，爱国有志之士尽入囹圄。"这样的政府，难道不应该推翻？ [①]

"国家将亡，民不聊生，予不忍眼见中国人民辗转呼号于帝国主义与国民党两重枪尖之下，而不为之挺身奋斗也。"

◎ **我危害的是国民党**

接着，审判长胡善称继续问陈独秀："既然你承认你要推翻国民党，为何不承认自己犯了危害民国罪呢？"

陈独秀当庭抗辩："检察官论告，谓我危害民国，因为我要推翻国民党和国民政府，但是我祇承认反对国民党和国民政府，却不承认危害民国。因为政府并非国家，反对政府，并非危害国家。"他的书面辩诉状说得很清楚，国家乃是土地、人民、主权的总和，所谓亡国是指外族入据其土地、人民和主权，本国

---

① 庄秋水："陈独秀案：一个革命者的自白"，载于《看历史》2011 年 05 期，第 58 ~ 65 页。

某一党派推翻某一党派的政权而代之，不能说是"亡国"，所以"危害民国"不成立。民国之所以叫民国，就是民主共和国，以别于专制君主国。

他进一步反驳，如果说人民发言反对政府或政府中某个人，就是有罪，那么两千年前周厉王有监谤之巫，秦始皇有巷议之禁、偶语之刑，汉武帝更有腹诽之罚，那时当然没有言论自由。20世纪的民主共和国，似乎不应该有这样的怪现象。如果认为宣传共产主义就是"宣传与三民主义不相容之主义"，就是"危害民国"，欧洲中世纪专横黑暗的宗教法庭迫害异教徒、科学家，以阻塞思想信仰自由的故事，岂不是重见于今日的民国，那不是正好证明日本人所谓的"中国非近代国家"之说不是污蔑吗？

在接下来的第二次庭审中，陈独秀再度强调了自己的立场："我要推翻的是国民党政府，不是民国，我不承认自己犯了危害民国罪！"

◎ 律师的辩护未经过我的同意

4月20日第三次开庭，这次是最后法庭审讯，允许律师辩护及陈独秀等人自辩，因此旁听的人特别多，总计达二百多人。法院旁听席拥挤不堪，法庭外也挤满了人，其中以学生最多。审判长胡善称等人上堂后，律师章士钊、彭望邺、吴之屏入律师席。

开庭后，检察官朱隽对起诉书作补充说明：陈独秀、彭述之等人只是被共产党内的另一派开除，并非完全脱离共产党，从法律角度说，他们都主张无产阶级专政和打倒国民政府，是一样的目的，都是共产党员。检察官要求法庭按危害民国的罪行对陈独秀等人判刑。

章士钊从三个方面反驳公诉书中有关陈独秀反三民主义的控诉：

第一，孙中山先生就曾经说过"民生主义就是共产主义"，以陈独秀宣传共产主义为由就认为他反对三民主义，这样置国父的训诫于何地呢？

第二，陈独秀从早年开始一直与国民党多有合作，1918年曾任广东教育厅长，而且在第一次国共合作中也扮演了重要的角色。

第三，陈独秀是中国共产党托派的领导者，他的存在对国民党对付共产党主流斯大林派无疑是有利的，敌人的敌人就是朋友，双方之间甚至可以相互合作……[①]

---

① 傅国涌："政府等于国家吗？——章士钊就陈独秀案与程沧波笔战"，载于《江淮文史》2009年06期。

章士钊此言可谓是为陈独秀说尽了好话，孰料陈独秀当庭申明，说章律师之辩护，并未征求本人同意，且也无须征求本人同意，至于本人政治主张，不能以章律师之辩护为根据，应以本人之文件为根据，我与斯大林派是政见不同，而与国民党势不两立。然后陈独秀依旧按照自己的想法继续抗辩。①

4月26日，江苏高等法院公布了对陈独秀一案的判决：陈独秀、彭述之共同以文字为叛国之宣传，各判处有期徒刑13年，褫夺公权15年。同案的其他6人分别判处有期徒刑2年6个月至5年。其实，这样的判决结果早就设定好了，公审的形式只不过是给众人上演一场戏而已。纵然陈独秀、章士钊巧舌如簧，都改变不了法庭秉承当局意旨的既定判决。

◎ 尾声

对于这样的结果，陈独秀自然不服。6月15日，陈独秀写成了《上诉状》，由律师递交最高法院，对判决书给他罗织的罪状进行反驳。7天后，陈独秀的《上诉状》被驳回，陈独秀又写成《再抗辩书》，寄给中央研究院院长蔡元培转交最高法院。

最高法院迟迟不做答复，直到一年后才做出终审判决，撤销原判决中褫夺陈独秀等公权部分，对陈独秀、彭述之各处以有期徒刑8年，其他人仍维持原判，就这样陈独秀虽未被判无罪，但是得到减刑，轰动全国、历时近两年的"陈独秀危害民国案"终于画上了句号。②

在南京老虎桥监狱，陈独秀面壁读书、潜心学问，1937年日军轰炸南京，关押陈独秀的那幢房顶震塌，他躲在桌子下逃过一劫。老友胡适焦虑万分，致信汪精卫求援。③

1937年8月20日，国民政府司法院长居正向司法行政部调阅陈独秀"危害民国案三审判词"，当即向国民政府呈请将陈独秀减刑。此后由国民政府核准，经司法部训令法院按正常司法程序，一天之内，以战争特例宣布陈独秀减刑释放。8月23日，陈独秀走出了高墙。

经历了政治上的跌宕起伏，陈独秀晚年自南京出狱后，谢绝了一切高官厚禄，蛰居四川江津，在贫病交迫中埋头于作书写诗和文字学研究。晚年的他尤

① 张家康："陈独秀与章士钊"，载于《党史纵览》2006年07期，第53～57页。
② 汪金山："国民党未杀害陈独秀之因"，载于《安庆师范学院学报》（社会科学版）2003年04期，第49～50页。
③ 谢林港："陈独秀在狱中"，载于《党史纵横》1992年06期，第31页。

以大量的精力撰述了文字训蒙的专著《小学识字教本》。但稿件送审时，教育部长陈立夫认为书名不妥，要陈独秀改书名。陈独秀坚决不同意，并说"一字不能动"，把预支的八千元稿费也退回去了。最后直至 1942 年陈独秀因病去世，《小学识字教本》仍未出版，成了他晚年未了的一大憾事。

1942 年 5 月 27 日，陈独秀病逝于家中，享年 63 岁。

民权斗士杨杏佛缘何遇刺身亡

提起民国早期著名的民主人士，杨杏佛占有重要的地位。

杨杏佛是江西玉山人，1893 年出生于江西清江县，原名铨，字宏甫，参与众多民国早年的民主和人权运动，被誉为"中国人权运动先驱"。

杨杏佛少年时期在上海中国公学上学，后来以优异的成绩考取了唐山路矿学堂，也就是今天的西南交通大学。在上学期间，杨杏佛有感于当时风起云涌的革命浪潮，立志于兴国大业，于是加入同盟会。

◎ 中国现代管理科学之父

1911 年武昌起义爆发，杨杏佛作为同盟会的一员参加了当时的武昌保卫战。革命胜利后，因功勋卓著，杨杏佛于 1912 出任南京临时政府总统府秘书处收发组组长。后来因孙中山去职而袁世凯就任大总统，1912 年 11 月赴美国留学，先入康奈尔大学攻读机械工程，后在哈佛大学学习工商管理和经济学。

1911 年，泰勒的《科学管理原理》一问世即风靡全球，泰勒本人也被称为世界"现代管理之父"，而杨杏佛也因在管理科学方面的突出成就，被誉为"中国现代管理科学之父"。[①]

1915 年正在美国康奈尔大学攻读机械工程的杨杏佛就在当时中国最有影响的杂志《科学》上发了一篇《人事之效率》的论文，这是当时中国人最

▲图为杨杏佛

---

① 张森奉："著名爱国民主人士杨杏佛其人其事"，载于《湖北档案》2011 年 08 期。

早系统介绍科学管理的论文。

杨杏佛于 1916 年获得康奈尔大学的机械工程学士后，继续到哈佛攻读MBA，并在福特汽车厂实习，积累不少心得。1918 年毕业，获工商管理博士学位，为中国留学生中的第一位商学博士。

1920 年杨杏佛回国，执教于南京高等师范学校（1921 年改名国立东南大学，1928 年改名国立中央大学，1949 年改名南京大学），先后任工科教授兼主任、商科教授兼主任。

因其卓越的学术成就，杨杏佛历任国民政府大学院副院长、国民政府中央研究院总干事、社会科学研究所研究员兼代所长等职务，在经济管理等领域，杨杏佛可谓是当时的"泰山北斗"级人物。

◎ **惨遭特务毒手**

除了杰出的学术成就，杨杏佛在政治领域也卓有建树。他曾任孙中山秘书，备受孙及国民党左派所赏识。1925 年 6 月 10 日创办《民族日报》，发表文章声讨英帝国主义罪行，抨击北洋军阀的卖国行径。1925 年 9 月和张闻天、陈望道、杨贤江、恽代英、郭沫若、胡愈之等人成立"中国济难会①，筹款营救被逮捕关押的政治犯。四一二政变之后，以中国济难会名义极力接济和营救政治犯。杨杏佛一贯坚持民权不得为公权所侵犯，在社会中影响深远。

1933 年年初，在九一八事变和"一·二八"事变之后的动荡中，杨杏佛曾赴华北呼吁全国统一抗日，蒋介石对此非常气恼。杨杏佛长期积极参与民权运动，由此遭到国民党当局的威胁恐吓。1933 年 5 月间，特务又给杨杏佛寄去一封装有子弹的恐吓信，要他立即退出同盟，否则将采取强硬手段。杨杏佛早已将生命置之度外，对此不予理睬。他此时一定没想到，他的对手手段如此狠毒。

1933 年 6 月 18 日星期天，杨杏佛带着自己的儿子杨小佛登上一辆敞篷车，准备去郊游。②

汽车刚开出大门，拟向北转入亚尔培路（今陕西北路）时，突然，从四周的隐蔽街角里跳出四个人，其中两人手提毛瑟枪，另两人掏出驳壳枪，从汽车四周一齐向车上人猛烈射击。司机胸部连中两弹后，不顾一切地打开车门狂奔逃命。

① ［美］魏斐德："谋杀杨杏佛"，载于《间谍王——戴笠与中国特工》，江苏人民出版社 2007 年版。
② 傅国涌："为民权保障而死的杨杏佛"，载于《炎黄春秋》2001 年 09 期。

杨杏佛当时听到枪声，立刻知道有人要暗杀他，护子心切，他立刻用身子护住杨小佛。顷刻，密集的子弹向他射来，杨杏佛连中三弹：一弹由右胁射出；一弹击中左腰，留在腹中；一弹击中心脏，成为致命的一弹。还有一弹穿透他头戴的礼帽，将一缕带血的皮发粘在帽子上。杨小佛由于有父亲身体的护卫，仅腿部中一弹，幸免于难。①

凶手受伤后自知难逃，便举枪自杀，子弹从胸侧穿过，但没死，被闻声追来的巡捕抓获。巡捕立刻将其与杨氏父子一同送往广慈医院抢救，杨杏佛终因伤势过重，于9点20分气绝身亡。

事后人们知道，杀手是国民党特务，蒋介石亲自向戴笠下达了"制裁"杨杏佛的指令，暗杀现场是戴笠亲自带人布置的。

◎ **都是民权保障同盟惹的祸**

关于杨杏佛为何遭到谋杀，历史学界一直众说纷纭，传统观点主要认为，蒋介石杀杨杏佛是为了向宋庆龄示威。②

为什么说是要向宋庆龄示威呢？这一切与当时一个著名的民权组织——中国民权保障同盟有关。

1932年年底，宋庆龄以及蔡元培等民主人士，眼看着外籍人士牛兰夫妇绝食抗议、陈独秀被捕、邓演达遭暗杀等一系列政治事件，为了让更少的人受到政府的迫害，他们凭借自己的声望发起并成立了中华民权保障同盟，专门营救被政治迫害的文化名流，争取言论、出版、集会等自由。

中国民权保障同盟的办公地设在上海法租界亚尔培路331号的中央研究院国际出版物交换处。杨杏佛也是当时著名的民

▲图为中国民权保障同盟部分成员合影。右起：宋庆龄、杨杏佛、黎沛华（宋秘书）、林语堂、胡愈之

① 鸿敏："杨杏佛遇刺真相"，载于《文史博览》2008年05期。
② 廖大伟："'杀杨儆宋'：杨杏佛被刺问题中的一个误解"，载于《安徽史学》2004年05期。

主人士，在同盟中担任总干事的职务，虽然同盟名义上的领导人是宋庆龄、蔡元培等，但是当时整个同盟的具体工作，都是杨杏佛在主持。这个同盟，可谓是当时蒋介石执政的最大障碍，其主要成员都是蒋介石的政治对手。对此蒋介石十分头疼，一直想抓住机会瓦解这个同盟。宋庆龄作为国父孙中山的遗孀，蒋介石自然没有胆量去动她，于是同样作为同盟核心人物的杨杏佛，就成为蒋介石"杀鸡儆猴"的第一个目标。

也有学者认为，蒋介石杀杨杏佛与宋庆龄关系不大，有的是个人感情因素，更深层次的目的在于扼杀民权保障同盟，一举扫除自己独裁统治道路上的障碍。一方面，杨杏佛曾对中共所在的苏区有过正面报道，这是蒋介石无法容忍的；另一方面，民权保障同盟的实际工作由杨杏佛主持，若是杨杏佛遭遇不测，民权保障同盟也就名存实亡，很难继续开展营救政治犯的工作了。

其实，这两种说法本质上没有区别，蒋介石杀杨，意在民权保障同盟，这是没有争议的事实。

◎ 斯人已远去，活者当自强

杨杏佛的儿子杨小佛曾撰文《我父亲杨杏佛殉难经过》叙述了其父遇难时的详细经过，虽然杨小佛先生当时只有 15 岁，几十年过去了，那悲惨的一幕仍历历在目。[①]

殉难前不久，杨杏佛曾在一篇短文中描述了他对祖国未来的憧憬："我梦想中的未来，中国应当是一个物质与精神并重的大同社会，人们有合理的自由，同时有工作的义务。一切斗争的动机与力量应用在创造和服务方面，物质的享受应普遍而平等。"

他的梦想，不也正是中国人普遍的理想吗？以杨杏佛的经历、学识、能力及其与上层社会的密切关系，他

▲图为杨杏佛怀抱幼年杨小佛与家人合影

---

① 杨小佛："我父亲杨杏佛殉难经过"，载于《百科知识》1979 年第 2 期。

当时完全可以像许多人那样过相当安逸的生活，但他却为自己的理想、为民族的前途抛却一切，直至牺牲生命。[1]

杨杏佛去世不久后，民主人士为他举行了隆重的葬礼。当时宋庆龄已经被监视居住，但还是冒着生命危险前去吊唁，并发表了激动人心的讲话，表示民权保障运动并不会因此停止，勇敢者会继续前进。蒋介石一时声名狼藉，引起了社会公愤。[2]

鲁迅先生是杨杏佛的好友，在杨惨遭不幸后，写了一首哀悼诗：

悼杨铨

岂有豪情似旧时，
花开花落两由之。
何期泪洒江南雨，
又为斯民哭健儿。

杨杏佛先生的一生也许短暂，但是其事迹值得后人永远铭记。

---

[1] 马荫良："回忆杨铨二三事——纪念杨杏佛先生殉难五十周年"，载于《社会科学》1983 年 10 期。
[2] 杨小佛："宋庆龄与杨杏佛的友谊"，载于《世纪》1997 年 04 期，作者为杨杏佛之子。

第五章
时代变迁：
政治斗争外的民生百态

　　法律往往成为政治斗争的表现形式，但是法律并不仅仅包含政治，它还包括社会的民生百态。从生活的角度解读民国法律，也别具一番韵味。女权崛起、拆迁征地、复仇违法和盗窃诈骗四个比较有特点的角度，大多是当下社会比较热门的话题。本章以幽默风趣的文风，揭开民国法律的另一面。

女中豪杰：刺杀袁世凯的民国传奇女律师

民国时期，中国经历"三千年未有之变局"，传统"家国天下"的秩序面临着全球大工业化生产的洗礼，在政治、经济、文化全面落后的情况下，民族与国家面临空前的生存危机，中华大地一时涌现多少豪杰。

有一位特立独行的女律师，她反对封建礼教，不裹小脚，刺杀过袁世凯这样的军政大佬，曾经是民国时期第一位省级女性政务官、第一位地方法院女性院长与审检两厅厅长、第一位非官方女性外交特使、中国第一位获得博士学位的女性律师……她就是郑毓秀，一位民国的奇女子。

◎ 特立独行的女权斗士

清朝末年，随着许多西方社会理念的流入，男女平等的思想逐渐在中国生根发芽，传统中国妇女的地位也进入了一个重要的转折时期。很多接受新思想的女性开始为自己的权利而抗争，郑毓秀正是其中的代表。

郑毓秀出生于一个官宦家庭，父亲是户部的官吏，家庭礼教观念很浓。她

▲郑毓秀的父亲是清朝户部官僚郑文治，家境富裕。郑毓秀幼年学习儒学，研读四书五经，后来到天津教会崇实女子学校念书。1905年（光绪三十一年），她到日本留学，其间经廖仲恺介绍加入中国同盟会。图为青年时期的郑毓秀

的母亲为了让她有一技之长，常常教她诵读经文。然而郑毓秀天性叛逆，对"三从四德"的规训置之脑后。当时裹脚的风俗依然盛行，然而任凭家人软硬兼施，年仅五六岁的郑毓秀坚决不让缠脚，家人无可奈何，从此她逃离了裹脚的命运。

郑毓秀十三岁的时候，她的祖母为她订了一门亲事，婚约对象是当时两广总督的儿子。郑毓秀对此颇为不满，甚至还自己写信给自己的未婚夫，申明自己已经解除婚约。此举一出，一片哗然，最后郑毓秀迫不得已离家出走。1907年与姐姐去日本留学，接触到当时在日本活动的同盟会，十分认同孙中山的反清革命思想，认为只有彻底打破腐朽的秩序，才能建立一个崭新的中国。一年后，经廖仲恺介绍，她参加了孙中山领导的资产阶级革命党——

同盟会。不久，郑毓秀回国从事革命活动。[1]

◎ 蔑视权贵的革命女侠

清末革命党人由于资源有限，最初斗争的手段主要以局部地区武装起义为主，暗杀政府要员为辅，企图通过这样的方式打击清政府的力量。作为同盟会的精英，郑毓秀多次参与了革命党人暗杀清廷要员的活动，汪精卫刺杀摄政王载沣，其使用的炸弹正是郑毓秀利用自己的聪明才智，巧妙运用各种关系躲过了层层审查，才送到汪精卫的手中的。辛亥革命期间，郑毓秀多次为革命党人秘密运送军火，传递情报，自己也曾亲自执行对当局政府要员的刺杀。

郑毓秀第一个刺杀的对象，就是袁世凯。辛亥革命爆发，全国的反清革命力量迅速发展，引起清政府的极大恐慌，由此任命袁世凯为内阁总理大臣，负责镇压革命党人的活动。于是，袁世凯就成为革命党人首要的刺杀目标。

为了能够成功杀死袁世凯，郑毓秀等革命党人做好了周密的计划，参与计划的志士分组行动，准备在预定地点向袁世凯投掷炸弹。1912年1月15日，在万事俱备的情况下，郑毓秀突然接到同盟会驻北京支部的紧急命令，放弃刺杀袁世凯的行动。因为最新情况表明，真正阻碍南北议和的是良弼为首的宗社党，而不是袁世凯。郑毓秀连夜行动，根据平时的线索，通知了八位战友，但未接到通知的战友还是按计划实施了刺杀袁世凯的行动，郑毓秀无奈之下也只好赶去现场。

由于计划有变，刺杀行动以失败告终，参与行动的有十余人被捕，郑毓秀凭借自己的才智，巧妙躲过了追捕。后来她找到当记者的外国友人，以他们的名义将被逮捕的战友保释出狱。

后来在制订行刺良弼的计划时，郑毓秀吸取了此次教训。由于事先的充足准备，刺杀良弼的行动终于成功。

◎ "铿锵玫瑰"的风采

郑毓秀的刺杀行为激怒了袁世凯。1914年，袁世凯决定要暗杀郑毓秀，在这种情况下，郑毓秀被迫出国。

从事革命事业已经有不少年头了，郑毓秀忽然发觉，一个人光有热情还不够，必须要具备先进的思想和技术才能有真正的用武之地，于是，她选择了

---

[1] 张玉光："民国女杰——郑毓秀"，载于《文史月刊》2006年04期。

去法国留学，她的革命生涯暂告一段落。郑毓秀进入法国巴黎大学的前身索邦（Sorbonne）大学学习，学习期间，郑毓秀依旧频繁出入社交界，是巴黎华人女性的杰出代表。1917年，获得硕士学位后，郑毓秀继续攻读博士学位。1920年到1924年间，郑毓秀大部分时间在攻读法学博士学位。1924年，她在巴黎大学获得法学博士学位，成为中国历史上首位法学女博士。

郑毓秀在法国的留学生涯可谓是多姿多彩，特别是在1919年"巴黎和会"上，她的义举成为她一生中浓墨重彩的一笔。

在巴黎和会上，本以战胜国身份与会的中国，最后却落了一个战败国的待遇，特别是将原本被德国强占的山东半岛划归日本所有的消息传开后，在法华人一片哗然。此时正在法国留学的郑毓秀，被人们推举为代表，前去与中国代表团团长陆征祥谈判。

1919年6月27日晚上，三百多名留法学生和华工包围了中国首席代表陆征祥的下榻地，要求他不要在和约上签字。而此时，陆征祥已接到北京政府的示意，准备在和约上签字。郑毓秀急中生智，在花园里折了一根玫瑰枝，藏在衣袖里，顶住陆征祥，声色俱厉地说："你要签字，我这支枪可不会放过你。"陆征祥不敢去凡尔赛宫签字，保留了中国政府收回山东的权利。后来，郑毓秀还将这根玫瑰枝带回中国，在客厅里悬挂多年。[①]

▲归国后，她和留学时代的友人魏道明在上海公共租界合作开设律师事务所。她也成为中国历史上第一位女性律师。1926年，南方政府派的大学教授杨杏佛被上海当局逮捕之际，郑毓秀担任其辩护律师，使其获得释放。图为就职律师期间的郑毓秀

◎ 牵手走过万里的青春

灿如夏花的留学岁月，不只有革命的激情与热血，更有花季少女的柔情似水。在法兰西，郑毓秀爱上了当时名声在外的王宠惠，无奈落花有意，流水无情，终于未成姻缘。

但郑毓秀也找到了自己的终身伴侣，也是后来的丈夫——魏道明。了解民国史的人，对这个名字应该相当熟悉。魏道明于1930年出任民国南京特别市市长，1947年任国民党"台湾省政府"首任主席，官至外交部部长。当然，郑毓秀的名声不仅仅是通过她市长夫人的头衔得来的，她自己的经历在当时

---

① 张玉光、唐冬眉："郑毓秀：中国第一位女博士的暗杀人生"，载于《纪实》2010年06期。

的民国，就是一部传奇。

魏道明小郑毓秀近十岁。他在江西省立第一中学毕业后，随父亲到北京，就读于法文学堂。1919 年赴法国留学，经同乡介绍认识郑毓秀。起初郑毓秀并未对他多加留意，只将他视为小字辈，后来魏道明也进入巴黎大学法科，成为郑毓秀的学弟，两人经常一起讨论功课，魏道明言谈中肯，有独到之处，得以折服自视甚高的郑毓秀，使她一改原先对他的态度，视魏道明为知己。[①]

1926 年，魏道明获巴黎大学法学博士学位，同年秋回国，不久郑毓秀也返国，年底他们的联合律师事务所就开业了。当时在上海，由于洋人享有领事裁判权，华人与洋人打起官司来十有八九要吃亏，一般律师都不愿意接这样吃力不讨好的案子。但是郑毓秀和魏道明二人不信这个邪，不惜与英法等国领事力争，几番为华人争得权利，于是魏郑律师事务所名乃大噪。1927 年，郑毓秀与魏道明在杭州结婚。

◎ 社会正义的最强声

郑毓秀是中国第一位女性律师，这个荣誉实至名归。在当时，虽然中国妇女的社会地位已有所提高，可以从事各种自由职业，但律师这个职业一直是女性的禁区，比如 1915 年司法部颁布的章程，其中明确规定律师应为“中华民国之满二十岁以上之男子”。从法律专业的角度讲，法律规定中的“应该”其实就是必须的意思，如此明文规定的“性别歧视”，可见当时社会风气之传统。

虽然规定如此，但总有对策。在仔细研究了中国的司法制度后，郑毓秀发现，作为一名取得法国律师执照的中国人，她可以在法国租界的法庭出现。于是，郑毓秀成为涉足这一禁区的第一个中国女性。

随着经手的案件越来越多，郑毓秀逐渐成为当时数得着的大律师。比如当时名噪一时的梅兰芳与孟小冬离婚案，郑毓秀作为孟小冬的代理人出面调解双方，案件最终以梅兰芳支付孟小冬四万元告终。想想两人曾经美满幸福的姻缘，不禁一阵唏嘘。

郑毓秀不畏政府权威，1926 年，知名民主人士杨杏佛被捕，郑毓秀出面担任杨的辩护律师，利用自己的关系向政府不断施压，在法庭上慷慨陈词，影响甚大。经过郑毓秀等人的努力，杨杏佛最后成功脱险。

---

① 白日梦：“传奇女杰郑毓秀”，载于《中国女性》（中文海外版）2009 年 03 期。

◎ 英雄迟暮，忆往昔峥嵘岁月

在律师生涯之余，郑毓秀还在当时的南京国民政府里担任过多项重要的社会职务。1927 年，郑毓秀历任上海审判厅厅长、国民党上海市党部委员、江苏政治委员会委员、江苏地方检察厅厅长、上海临时法院院长兼上海发行院院长，其中"上海法政大学"校长一职担任了 7 年之久。教学之外，她还出版了两部对中国法律界卓有贡献的著作。

随着南京国民政府立法院于 1928 年成立，郑毓秀被任命为国民党立法委员、建设委员会委员。次年 1 月即指定郑毓秀和傅秉常、焦易堂、史尚宽、林彬五人组成民法起草委员会，专门负责民法的起草工作。与此同时，郑毓秀也达到了人生的顶峰。

随着 20 世纪 40 年代后期国民政府在大陆兵败如山倒，蒋介石不得不为自己谋一条后路。1948 年，其嫡系陈诚取代魏道明任台湾省主席，为将来退守台湾做准备。而郑毓秀夫妇就此移居美国，从此淡出了政治舞台。

▲魏辞任台湾省政府主席后的1948年末，夫妇一同移居巴西。后来因商业失败等原因，他们夫妇又一同到了美国。图为郑毓秀（左二）与丈夫经商时的照片

远离政坛后，夫妇二人从美国又转到巴西，曾尝试经商，但因经营不善，外加人脉生疏，郑毓秀夫妇在巴西逗留数年后又复返美国，过着旅居生活。此刻的郑氏夫妇，想回中国大陆，已是奢望；想回台湾地区，蒋介石因早年的恩怨不给他们办理通行证。漂泊异乡的郑毓秀，痛感英雄落魄而无用武之地，只好终日聚集朋友搓麻将、叙故旧、忆往昔，消磨时日，这样的生活，对于一个心怀壮志的奇女子来说，是世界上最痛苦的折磨。

就算这样，无论走到哪里，郑毓秀都随身携带着那根法国的玫瑰枝。早已干枯的枝干，被她镶进画框里，悬挂在客厅的墙上，一直到她逝世。有人说，这个上流社会浮浮沉沉的民国女子，仍然在怀念那个"以玫瑰为枪"的历史瞬间和那些早已逝去的快意恩仇的时光。

1954 年，郑毓秀左臂病发，现癌变症状，被迫切除左臂，这对一世英名的郑毓秀来说，无疑是个沉重的打击。客居他乡、倍感落寞的郑毓秀，晚年疾病缠身，度日如年，于 1959 年 12 月 16 日病逝于美国洛杉矶，终年 68 岁。

盛七小姐争遗产：民国女性继承权的时代变迁

民国年间的大案，不仅有波澜起伏的政界风云，生活中的点点纷争也缩印了这一个时代的背影，以女性继承权的角度去看看上海滩的风花雪月，也别有一番风味。本文讲述一个民国上海滩的白富美争夺遗产的案子，在当时十分轰动。谈到女性继承权，首先要从古代女性财产继承权的变迁谈起。

◎ 古代女性的继承地位

众所周知，在中国古代，男女之间的地位极其不平等。女性往往被看作男人的附属品，要遵循"三从四德"。从财产权的角度来看已婚女性的权利，因为女人是不事生产的，没有产出，自然就没有新的收入。虽然婚姻期间的财产名义上是夫妻共同所有，但是一旦婚姻破裂，女方除了从娘家带来的嫁妆，其他的一分都带不走，若无子嗣，夫家再狠一点，"净身出户"都是有可能的。这样的例子古代并不罕见，因此可以说，女子一辈子真正属于本人所有的财产只有那点嫁妆。所以在一定程度上，古代嫁女儿其实比娶媳妇的成本更高，父母都希望自己的女儿不受苦，只能拼命攒嫁妆。

当然在父母、丈夫或者其他近亲属死亡时进行遗产继承，女方作为儿媳或者女儿也是有可能会有点进项的。

夫家在进行家产分割时，作为儿媳这点进项一般也不是依靠女性自身独立的继承权，而是依托在自己儿子的继承权之上，母亲只是个代管者，只是在儿子未成年时由其掌握，"母凭子贵"就是这个道理。如果没有子嗣，可能连三分之一的财产都分不到。

娘家分割家产时，如果娘家绝户了，已婚女儿才有可能参与继承，就算法律规定这样，但是按民俗，在没有儿子的情况下，一般女方父母都会收养继子或者改由其他男性近亲属继承遗产，极大地压缩了女儿的继承权空间。如果娘家有男丁继承家产，那就不好意思了，"嫁出去的女儿泼出去的水"，女儿想都别想。[①]

在古代，女性的继承权现状就是如此残酷，这一情况到了民国时期有所改

---

① 有关古代女性财产继承权的细则以及法律与民俗的冲突，可参见何燕侠："女性财产继承权的历史考察——法原理与法习惯方面的纠葛"，载于《大连大学学报》2003 年 03 期。

善。受西方男女平等观念的影响，民事立法原则开始有所调整，越来越注重保护女性的应有权益，有关女性应当享有的继承权不断加强。

◎ **一个女学生的死亡引发的女权运动**

1912 年民国刚成立的时候，有关女性继承权的规定基本承袭自清朝，也就是封建社会的宗法制继承方式，即之前所说的那些继承规则，但也在某些方面扩大了女性继承权。

1914 年，大理寺（也就是后来的最高法院，当时仍未更名）重申了无子立嗣财产的继承原则，即只有在无人行使择继权的情况下，需要依照法律由亲生女儿继承，这基本是对清朝规定的照搬照抄，其实在具体的生活中，老百姓是不理这一套的。

有意思的是，在有关这段法律的类推解释中，将义子和女婿的酌情继承权扩大解释，就是说如果女儿十分尽孝道，很受父母喜欢的情况下，女儿毫无疑问地应当酌情享有继承权。[1]

在取得这一微小的改进后，整个北洋军阀统治的时代，在立法上女性继承权的法律地位再也没有一丝进步，直到 1919 年，因女子被剥夺财产继承权而发生的"李超之死"事件，成为民国时期争取女子财产继承权运动的导火线。[2]

李超是广西梧州金紫庄人，父母双亡，姊妹 3 个。父有一妾，李超是跟随她长大的。李家是一个大家，家产不菲，但女儿均无继承权，所以过继了一个侄儿，继承香火。

李超到二十岁时，在家中的处境开始艰难起来。因为过继的义兄才是家产的真正继承人，才有权支配家产。李超的两个姐姐都已出嫁，义兄也已结婚，为了早日尽享家产，义兄最怕李超读书不嫁，还要靠家产生活。

也正应了他们的担心，这个倔强的妹子偏不肯早早出嫁，要用家中银钱供自己读书求学。于是，李超成了哥嫂的眼中钉。

李超的教育程度在那个年代已不算低。她幼年随做官的胞叔识字，10 岁后接受家塾教育，学习经史，民国初年就读于梧州女子师范，毕业后于 1915 年和同伴组织了一个女子国文专修馆，一年后解散。

---

[1] 胡旭晨等点校：《前南京国民政府司法行政部编民事习惯调查报告录》，中国政法大学出版社 2005 年版。

[2] 李超事件过程参见侯杰、王小蕾："文本·性别·历史——以李超为个案的研究"，载于《文学与文化》2010 年 02 期。

家庭生活的烦闷，使李超产生了去外地求学的想法。1918 年 6 月，李超只身来到北京，9 月入女高师旁听，后改为正科生，因为长期的抑郁和压力，本来身体就不大好的她终于病倒，第二年冬天被校医院确诊为肺病，先入首善医院调养，濒危时转入法国医院，于 1919 年 8 月 16 日下午病逝。

李超死后，大量当时的社会名流发起对李超的追悼，包括蔡元培、胡适、李大钊等知名学者，有罗家伦、康白情、张国焘、黄日葵等北大学生。胡适为此开始动笔写作《李超传》，他认为李超的悲剧，是家庭财产继承制度导致的经济问题，家中有钱却无法支配，使她一直在殚精竭虑地四处借款。所以胡适说，李超的根本问题，就是女子不能算为后嗣的大问题。

◎ **民国女性继承权法律的革命性变迁**

李超之死引发的社会影响是深远的，她的死本身可能只是社会变迁中量变的一个爆发点，社会在发展，质变的那一天总会到来，时隔数年，也就是到1926 年以后，女性继承权的规定才有了革命性的变化。

从 1926 年到 1931 年《中华民国民法典》正式生效期间，有关女性平等继承权的争议持续不断。在这个过程中，国民党是推动确立女子平等继承权的主要政治力量。

1926 年 1 月，国民党在其"二大"上重点强调了推动中国社会男女平等地位的党纲，规定"女子有财产承继权"，随后国民政府司法行政委员会通令在国民党的控制范围内，推行女子平等继承权原则。

1926 年时值北伐战争，虽然北洋军阀势力逐步被削弱，但当时国民党并未取得司法界的统治地位，实际控制范围也只局限于长江以南的广东、广西、湖南、湖北，因此国民党推行女性继承权原则的做法在最初的几年遭到了大理寺的阻挠。

大理寺的态度很大程度上代表了当时中国社会很大一部分人对女性继承权的保守看法，在他们看来，还是遵循民国初年确立的继承原则为好，因此在1927 年大理寺更名为最高法院后，陆续颁发了一系列司法解释，维持了 1914 年确立的女性继承原则，系统地破坏了社会中有关男女平权继承的呼声，将国民党的努力化解于无形。

随着国民党势力的不断增强，1929 年 4 月 27 日，司法院院长专门召开了解释法令会议，会议决定已嫁女子也同等享有继承父母遗产的权利。1929 年 7 月31 日，中央政治会议接受了司法院的建议，颁布了《已嫁女子追溯继承财产实施细则》，规定已嫁女子同样有继承权。颁布这个细则的目的，就是为了说明最高法院前几年的司法解释不算数了，得按这个来。

这场纷争最终以 1931 年《民法典》的生效画上句号。这部法律根本未规定宗祧继承①，遗产继承也不再以宗祧继承为前提。其中 1138 条规定，直系晚辈血亲成为第一顺序的法定继承人，也就是子女拥有平等继承权。同时第 1142 条规定，女性父母虽然有立嗣的权利，但养子女的应继份只为亲生子女的二分之一，也就是说限制了继子的继承权，保护了女性的继承权利。②

可以说 1931 年《民法典》彻底废除了建立在封建宗法制度之上的继承规则，确立现代法律体系中个人财产的继承顺序，体现了立法逻辑和价值的变化。

一部法律的出台，不是说几个法官、法学家坐而论道开个会就定下来的，法律条文中的诸多细则很大程度上来源于具体的社会实践。1931 年《民法典》中有关女性平等继承权的规定，与 1928 年发生的一起遗产分割案有关，正是这例案件很大程度推进了女性平等继承权原则的确立，被称为"民国第一女权案"。

◎ 清末第一首富分遗产

上海被称为"东方的巴黎"，各色样貌相当又富有才气的名门闺秀在这上海滩最美丽繁盛的时代里争奇斗艳。这其中有一位奇女子艳压群芳，成为上海滩名媛中的佼佼者，她就是人称"盛七小姐"的盛爱颐。

"盛七小姐"的称呼来源于盛爱颐在家族里的排行。她是盛宣怀的七女儿，虽然排行靠后，但却是盛府的当家庄夫人的亲生女儿。

盛宣怀是民国时期著名的富豪，早年是李鸿章的得力助手，创办了一系列产业，创下了中国十一项纪录，包括第一个民用股份制企业轮船招商局、第一个电报局、第一家银行、第一条铁路干线京汉铁路、第一所大学北洋大学堂（就是今天的天津大学）、第一所高等师范学堂南洋公学（今天的上海交通大学）……因此被誉为"中国实业之父"和"中国商父"。

▲ "盛七小姐"盛宣怀的七女儿盛爱颐

---

① 宗祧继承是封建宗法社会制度的产物。以嫡长子为主要继承人，"有子立长，无子立嗣"成为历代的法例，次子、庶子只能分得部分土地和财物，不能承袭权位。按照宗祧继承制度，遗产的承受是以宗祧继承为前提的，只有宗祧继承者，才有财产继承权。而且立长、立嗣都以男性为限，否认妇女的继承权。

② 张艳艳："从晚清到民国：女儿继承问题的法律与实践"，载于《法制与社会》2007 年 11 期。

在那个年代，国家和个人产权的所有权界限极其不清晰，因此盛宣怀在创办这些产业的时候，自己也赚得"盆满钵满"，堪称清朝末年继胡雪岩之后当之无愧的第一富豪。到了民国年间，盛宣怀虽然政治上失意，盛家却依然是上海滩数得着的大家族。盛宣怀到底有多少钱，可能连他自己也搞不清楚了。

盛宣怀去世以后，夫人庄德华执掌了整个家业。庄夫人出身常州大户人家，是状元之后，善于理财治家，精明过人。她的账房叫"太记账房"，所管理经营的产业，从上海、苏州、常州到南京、九江、武汉。

长辈死了，其遗产自然让晚辈们日夜"想念"。为了减少自己身后的纷争，盛宣怀在自己在世的时候就确立了财产分配的份额。盛宣怀决定将其遗产的一半拿出来建立"愚斋义庄"，义庄的财产，四成用于慈善事业，六成为盛氏家族公用，另一半留给自己的儿子们。

盛宣怀一辈子生有八个儿子，其中老二、老六、老八夭折，老大盛昌颐和老三盛同颐（盛艾臣）没有活过老头子，因此盛宣怀去世时，老大和老三的儿子们继承了他们的遗产份额，再加上老四盛恩颐、老五盛重颐、老七盛升颐，当时共有五房子嗣为法定继承人。

这次财产分割倒是分歧不大，因为还是按千年传承下来的老办法分遗产，加上老爷子去世前发了话定了音，倒也公开透明。只是统计财产花了不少工夫。

1917 年，也就是盛宣怀去世的第二年，盛家请出世交李家的长者，也就是李鸿章的大儿子李经方出面主持清理盛宣怀遗留的财产。1917 年 6 月 1 日，在李经方的安排下，召开了盛氏五房及亲族会议，成立愚斋义庄。经过两年半的清理，认定盛氏财产截至 1920 年 1 月止，清理处办事员呈报了盛宣怀的遗产清理情况。盛宣怀的遗产按上海道契地产、内地地产、各项股票、各项股本存款和现款等 5 个大类列表。

上海道契地产清表将上海租界内的房地产名称、道契号数、亩数、房地或空地的公估时价等一一列出，其中包括通商银行、客利等房地产、乌镇路、曹家渡、潘家湾等大片空地、三新纱厂房地及设备等，

▲图为盛宣怀在上海创办的又新纱厂

▲图为1896年盛宣怀在上海外滩开办的中国通商银行

总额为 6686054 两。

内地地产清表则将房地产名称、亩数、房地产或空地的公估时价等一一列出，其中包括上海租界外如宝山县、杨树浦等地及武汉、杭州、苏州、北京等地房地产和矿山等，总额为 984090 两。

股票清表详细列出股票名称、股数、票面价值、公估价值等项，其大宗的股票有招商航业、汉冶萍、通商银行等。另有新闻报馆等股票还没有上市，有市价的总额为 5102492 两。

公典股本存款清表则将公典名称、股本、存款等项目罗列，股本和存款两者合计为 355928 余两，现款为 355298 两。五项相加，总额为白银 13490868 两，减去欠债偿款及提存各款 18302450 余两外，抛去零头，实际应分财产为 1160 万两，相当于银大洋 1624 万元。①

因此按照盛宣怀的遗嘱，1160 万两的遗产由盛氏五房儿子为继承人均分遗产 580 万两，每房各得 116 万两，另外五成 580 万两捐入愚斋义庄，除此之外，七小姐和八小姐因为还未嫁人，因此各自得到六万两嫁妆。

◎ 盛家的"垮二代"

俗话说："富不过三代"。事无绝对，很多家族的兴盛还是延续过三代以上，甚至数百年的，可惜盛宣怀聪明一世，这句老话在他的家族身上还是应验了，甚至还没有到第三代，第二代就已经不成样子了。盛宣怀的儿女属于盛家的"颐"字辈儿，几个儿子都是当年上海滩出了名的纨绔子弟。

盛宣怀的前三个儿子都很早就去世了，因此老四盛恩颐自然成了盛府的"香饽饽"，而盛恩颐的人生起点之高，可以蔑视全国百分之九十九的年轻人了。老爸是清末第一首富，洋务派实权人物，娶了个厉害老婆，得来个老丈人是民国总理孙宝琦，这样的家庭背景政商两界通吃，自己还是个"海归"，堪称"高

---

① 盛宣怀遗产数字详见于丁士华："盛宣怀遗产抓阄分割"，载于《世纪》2004 年 06 期。

富帅"中的"高富帅"。

可惜死猪扶不上树、烂泥糊不上墙，大好的发展机遇只是给了盛恩颐挥霍无度的资本。上海进口的第一部奔驰轿车就是他买的。为了显示与众不同，他还把车把换成银的，上面刻上自己的名字。他的汽车牌照也很有"深意"，因为他在家排行老四，所以他的汽车租界牌照是4444，中国牌照是4，这样，别人一看到他的车，就知道是盛家老四来了。

盛恩颐还创下了当时"赌博业"的一项纪录，一夜之间把北京路、黄河路一带有一百多幢房子的弄堂，打包输给了原浙江总督卢永祥的儿子卢小嘉，可见其挥霍钱财之多。相比之下，老五和老七比老四强多了，他们还是有点经营头脑，结果都是因为痴迷于股票，一辈子都栽在了股票上。

老五盛重颐倒也谨慎持家，一开始做房地产生意，事业红火，财源广进。盛重颐有钱，也喜欢讲排场，他在淮海中路上的一幢大花园洋房，就是当时上海滩数一数二的几处豪宅之一。只是后来迷上了股票，因为不懂行，结果元气大伤。受股票生意的牵连，房地产生意也江河日下，旗下的大多房产都因此变卖。

老七盛升颐是偏房所生，在盛家姥姥不疼舅舅不爱，因为宋霭龄曾当过五姐的家庭教师，利用这层关系巴结上了宋家姐妹，一直在政界混饭吃，倒也风生水起，后来更是为了讨好孔家，连自己的老婆"白牡丹"都让给了孔令侃。

七公子倒也有一项彪炳史册的功绩，上海足球史上队龄最长的球队——东华足球队，在20世纪30年代曾有过颇为辉煌的战绩，史称"上海足球史上的黄金时代"，使上海一跃成为远东的足球重镇。而这支令华人扬眉吐气的球队的老板，正是这老七。不过最后他和他五哥一样，因为玩股票，事业一落千丈，输光了一切，晚年贫困交加，难以度日。①

1927年秋天，老太太庄夫人去世，盛家乱成一团。没有老人的约束，盛家的"垮二代"们更是无法无天。老四盛恩颐因为挥霍无度，此时惦记上愚斋义庄的那份财产。本来义庄已经是独立法人，不属于可继承的财产，结果1927年3月4月，以蒋介石为首的南京国民政府成立。为筹措军费，南京政府开始打那些在上海作寓公的前清遗老们的主意。盛氏家族树大招风，自然首先被盯上。果然，江苏省政府发出通告，命令把愚斋义庄财产的四成上缴国库，充作军需。面对打着革命旗号的枪杆子，盛氏家族没有办法，只得乖乖上缴。

去了四成，还有六成可分呢。1927年11月26日，盛老四和盛家义庄的一

---

① 同乐："盛宣怀败家的'颐'字辈儿女"，载于《读书文摘》2009年08期。

个董事狄巽公一起，具状向上海临时法院提出要求，要求将早已归入愚斋义庄的属于慈善基金的那六成财产由当年继承家产的五房子嗣分割继承，这就在盛家内部引起了轩然大波。

其中最不满的就是盛家的七小姐盛爱颐，也是这起案件的女主角。

◎ 盛七小姐打官司

盛家的"颐"字辈中，最有名的不是那些败家的儿子们，而是这个七小姐盛爱颐。她出名的主要原因有两个，一个是后面要讲的争家产一案，另一个是因为她与宋子文之间剪不断理还乱的情感纠葛。

盛宣怀去世时她才十六岁，可已经出落得闭月羞花，时常跟随庄夫人进进出出，庄夫人不方便出面时就由这位七小姐出来周旋应酬。虽然还不到二十岁，盛七小姐已经是天生丽质，而且还练就了一副伶牙俐齿，"盛七小姐"的名号响彻了社交界。

这样的"白富美"自然受到万千公子哥的追捧，只是这位心高气傲的千金，喜欢上了当时还在微末之中的宋子文，宋子文当时是盛爱颐四哥盛恩颐的英文秘书，举止文雅，富有才气，而且还是一枚"海龟"。从宋子文后来取得的成就来看，盛七小姐还是很有眼光的，只是她猜到了开始，却没猜到结局。

盛爱颐和宋子文的感情受到了庄夫人的阻挠，庄夫人觉得宋子文家世不好（当时宋家远不如盛家），配不上自己的女儿。盛爱颐不愿忤逆母亲，在宋子文被调往上海前与宋子文约定，她会等他功成名就后与他结婚。而七小姐这一等就是若干年，直到等成了大龄剩女。结果再见到宋子文时，宋子文的确功成名就了，只是他已娶了张乐怡为妻，夫妻恩爱，子女乖巧。结果盛七小姐的爱情梦想就此破碎了，伤心之下听从母亲的意见嫁给了庄夫人的内侄庄铸九。[①]

盛爱颐与宋子文再见已经是1930年，此前她也干过一件轰动整个社会的事情，就是把她的三个哥哥及两个侄子告上了法庭。

一开始一家人还没有到打官司的地步，盛爱颐向哥哥盛老四等人提出，不分这笔遗产也可以，但要付给她10万银两做出洋留学的费用。对此，盛恩颐没有表示反对，可老五盛重颐和老七盛升颐不同意。他们自己的钱都不够花，怎么愿意把到嘴的肥肉分给别人呢？

这时八小姐盛方颐也提出，要和姐姐得到同样数额的出洋留学费。几兄弟

---

① 赵光："盛七小姐与宋子文的情缘"，载于《文史春秋》2003 年 07 期。

一商量，以家里早已为爱颐和方颐预备了 6 万银两嫁妆为由，拒绝她们参与遗产分析的请求。姐妹俩对此自然很不满意，盛爱颐虽是高墙深院里的大家闺秀，却时刻关注当时的新思想，"五四"新文化运动给她以很大的启发，她决定尝试维护自己的权益。你不给，那就法庭上见！

盛爱颐依据民国后法律上关于男女平等的条款，以及第二次国大妇女运动决议案中的有关条款，于 1928 年 6 月一纸诉状递到上海公共租界临时法院，认为瓜分财产的五房置自己和八妹的财产份额于不顾，妄想独吞义庄六成财产近三百六十余万两，希望法院重新将财产分割为七份，使姐妹俩能够与同胞兄弟平权继承。[①]

此案一出，立刻受到媒体的广泛关注，《申报》当时以大版面报道了此案，详细介绍了盛家分财产的始末。当时与盛家关系紧密的宋氏姐妹宋霭龄、宋庆龄等都十分支持盛爱颐的做法，因为按照中国传统的大家族析产的办法，女子的确是没有财产继承权的。

民国后讲男女平等，虽然政府在法律条文上已经明确女子也有继承权，但真正实行起来却困难颇多，或者说女子真正分得财产的几乎没有。不过每个时代都会有人引领潮流，盛爱颐一不小心成为当时的"弄潮儿"。

盛爱颐打的这个官司，是民国以来第一例女权案，其社会意义远远超出了盛氏家族内部的矛盾，成为一个社会公众所关注的传统制度改革问题，因此形成了强大的社会舆论效应。盛老四等人原以为祖宗之法万无一失，长辈分遗产给女子一点陪嫁钱就可以了事，却不想时代已经变了。

◎ **法庭争锋**

1928 年 9 月 5 日，盛七小姐争财产一案在上海临时法院开庭审理，盛爱颐以重金聘请了当时颇负盛名的律师陆鸿仪、庄曾笏帮助赢取这场诉讼的胜利。大概为了避免尴尬，原被告双方都没有出庭，而是由律师代理诉讼。

开庭后，法官首先问明双方姓名、年龄和籍贯，然后由原告申辩。原告代理律师陆鸿仪简要介绍案情后，指出本案争点纯为法律问题，并依据前文所提到的法律条文提出诉讼请求，认为法庭应将愚斋义庄之六成遗产准以七份分配，原告应得一份，一份为五十万两。

针对原告方的诉讼请求，被告方律师提出了两点反驳意见：

---

① 欧阳亮："盛七小姐打官司"，载于《时代教育》2007 年 18 期。

第一，原告盛爱颐并不是没有分得遗产，早在 1916 年盛宣怀去世进行遗产分割之时，已经留给姐妹俩各 6 万两嫁妆。

第二，愚斋义庄并不是待分割的遗产，早在 1916 年盛去世时继承了他的全部遗产，其中包括已经分配的一半财产，也包括义庄。因此当他们分配义庄的六成财产时，他们并不是在分配盛宣怀的遗产，而是在分配早就属于他们自己的财产。而在当时，并没有男女平权继承的法律规定，国民党新法的效力不能溯及一件发生在法律出台十年前的案件，所以被告分割遗产的方式是合理合法的。

对此，原告方律师反驳道，1916 年被告五房只是按遗嘱继承了其一半财产，另一半不给五房分配而是建立义庄，就证明义庄财产不在继承之列。义庄成立后，其本身即是一个财团法人，义庄所有财产归该财团法人所有，而不是归盛氏兄弟所有，被告无权请求分割财产。

只是义庄因为特殊行政决定将四成财产上交，义庄法人的地位失去独立性，被告才有可能涉足义庄财产。但是行政决定只是将义庄百分之六十的财产归还盛家，并没有指示如何分配。这就要由法院根据现行法律做出决定。根据现行的法律，盛爱颐同他的兄弟和侄子拥有同样的继承权利。①

针对被告方提出因 6 万嫁妆费丧失继承权的说法，原告方提出，既然被告在继承应得的财产之后，又主张分割继承义庄的财产的请求是合法的，同理原告盛爱颐同样享有这样的权利，自然不会因为曾得到 6 万嫁妆钱就丧失了义庄财产的继承权。②

法院最后支持了原告方的说法，最终判决原告胜诉，至此，盛爱颐通过法律途径成功地为自己争取到七分之一的遗产，共 50 万两白银。在盛爱颐成功打赢官司之后，用自己所得的遗产建成了后来被外界赞为"远东第一乐府"的上海百乐门舞厅，开创了盛家的又一盛景。③在盛爱颐诉讼成功之后，八小姐盛方颐也提起诉讼，轻松地获得了七分之一财产。

对于判决结果，被告盛恩颐等不甘服输，又提起上诉。结果，上海公共租界上诉法院维持了一审判决，认为上诉人拒绝被上诉人参与财产分析的理由不能成立，最终上诉被驳回。

① 原被告双方意见参见："盛爱颐诉请承继遗产案判决"，载《申报》1928 年 9 月 21 日第四张。
② 郦千明："盛宣怀愚斋义庄遗产风波"，载于《检察风云》2012 年 24 期。
③ 甫一青："盛七的百乐门"，载于《中国西部》2012 年 23 期。

◎ 女儿、孙女齐争家产，盛七小姐反成被告

盛爱颐一案对整个中国社会的变革，其影响难以估量。在司法界，此案成为此类案件的典型判例，之后判决女性继承权的案子，都会将盛七小姐的官司作为重要范本来参考。[①]

盛七小姐的案子是未嫁女子争取财产继承权的典型案例，而在1929年7月31日《已嫁女子追溯继承财产实施细则》颁布实施之后，盛家的已婚女子们也开始拿起法律武器来维护自己的权利。之后的几年，围绕着义庄的这六成家财产生了一系列的官司。

自从盛氏两姐妹的财产继承权获得法律的认可和保护之后，1930年，盛宣怀已嫁的两个女儿盛关颐和盛静颐也提起了争产诉讼，姐妹俩认为新的实施细则生效后，她们也有权分享义庄的财产，要求将盛爱颐所请求的七份变成九份，她们也应该有一份。[②]

不仅如此，同年，盛宣怀的一个已经嫁出去的孙女盛蓉也跟风对其叔盛恩颐及其儿子盛毓邮提起有关继承权的诉讼。原告盛蓉是盛艾臣的女儿，因盛艾臣没有生育子女，盛蓉于1915年被过继给盛艾臣为女儿。被告盛毓邮是被告盛恩颐的儿子，一直在北京长大，盛艾臣去世后由庄太夫人做主将毓邮立为艾臣的嗣子，盛艾臣的财产也被盛毓邮瓜分。现在已婚子女也能分家产了，因此盛蓉认为盛毓邮侵犯了她的继承权，法院按照先例判其胜诉。[③]

更有意思的是，当初打官司的盛爱颐估计也没想到自己也会有一天被自己的外甥告上法庭。1931年，盛孝颐之子林凤文、林凤钧，在第一特区法院控诉盛爱颐案中瓜分义庄财产的九人，认为义庄属于庄老夫人的遗产，他们也有权继承属于自己母亲的份额，要求代位继承其已故母亲应得的遗产。

这还不算完，1932年，盛家四小姐的女儿云芝及其五个兄弟又把盛恩颐、盛爱颐等九人告上法庭，认为他们的母亲在庄老夫人去世后只分得一万两，这不像是庄老夫人对子女一视同仁的处事风格，因此怀疑盛恩颐等人伙同篡改了遗嘱，所以要求将外祖母的遗产300万应分成十份，每个子女各得30万，他们母亲的那份由他们代位继承。[④]

---

① 施沛生：《最新编辑女子继承权详解》，上海中央书店1929年印行，第57页。
② "纠纷小已之盛氏争产案"，载于《申报》1933年5月28日第四张。
③ 参见："盛宣怀已嫁孙女又提析产之诉"，载于《申报》1930年6月5日第四张。
④ 参见："外甥控母舅侵占遗产"，载于《申报》1932年5月19日第四张。

　　当时的老百姓觉得事情的发展实在奇妙，这盛家的官司真是你方唱罢我登场，做完原告做被告。到了1933年，第一个提出要求平权继承的孙女辈的盛蓉也被告上了法庭，有一个自称是盛艾臣过继女儿的盛毓橘把盛毓邮和盛蓉告上法庭，认为盛艾臣的财产也应该有自己的一份。①

　　盛七小姐争财产一案，就像打开了潘多拉魔盒，一时打官司成为一种时尚风靡盛家，法律在此时也表现出其不完善的一面。法是良法，结果却被如此利用，妹妹告哥哥、外甥告婶婶、侄子告叔叔……反而成了一场闹剧。

　　一个本来很有进步意义的"民国第一女权案"，却在不经意间破坏了盛氏家族基本的亲属伦理。可以预见的是，经过这么多场官司，盛家各房亲戚之间的关系降到了冰点。而事实也正是这样，盛家经过这么一闹迅速衰败了下来，到了第三代已经彻底成为了平头百姓，难以再现祖辈的荣光了。

◎ 徘徊中前进的社会变迁

　　盛家的情况充分反映了在民国时期女性平等继承权发展的尴尬处境，在旧有的社会秩序遭受冲击之时，新秩序的建立往往需要经历社会的阵痛，而旧秩序依然会发挥其无与伦比的惯性，让新的法律在更广大的社会基层难以落实。

　　《民法典》所确立的财产继承原则是建立在个人财产分配制度之上的，而在当时的中国社会，依然运行的是古代沿袭下来的家庭财产制度。这种千年延续下来的习惯是可怕的，不仅社会上漠视女性的平等继承权，就连这项合法权利的受益人，很多女性面对继承问题往往采取消极态度放弃了自己的权利。

　　在《中国的妇女与财产：960—1949年》一书中记载了这样一个案例：1931年7月，在浙江省新昌县，一个名为陈奎根的农民病死，陈奎根一辈子只有两个女儿，这两个女儿召集宗族大会，将陈奎根的一个侄子陈云松立为嗣子继承陈奎根的财产。结果陈奎根的三个侄孙眼红遗产跳出来把陈云松告上了法庭，理由是陈松云并非合法的宗祧继承人，应当由他们来继承。之后法院回应道，按照最新的《民法典》，宗祧继承已失去法律效力，合法继承人应该是陈奎根的两个女儿，否定了陈松云的继承资格。②判决虽然下来了，但结果却让人有点哭笑不得，因为判决实际上没有生效，陈松云最后还是继承了陈奎根的家产，原因是陈奎根的两个女儿无心争取自己的合法继承权，或者说根本没有这点维权

---

　　① 参见："纠纷小已之盛氏争产案"，载于《申报》1933年5月28日第四张。
　　② 白凯：《中国的妇女与财产：960—1949年》，上海书店出版社2003年，第96页。

意识，她们觉得陈松云继承财产才是应该的。

由此可见改造一个社会的历史文化传统，就算用一甲子也未必能竟全功，所幸的是 21 世纪的中国，已经走出了过去的历史传统，在亚洲地区，中国男女平等的意识是落实得最透彻的，因此有句俗语"女人能顶半边天"，不失为历史的进步。

溥仪离婚案：民国初年离婚热潮的巅峰

民政部 2011 年公布的社会服务发展统计公报显示，我国离婚率连续 7 年攀高，全国有 120 多万对夫妻结婚，但有 196 万对夫妻离婚，而北京、上海等一线城市离婚率已经接近百分之四十，这组数据为许多人的婚姻生活敲响了警钟。

如果我们的目光穿越百年，去看看民国初年的中国社会，会发现一些惊人的相似，当时离婚率也一样居高不下。在经历了清末维新、辛亥革命到民国成立等长期社会演变之后，民众接受了许多男女平等之类的婚姻观念，离婚成了当时一种很时髦的生活选择。

◎ 民国初年的离婚热潮

要知道在古代社会，离婚对于一个家庭来说用"洪水猛兽"形容是很恰当的，一般夫妻感情再恶劣也决不肯提出离婚。而在民国建立后，全国各地有关离婚的诉讼如雨后春笋般不断涌现，在五四运动时期，知识分子甚至提出了"婚姻革命"的主张：打破一切旧道德、恶习惯，打破非人道的不自然的机械婚姻制度，建立起平等、自由、以恋爱为基础的男女结合，使男女当事人成为婚姻的主体。[①]

以北京市为例，当时的北平市地方法院在 1929 年 10 月至 1930 年 9 月受理的离婚案件高达 974 件，其中判决实行离婚的 611 件。同期北平居民的婚嫁人数为 10999 人，平均 5499 对婚姻关系成立。从这组数据可知当时北平的离婚率为百分之十一，差不多相当于每九对结婚者中就有一对离婚的，可见离婚率之高。

---

① 参见邓伟志：《近代中国家庭的变革》，上海人民出版社 1994 年版，第 84 页。

而在当时，作为"东方之珠"的上海，当地法院在 1928 年 8 月至 12 月四个月时间内就受理了离婚案件 370 件，这个数据在 1929 年增长了 70%，也就是 645 件，1930 年又增长了 30%，共 853 件。[①]

这种大批量离婚案件发生的现象，并不受限于地区经济规模的发展，不只在沿海发达地区，在内陆省份也很普遍。

以山西省为例，依据山西 20 世纪初期城市离婚统计的数据，在 1911 年之后，离婚案件数量逐年攀升，在 1921 年的时候达到了巅峰，为 2127 件，此后由于城市中的自主结婚增多、婚姻比较稳定等原因，每年平均开始以 20% 的数量递减，直到 1925 年下降至 995 件后，离婚案件的数量才平稳下来。[②]

而这股由民间基层刮起的"离婚热潮"，逐渐在社会各阶层蔓延，甚至到了 1931 年，曾经贵为皇帝的溥仪也被自己的老婆提起了离婚诉讼，轰动一时。

◎ "家庭冷暴力" 惹的祸

案件的原告是溥仪的淑妃额尔德特·文绣，1909 年 12 月 20 日生于北平方家胡同锡珍府邸。祖父锡珍历官至吏部尚书，权倾朝野，到了她这一辈家境败落，只是过着平民生活。

1921 年 6 月 1 日，大清遗臣醇亲王载沣与遗老们商议逊帝溥仪婚事之时，根据当时大清皇帝择婚条件：须血统纯正的官员女子，为保持满洲贵族的尊严和特权，额尔德特·文绣被定为后妃人选。本来文绣被定为皇后的人选，后因皇太妃们之间的权利之争，文绣被"降级处理"。

▲青年溥仪

1922 年 11 月 30 日，未满 13 周岁的文绣被已退位但仍保留帝号的清末代皇帝溥仪选诏进宫，册封为"淑妃"。1922 年 12 月 1 日统治中国二百多年的清王朝最后一个皇帝爱新觉罗·溥仪的结婚大典，却成了文绣忧郁苦闷的紫禁城生活的开始。

文绣成为溥仪的淑妃后，刚开始跟溥仪之间的关系还是很不错的，溥仪对文绣还不错，给她聘请了汉文和英文教师，而且经常到文绣的寝宫与其论诗品文，略尽体贴之意。高兴的时候，溥仪还带着

① 北京和上海的离婚数据参见沈登杰、陈文杰："中国离婚问题之研究"，载于《东方杂志》1935 年第 32 期，第 13 页。

② 山西省离婚数据参见赵清：《社会问题的历史考察》，成都出版社 1994 年版，第 173 ~ 174 页。

文绣放风筝，去景山游玩……

文绣的得宠引起了皇后的嫉妒，因此文绣也就成为正宫娘娘婉容的眼中钉、肉中刺。在婉容的一番手段之下，溥仪也开始渐渐疏远文绣，变得讨厌文绣，而婉容经常找茬给其难堪。自幼喜欢读书写字的文绣，只好把长春宫的西配殿承禧殿作为独自的书房，将自己

▲溥仪与婉容

的痛苦与无奈，倾诉于笔端纸上，她用任人宰割的囿鹿来比喻自己，抒发出压抑的哀叹，以此来打发那漫长的日日夜夜。

1929 年，溥仪一家从张园搬到静园。婉容对文绣的排挤变本加厉。文绣百般无奈，再加上溥仪的冷淡，两人一年同居的次数屈指可数，文绣心情长期抑郁，一度想要自杀。[①]

后来文绣把她的遭遇告诉了她的侄女玉芬，玉芬是文绣的远房表姐夫毓璋的女儿，属文绣的晚辈人，可是论年龄却比文绣大几岁。她容貌美丽，但在婚姻上也很不幸。她的丈夫冯曙山是民国前总统冯国璋的长孙，家世显贵。遗憾的是冯曙山纨绔恶习难改，整天吃喝玩乐，寻花问柳，因此与玉芬的感情极坏。

糟糕的婚姻让玉芬特别关注社会上的新思想，特别是对离婚和维护女权有独到主见。当玉芬得知文绣婚姻不幸、处境悲惨时，立刻坦诚地为文绣出谋划策，认为溥仪已经不是皇帝了，只是民国的普通公民，你婚姻不幸福，可以向他提出离婚。

玉芬的建议让文绣大有醍醐灌顶之感，但是离婚官司毕竟不是一件小事，再加上自己从来没听说过一个女人跟皇帝离婚的。她一时拿不定主意。后来她就把妹妹文珊找来，想征求一下她的意见。文珊从小就是一个不甘吃亏的人，快言快语，刚刚听完文绣想离婚的话时，就表示非常赞成。

◎ 价钱谈不拢

在妹妹的鼓励下，文绣决定与溥仪离婚。通过文珊和玉芬的帮助，她聘请

---

① 王庆祥、李玉琴、李淑贤：《末代皇后和皇妃》，吉林人民出版社 1984 年版，第 80 页。

了三位律师：张绍曾、张士骏和李洪岳。他们帮助文绣拟写了陈述离婚理由的文件以及致溥仪的信件。在这几封信中，他们明确告诉溥仪，他们已经接受文绣的诉讼委托并正式代理了这桩离婚案件。

1931 年 8 月 25 日，文珊来到静园。下午三点左右，文珊对溥仪说，她姐姐心情郁闷，她想陪姐姐一起出去散散心。溥仪勉强答应，令一名太监跟随她们出去。文绣姐妹俩坐上溥仪的专用汽车出了静园大门后，令司机一直开往国民饭店。下车后，两人就让随行的太监把之前准备好的信件转交给溥仪，并且说明她们不会回去了，回去告诉你的主子，等着吃离婚的官司吧。①

随后，文绣及其代理律师将溥仪告到了法院，理由有二：一、虐待文绣，使其不堪忍受；二、长期对原告实施冷暴力，同居九年，未得一幸。依据这两条理由，要求离婚，并向溥仪索要个人日常所用衣物和赡养费 50 万元。

对于文绣的控告，溥仪十分愤怒，急忙命下人赶去民国饭店。溥仪一定要把文绣追回来。可是文绣与文珊早已有准备，快速离开了民国饭店，无奈之下，也聘请了林棨、林廷琛两位律师，全权代理他同文绣的调解工作。

林棨、林廷琛开始与张绍曾、张士骏和李洪岳交涉，要求双方进行和解，让文绣先回静园。但是，张绍曾、李洪岳一口回绝了他们的要求，并指出文绣绝对不会再回静园，如果溥仪不能答应文绣的请求的话，就只能诉诸法律了。②而三名律师中的另外一位张士骏的口气和态度则显得稍微缓和一点。他说如果溥仪有诚意，允许文绣择地另居并支付适当的生活费的话，事情还有缓和的余地，他们会劝文绣尽量采取和平的方式解决。

此时，溥仪离婚一案已经在社会上被媒体炒得沸沸扬扬，京津两地的各类报纸，纷纷登载文绣要同溥仪打官司、闹离婚的报道，说什么这是"皇妃革命"，而且支持文绣者极多，大家奔走宣扬，弄得溥仪极为尴尬。

在社会压力之下，溥仪只能服软。8 月 26 日晚，双方律师举行第一轮会谈。林廷琛、林棨代表溥仪提出：溥仪可以不再坚持"不许离异"一节，但以溥仪的身份，不能起诉，也不能登报声明。

张绍曾、张士骏和李洪岳则代表文绣提出：文绣坚决不回宫，同时要求溥仪支付赡养金 50 万元，否则便要起诉。林廷琛、林棨认为 50 万元乃漫天要价，根本不可能。双方分歧太大，没有达成协议，第一次会谈不欢而散。

---

① 江河："妃子革命——淑妃文绣与溥仪的离婚轶事"，载于《决策与信息》1996 年 09 期。
② 廖晓东："溥仪和文绣离婚始末"，载于《名人传记（上半月）》2010 年 11 期。

◎ 协议离婚

在这场离婚官司中，双方对于离不离婚已经不再争执，问题在于文绣要求的离婚价码太高，远超出溥仪的心理预期。后来双方的谈判又进行了几次，但观点始终没能达成一致。

文绣此举可谓是挑战了爱新觉罗家族延续数百年的传统，诸多清朝贵族集团的遗老遗少们纷纷跳出来支持溥仪，文绣面临的压力可想而知。上海的遗老们专门就此事在哈同花园集会，推举出代表刘春霖北上，协助溥仪处理此事。北平的尹群在撷英番菜馆宴请《世界日报》《北平晨报》和《益世报》等报的主编，希望他们不要报道有关溥仪虐待淑妃的消息……几乎全国各地的遗老们都出动了，发动自己的能量向文绣发难。①

文绣及其律师面临压力依然不改本色，对此溥仪提出可以给予每年六千元生活补偿，文绣的律师们还是不肯松口。不知不觉，时间已到了1931年10月，张绍曾、张士骏和李洪岳决定以向天津地方法院提出调解离婚请求的方式向溥仪一方逼宫。

因为之前协定的一项共识，就是官司要以庭前和解的方式解决，这样可以照顾一下爱新觉罗家族的面子，但是眼睁睁着对方如此欺人太甚，张绍曾等人也自有办法。林廷琛、林棨知道张绍曾等人的做法后就去质问张士骏，张士骏对此事并不正面回答，只说淑妃有自己决定的权利，当律师的不便干预。

8月30日，天津地方法院调解处正式向溥仪下达了调解处传票和副状，通知他于1931年9月2日下午2时到本院民事调解处施行调解。9月15日下午，林廷琛与张士骏关于供养费的具体金额商谈两次，最后文绣一方在做了很大的让步之后，把供养费定在了五万五千元，但是要求一次性交付现金，并在短时间内办理手续。面对这样的条件，面对态度坚决的文绣，面对自己所处的局面，溥仪只好点头答应。

最大的问题解决了，其他小细节自然很快就敲定下来。1931年10月22日下午1点，中国末代皇帝溥仪与淑妃文绣在林廷琛的律师事务所内正式签订了《离婚协议书》，溥仪与文绣宣告离婚。在协议书中双方明确声明淑妃文绣和溥仪皇帝完全断绝关系，溥仪必须支付五万五千银元作为赡养费，而文绣终身不得再嫁，双方互不损害名誉。②

---

① 王庆祥、李玉琴、李淑贤：《末代皇后和皇妃》，吉林人民出版社1984年版，第84页。
② 陈夏红："林棨侧影"，载于《政法往事——你可能不知道的人与事》，北京大学出版社2011年版。

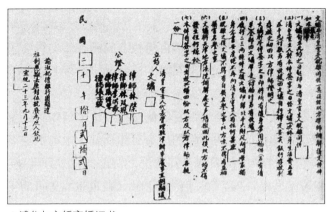
▲溥仪与文绣离婚证书

为了保存脸面，显示皇权，溥仪于1931年9月13日在京、津、沪三地报纸上登出一道"上谕"："淑妃擅离行园，显违祖制，撤去原封位号，废为庶人，钦此。"就这样，中国有史以来第一宗皇室离婚案至此落下了帷幕。

虽然协议离婚，但此事对溥仪来说是难以忘怀的耻辱，在1959年被特赦以后，溥仪曾经对一个朋友自我解嘲地说，自己一生中干了两件轰动世界的"丑事"：一是给日本人当傀儡，成了日本人的走狗；二是答应妃子文绣的离婚要求，违背了老祖宗的规矩，有辱皇帝的尊严，在中国几千年帝制史上是没有先例的。

溥仪离婚一案，可以说是那个年代社会变迁的一个缩影，也是民国初年离婚热潮的巅峰，毕竟连皇帝的老婆也能叫板离婚了，平头百姓的婚姻生活可想而知。居高不下的离婚率正是由于积压已久的家庭矛盾突然找到了可以宣泄的突破口，大量离婚案件的出现也就不令人奇怪了。①

◎ 溥仪人生中第二起离婚案

文绣离婚后回到了北京，过上了普通人的生活。为了追求新的生活，过上幸福美满、向往已久的日子，她曾放下以前"皇妃"的身份，利用自己当年在宫中学到的知识，在北平私立竞存小学当国语教员，一年后因身份被揭穿而被迫辞职。

1947年，年已38岁的文绣为了生计，与当时任北平行营少校军需官的河南人刘振东结了婚，租住在地安门外白米斜街。1949年，由于北平解放，当过国民党军官的刘振东被政府依法管制，文绣也受到了牵连，遭到了邻居的冷眼相对，身心受到严重打击，患病在身，生活无法保证。

1953年，文绣因心梗病死于西城区辟才胡同家中，结束了她凄苦而颠沛流离的一生，终年43岁，一生未有子女。

---

① 侯欣一："逊帝溥仪的离婚案及影响"，载于《深圳特区报》2012年11月6日B11版。

与文绣的官司并不是溥仪人生中唯一的一场离婚诉讼，在中华人民共和国成立后，福贵人李玉琴也在 1957 年向当地法院提出要离婚。[1]

当时，溥仪正在抚顺战犯管理所改造，管理所很为他着想，为了缓和他们的夫妻关系，做出了一项重要决定，开新中国监狱史上的先河，让溥仪与李玉琴在所内同居，然而一夜的夫妻生活已无法挽回两颗早已陌生的心，李玉琴最终还是选择了分手。溥仪无奈之下，遵从了李玉琴的意愿，同意离婚。

1957 年 9 月 30 日，鉴于李玉琴的诉状已交给溥仪答辩，抚顺市河北区人民法院正式立案，依法由审判员王殿贵和人民陪审员金殿富、张有为组成准备庭，进入实体审理阶段。

1957 年 5 月 20 日，准备庭在抚顺市河北区人民法院第一合议庭办公室举行。最后法庭根据中华人民共和国《婚姻法》第十七条规定精神，既然双方完全同意离婚，自然应该准许。故决定，依法判决，准许原告李玉琴与被告溥仪离婚。[2]

离婚后，李玉琴同吉林省广播电台工程师黄毓庚结了婚，并如愿做了母亲，开始了她崭新的生活。

溥仪人生的最后岁月，是他最后一任妻子李淑贤陪伴度过的，其人生经历的坎坷，两起轰动一时的离婚诉讼，伴随着这位末代皇帝的逝去而成为了历史的缩影，成为那个年代社会变迁中独特的符号，引发后人更多的思考。

血泪与妥协：那些轰动民国的拆迁大案

强制拆迁是最近几年网络比较热的词语，众目所见，纷纷扰扰，心中别有说不清酸甜的滋味。城市修建道路、大兴土木、向外扩展等，势必要拆迁。拆迁就会牵涉民众利益，简单、粗暴地处理拆迁问题，民众不会答应，那就势必激化社会矛盾，在政府公权力与百姓合法权益的博弈中，百姓往往处于劣势。

事实上，民国也有房奴，也有开发黑幕，也有征地和强拆，也有浴血钉子户。这边升斗小民被惊人房价放逐到连八九平方米亭子间都住不上的地步，那

---

① 杨青山："'福贵人'李玉琴与伪满皇帝溥仪离婚案"，载于《兰台世界》1995 年 03 期。
② 王庆祥："末代皇帝离婚记"，载于《当代电视》1989 年 Z1 期。

边政府要员正忙着在国内外大量购房，"房姐"、"房叔"成群结队，他们坐拥豪宅，他们狡兔三窟。这些壮观景象都曾经让我们惊诧莫名，不知道是时光在倒流，还是历史在轮回。

◎ 祸乱之源：极低的征地价格

一般引起拆迁纠纷的，大多是因为给予的补偿远远低于住户的心理预期。而民国时期政府征地的补偿，低得有点惨不忍睹。

据南京国民政府内政部统计结果，1936 年上半年全国共征收土地 367 宗，征地总面积 1233187 公亩（折合 8 万多亩），经官方支付的补偿款、青苗款和迁移费总计为 532592 元（法币），平均一亩地才给 6 元，而且这只是账面显示的数据，没有考虑基层官吏的截留和贪污。

同样按照内政部的统计结果，早在 1934 年，全国已利用土地当中最便宜的山林地平均市价已经高达 8 元以上，水田和旱地的平均市价则分别是 37 元和 21元。[1] 要知道，一般被征收的土地都是区位优良、地势平坦、交通便利的地块，肯定要远远高于平均价格，而民国补偿地款的均价连山林地的均价都达不到，就好比现在城市繁华地段征地，补偿款却按偏远的荒芜地的市价折算，这样的事情正常人家谁能接受？

围绕着"拆迁"一词，侵害百姓利益的有当时披着民国政府"外衣"的权贵，也有租界的外国人，百姓的生存空间被不断挤压。

以史为鉴，在这里谈谈那些轰动民国的强拆大案。

◎ 租界洋人嚣张强拆

民国时期，在上海四川路一带有一处叫宜乐里的地方，这里是典型的上海老式弄堂。宜乐里大约有 250 幢中式房屋，居民大多为城市贫民及底层知识分子。

宜乐里的房主名叫郑伯昭，是当时上海滩有名的买办。他以贩卖烟草生意起家，后来进军房地产行业，在上海滩购置房地产并挂靠在洋商名下向外招租。宜乐里就是郑伯昭委托英国商人泰利洋行老板白兰德挂牌经租。

白兰德是个唯利是图的奸商，屡次提高租金压榨贫困的房客，1924 年底又

_____

[1] 南京国民政府内政部主计处编撰："乡村地价及其变动"，载于《中国土地问题之统计分析》，正中书局 1944 年版，第 98 页。

要向宜乐里的访客增收租金，此举一出，顿时遭到全体房客的坚决抵制。白兰德和郑伯昭见事不可为，准备另想办法，正好宜乐里的房子大多老旧，不如干脆将宜乐里拆了，重新改建一些高档漂亮的新房。于是张贴出一张告示，布告的意思清晰明了：凡宜乐里的房客，务必在下个月月底迁出。

面对布告，众多房客一片哗然，但对方房屋翻造执照在手，到时你不迁也得迁，不少人顿时有点惊慌失措。房客中一些知识分子比较有办法，他们主张向法院提起诉讼。同时申请了政府的公告，明确要求白兰德和郑伯昭在诉讼没有结束之前，不得擅自强制拆迁或胁迫房客搬离。

可是谁也没想到白兰德胆大包天，公然撕毁中国官方的告示，并声称这是伪造的。白兰德的行为在当时的社会上引起了轩然大波，社会各界纷纷指责白兰德专横跋扈。1924年2月，上海各界43个团体联合起来要求与领事署交涉，捍卫国体和国民的尊严。

结果却在不到一个月的时间完全逆转，1924年3月，当时负责此案的淞沪警备厅和沪北工巡捐局在宜乐里的墙上张贴出一张全新的告示，告示的内容让众房客如入冰窖。告示的大意和几个月前的搬迁告示没有大的不同，一个月内必须搬迁到新的住处，不得再阻挠拖延房屋的拆迁。

原来白兰德和郑伯昭为了应对社会舆论的压力，大肆贿赂地方政要，并拉来了上海租界工部局为靠山，而后工部局将白兰德和郑伯昭手中的土地买了下来，由白兰德负责拆迁。可是在社会各界的声援下，房客们反拆迁的态度十分坚决，工部局和洋商终于撕下了伪善的面孔，上演了触目惊心的一幕。①

1925年5月1日晚上，白兰德带着租界巡捕百余人来到宜乐里，将整个宜乐里野蛮地强行拆除，正在酣睡中的居民顿时遭殃，稍有不从便被砸得头破血流，几个孩子被打得四肢残疾，部分拼死抗拒拆迁的居民被直接打死。像冯明权等反对拆迁的领军人物被巡捕直接抓到巡捕房，整个宜乐里顿时血肉横飞，一片惨淡。

在宜乐里发生的强拆暴行，引起了社会各界的强烈愤怒，舆论媒体纷纷撰文指责白兰德以及为虎作伥的工部局，宜乐里明明是中国领土，租界巡捕和工部局如何有权肆意妄为？不顾中国的国家法度，其残暴行径令人发指。

而工部局则百般耍赖撒泼，污蔑惨遭毒手的房客是为了勒索巨额补偿款，还声称宜乐里虽现为工部局所有，但是之前是英商泰利央行的产业，处置自己

① 陆其国："民国时期轰动上海滩的拆迁案"，载于《检察风云》2002年23期。

所有的产业是其合法权利，中国人于此事无权干涉，甚至通过官方给伸张正义的各大媒体一个下马威，让他们注意点分寸，否则有他们好看。

此时真正的受害者，却被租界当局强行逮捕扣押，接受所谓的审讯。案子拖了几个月草草收尾，恢复自由的房客们面对已成废墟的宜乐里，心中无声地落泪。社会黑白颠倒至如此境地，面对专横跋扈的洋人和软弱无能、为虎作伥的国家公权，一介草民能说什么呢？这不仅是个人的悲剧和民族的悲剧，更是时代的悲剧。

◎ 南京中山路拆迁的是与非

不仅外国人强拆，有时候中国人对自己人更狠一些，比如《上海住宅建设志》有一篇文章就记载了国民政府时期的强拆事件。

由于贫民窟"妨碍公共卫生"、"妨碍公共安全"、"窝藏盗贼歹徒"，国民党市政当局要把上海闸北区长安路一带的贫民窟全部拆除，在警告多次而钉子户仍不搬迁的情况下，1928年3月7号夜里，公然命警察纵火烧屋，烧毁草棚一千多间，死伤居民几十人，老百姓敢怒不敢言，领导们顺顺当当把那里的贫民窟给拆了。[①]

而之前也有一起拆迁风波引人注目，那是国民政府定都南京之初，因修建中山路引起的声势浩大的拆迁户请愿。

1927年4月，国民政府定都南京。6月6日，南京被定为特别市，刘纪文成为南京建市后的第一任市长。在刘纪文担任南京市长的两年任期内，南京的城市面貌发生了有史以来最大的变化，奠定了南京市中心区的道路格局。南京设市之初，财政拮据，刘纪文抓住国民政府筹备孙中山奉安大典的机会，提出修筑迎榇大道的建议，建议得到采纳，中山路开始动工。

但是由于拆迁补偿款不足以购买新房或建造新房，400多拆迁户不接受补偿方案，坚决抵制拆迁。当时的南京特别市政府发动宣传攻势，声称旧的不去，新的不来。要建设就要先破坏，为了长远利益，以大局为重，望拆迁户们予以谅解。

但老百姓很现实，乱世中的老百姓更是如此。官方这些冠冕堂皇的说辞，老百姓根本不买账。房子是他们安身立命的所在，房子拆了，他们就没有了栖

---

① 参见第一篇"旧有住宅"至第五章"配套设施建设"，选自《上海住宅建设志》，上海社会科学院出版社 1998 年版。

身之所。他们想不通，对拆迁有抵触，无不愤愤然。而不"配合"拆迁，官方便要派人强拆，于是矛盾升级，无法调和。①

忍无可忍的拆迁户聚集一起，走上街头，并蜂拥而至国民政府（在今长江路292号），要求当局解决问题，后来此事得到社会的关注，一些同情这些拆迁户的居民也加入了抗议的队伍。

蒋介石等国民政府高层在大楼里面，对情绪激愤的请愿者束手无策，采取回避的办法。但是百姓的愤怒无法平息，抗议队伍的声势愈发浩大，结果蒋介石等政要更加害怕民众，不敢跟民众直接对话。但是这样下去也不是办法，他们想到了一个他们认为最合适去做民众工作的人，这个人便是冯玉祥。他们推冯玉祥出来跟民众对话。

可是让蒋介石没想到的是，冯玉祥出去后却和群众说："老百姓在拆迁问题上主张自己的权利，是天经地义的事情。政府拆迁，要得到拆迁户的同意，未经拆迁户的同意就拆房，是违法的。"冯玉祥说完后，本来怨气冲天的黑压压的民众居然热烈地鼓起掌来，他的话讲到了拆迁户们的心里。

这话蒋介石听了自然很不高兴，但也不好发作。冯玉祥在《我所知道的蒋介石》一书中写道："后来听见说，蒋介石对于我这次的讲话很不痛快！"

虽然如此，中山路最后还是修成了，百姓反拆迁的抗议怎么能拗得过政府呢？最后也不了了之了。

比较有意思的是，国民政府之前的北洋政府，在拆迁一事上，相比于国民党的做法显得更加人道。比如1918年天津警察厅办理海河裁变取直的拆迁工作，因办理得当，得到官民各界的称颂，取得良好的社会效益。②

◎ **大军阀拿张姓人家没办法**

民国初年一个军阀的故事，读来也令人深思。

民国年间的大军阀徐源泉利用军事之暇，致力于创办实业，在经商活动中动用军队牟取高利。在汉口、沙市、湖南沿江一带设置码头，经营十余艘轮船；在汉口开设泰丰花号、裕泰盐号、恣意人力车公司；在汉阳创办砖厂、恒源银行；在重庆开办义华化工厂。在徐源泉的老家仓埠，至今在百姓的口中有这样的顺口溜："嘟嘟嘟，洋船到了仓子埠"——只要听见了汽笛声，就知道徐源

---

① "最离谱的拆迁'动员'为民请命：冯玉祥惹怒老蒋"，载于《新华航空》2010年12期。
② 陈静："以天津海河裁弯取直为例考察民国时期拆迁工作"，载于《兰台世界》2012年06期。

泉的商船来了。

这么一个八面威风、有权有钱的显赫人物，功成名就之时，在老家建幢豪宅供亲人或自己居住，显示人生得意、飞黄腾达，全在情理之中。1931年，徐源泉就在老家建成了一幢融中西建筑艺术风格于一体、在当地堪称最富丽的建筑物——徐家公馆，专给他在家乡的母亲和发妻居住，据说耗资十万大洋。

时至今日，造访这幢徽派特征的老建筑，仍见保存完好的精美木雕，仍能感受其气派与精致。美中不足的是，公馆的一角斜切了一块。据说，斜切的原因在于这不足一平方米的地盘当时属于邻居张姓人家，这个普通人家不同意把自己的土地卖给徐源泉。没有达成协议，徐源泉只好改变设计，把房子的直角变成了斜角，成了一个不规则的形状，看上去多少有点缺憾。

建这幢公馆时，徐源泉正炙手可热，要风得风要雨得雨，在整个鄂湘都是说话算数的人，更不要说在他老家那个小镇子。然而，张家就是不肯让出那不足一平方米的土地，徐源泉平生做事比较有原则，都是乡里乡亲的，也体谅那户张姓人家的难处，尽管他手里有枪有炮，却也只能退而求其次，造了这么一幢不规则的房子。

◎ 大商人与北京市政府的较量

并不是所有的拆迁案件都是以公权恶性侵害百姓权利告终的，只要百姓奋起反抗，双方达成和解的结局还是有可能发生的。

比如发生在1934年北京市的一起拆迁纠纷。1933年6月，袁良出任北平市长，提出要通过文物古迹保护和环境风貌整治，把北平打造成"文化游览区"，随即北平市就上马了一批市政改造和建设工程，以整顿市容。[①]

1934年4月初，为了响应领导的号召，北平市工务局对媒体放出整改街道的消息，大意就是说前门大街作为本市繁华地带，却路面狭窄交通不便，计划对该街进行改造，将马路路幅由原有12.9英尺拓宽为15英尺，并改修为沥青混凝土路。

同时，因为前外五牌楼两旁建筑高低参差不齐，工务局还将配套进行前门外五牌楼地区的市容改造，将原有建筑拆除，改为两块弧形广场，上栽电杆及树木花草。当局表示，工程将于4月开工，计划于9月完工。

按照这一规划，五牌楼周边有17户民房将要被拆除。这14家正式住户都

① 王熙："街市中的较量：记民国年间北京的一次拆迁纠纷"，载于《文史天地》2012年11期。

是商铺，有金店、银号、洋货庄、饭庄之类。这些商户在得知消息后，大感恐慌。如果换作贫苦百姓，可能就暗气暗憋，领拆迁费搬家走人了。但是，能在前门"黄金地段"立足的，可都是北平一等一、有分量的"大企业"，日进斗金的生意岂能在政府一声令下说黄就黄呢？于是这些能量不小的款爷们联合起来，于4月9日联名呈文市政府，请求缓期拆迁。

在当时的官老爷看来，这些商户也不就是有几个臭钱嘛，还敢给市长交代的计划上眼药？对于商户们的请愿无动于衷。于是这些商户一不做二不休，又于11日直接致电国民政府中央各院、部，请政府能够收回命令。呈文中除了继续申述各处铺房对商人生计攸关，一旦拆迁必陷贫困绝境外，众商户还质疑北平市政府改造五牌楼的正当性，说拆了这些房，马路也不过拓宽几丈而已，与交通便利有什么关系？

针对商人们的呈请，14日市政府做出了回复，表示该工程关系到市政发展计划，且经行政院、内政部核准，已经是板上钉钉的大事了，行政院接到呈请后仔细审查了北京市政府的计划，认为完全符合中央规定的土地收用法，驳回了商户们的请求。

见免除拆迁的路走不通后，商人们只能退而求其次，折中了一下，希望政府允许各商户拆一半充公，留一半继续翻盖营业，而且还表示愿意减低拆迁补偿费。但是政府回应表示，仍严格坚持原有修建计划，只能对于这部分被征收的土地给予合理补偿。

商人们很无奈，既然卖就卖个好价钱吧。结果还是达不成一致，因为商户与政府间的估价差距过大。

1934年6月，北平市财政局依《土地征收法》规定，公布了征收土地详细清单、协议价格及补偿办法，共涉及商户17家，补偿金总数1万4千余元。这一补偿办法，是依据《北平市土地房屋评价规则》，由地产和房产的价格进行估价。但对于众商户而言，处于市内最繁华"黄金"地段的铺房，理想中的价值要远高于此。

事情总需要一个解决的办法。因此，财政局按《土地征收法》规定，在进行价格公示20天后仍无法取得协议时，由市政府组织征收审查委员会，再度进行价格议定。7月初，市政府开始组织征收审查委员会。按《土地征收法》规定，该委员会由市长兼任委员长，下设委员4至6人，除由政府人员中指定一人或二人外，其他委员由当地工商团体选派。

经过一番讨价还价，双方都有所妥协，议定提高10户被拆商号地价费、建筑费和全部被拆商号补偿金，在其他细节方面，市政府都在条件允许的范围内给予优待。审查委员会的最终议定书发布后，各商号均表示同意，并在不久后陆续到财政局缴契领款。第二年 6 月，前门五牌楼整修重建暨周边环境改造工程全部完工。

◎ 民国最牛"钉子户"

"钉子户"并不是现代社会特有的产物，因拆迁而引发的悲剧，历朝历代都很常见，在古代尤其是司空见惯的事情，受害的"钉子户"无处申冤，只能自己咽下苦果。

在混乱、腐败、黑暗的民国时期，曾有一个为捍卫自己私宅，竟敢与"党国一把手"的蒋介石叫板的草民。封陈半个多世纪的这个"钉子户"的故事，一点也不比美国西雅图耄耋梅氏老太"钉子户"的故事逊色。

蒋介石在南京国民政府成立之后，想扩建奉化老家的旧房子，于是要让周围的邻居拆迁，好给蒋家腾出地盘。邻居们得知蒋家扩建房子的事后，都纷纷让出自己的宅基地，都是乡里乡亲的，蒋家也是给足了赔偿的。

可是，偏偏有个不识相的邻居周顺房，硬是不肯搬。于是，就有些地方官，背着蒋介石给周顺房施压。开始时，周顺房不为所动，后来实在顶不住压力，只好退让。结果远在南京的蒋介石得知此事后，把那些地方官臭骂了一顿，特别交代不要强制周家拆迁。周顺房因此被戏称为民国最牛"钉子户"。

蒋介石很仁慈吗？其实他杀起异见者来是毫不手软的，像史量才、杨杏佛、费巩等追

▲今天若到蒋氏故居，就会看到蒋家面临剡溪的大院右侧，有一个"周顺房千层饼店"，嵌在蒋家大院的一角，显得十分"另类"

求言论自由的知名人士都纷纷遇害，周顺房之所以敢和蒋介石"顶牛"，是因为他有这个底气。

原来，周顺房的主人与蒋介石都是儿时的小伙伴，所以并不把蒋介石看成是神圣不可侵犯的大人物。他接到拆迁的通知后，曾放出风凉话说："瑞元（瑞元是蒋介石的小名）当皇帝了，他让我搬，我不得不搬……"并执意要让蒋介石亲自来说。蒋介石听后叹曰："迁不迁由他去吧。"

直到今日，奉化蒋氏故居面临剡溪的大院右侧，还有一个"周顺房千层饼店"，嵌在蒋家大院的一角。这就是周顺房当年留下来的"钉子户"了。

有关此事也另有说法，认为周顺房不是"钉子户"，更不是"中国最牛钉子户"，当时有关拆迁的协议双方，关系还是很融洽的，这说法来自"周顺房"的后人周孝裕先生。

据周先生介绍，八十多年前丰镐房扩建时，由蒋介石的孙娘舅管事，当时他曾同其父商量拆迁周顺房之事，周先生的父亲（即周顺房）并没有拒绝，只提出一个具体问题说："我们田在溪南，搬到新安置房去住，种田太远了，不方便。"同时要求可否就近安置。此后，再也没有提过拆迁之事。[1]

次年蒋介石回溪口，与周先生的父亲叙旧，在愉快融洽的气氛中，周顺房笑着说："瑞元呀！你现在做皇帝了，我的房子要搬吗？"蒋介石也笑笑说："过去我们是隔壁邻居，现在也是隔壁邻居。"周先生还强调指出，在丰镐房扩建时，"周顺房"并不是像许多文章记述的那样片瓦未动，而是"我父也让出了一间平房"。

而且蒋介石发迹后也不忘老友，想帮帮他，可是周顺房说只愿做自己的小生意就成；蒋经国回乡完成婚礼时，还是周顺房做的总管。两家关系一直很好，包括动拆迁事件。

对于民国最牛"钉子户"的说法各异，也许只是过往历史的一个细节。但对过往的历史，哪怕是对一些细节，我们也理该更细心一点，理应多听听各种声音。

◎ 老秀才智斗戴季陶

《巴蜀述闻》记载了一个故事，在抗战期间，有一位名叫唐少卿的老秀才也遭遇政府拆迁，最后却取得了完全胜利。

---

[1] 沈潇潇："周顺房补遗：也是史料"，载于《奉化日报》2011 年 08 月 26 日。

抗战初期，国民政府考试院院长戴季陶为了避免敌机轰炸，曾经到成都吉祥街十三号购置了一处住宅。戴为之取名"百二梅花馆"，经常前去居住。不过因为战事纷扰，成都并非绝对安全的地方。于是，戴季陶采纳侄女婿叶佩琳等人的建议，在广安老家修建房屋，以备不测。①

这个任务由叶佩琳一手操办，叶佩琳经过仔细斟酌选择了县城孔庙附近的一处风水宝地，并细致地规划了建筑的造型，具体设计为中式木质结构的房舍多间，厅堂、书房、花园俱全。对此，戴季陶非常满意，并亲自为新宅取名"戴二礼堂"。

可是房屋动工不久就遇到了一个大问题，原来在拆迁户当中，有一位名叫唐少卿的老秀才，曾与戴季陶同年参加过县试。面对威逼利诱，这位老先生坚决拒绝搬迁。无奈之下，叶佩琳等人仗势欺人，转而请警察局出面干预，并且明定限期，逾期就要强行拆除。

▲图为有蒋介石的"国师"之称的戴季陶

唐少卿生性倔强，并不屈服，亲自向蒋介石写信抗诉。大意是说，国难当头，前方将士正浴血奋战，戴季陶身居高位却在自己的家乡搞强制拆迁，以致平民百姓无家可归，此事一出，民愤难平。

蒋介石接到这封信后，考虑到当时紧张的战事，国民党高官出现这样的丑闻的确对当时国民党的威望是一个重大打击。于是并没有表态，而是直接转给了戴季陶。蒋介石尽管没有明示个人的立场，但将信直接转给戴季陶，其中的意思，不言自明。

接到蒋介石的信后，戴季陶非常不安，训斥办事的人操之过急，要他们立即停工。此后又在1939年1月致信广汉县政府，愿将宅基地以及原材料捐赠地方，希望能够借此物资力量创办一所中学。

至此，唐少卿这位老秀才取得了完全的胜利。

◎ 民国拆迁案件之滥觞

拆迁者与被拆迁者之间往往存在着必然的利益纠纷。如何解决这种纠纷，或者说如何平衡二者之间的利益，古往今来都是一件头疼事。在这个时候，强

① 冯磊："抗战时的反拆迁"，载于《羊城晚报》2010年4月23日B4版。

势的一方如果知道退让，体恤弱者的艰难，极有可能出现双方握手言和的局面，就像之前提到的老秀才和张姓人家。

对于国家公权力而言，冯玉祥的话简洁明了：对拆迁户没有安置好，硬让他们搬出去，就是不对。这个简单而重要的道理，从许许多多民国时期的拆迁案件来看，在民国的官员中，真正懂得的，怕是不多。能像冯玉祥这样设身处地为拆迁户着想的，能有几人？

当然也有部分百姓的利益能够得到保障，但是在面对公权力的侵犯，比如拆迁，老百姓却总受伤，面对利益的诱惑，百姓的死活与那些高官显贵有多大关系呢？前事不忘后事之师，可是历史的悲哀在于，历史总是在不断重演，不禁令人慨叹。

杀父之仇不共戴天：张宗昌被杀的庭前幕后

从清末变法到民国年间，中国社会全面学习西方的法律制度。在 20 世纪 30 年代之时，随着帝制国家向民族国家转型，可以说，中国已由"王法"时代转向"民法"时代。

社会的变革毕竟不能一蹴而就，虽然中国学习西方律法建立起全新的法律体系，但是社会固有的传统依然发挥其固有的惯性。

◎ 复仇行为该不该轻判？

法律的建立是以维护大多数人利益为基础的，那么当法律的裁决与个人利益相悖，而这又牵涉人伦与法律的不和谐时，即当中国传统文化中的"人情"与"法治"必须选择其一时，它们就发生了博弈，那么谁胜谁负，就取决于人们对自己潜意识里根深蒂固的文化烙印、抑或是本能判断的影响与现实中原则性法律的抉择。

在古代，"人情"与"道德"的冲突同样无处不在。比如唐武则天当政时期，同州下邽（今陕西渭南县）发生了一起复仇案。徐元庆之父徐爽被下邽圭县县尉赵师韫枉法杀害。后赵师韫升为御史，徐元庆则更姓改名，在驿站充当仆役，伺机复仇。后来，徐发现赵师韫恰好住在这个驿舍中，便趁机杀死了他，随后投案自首。

这是一起典型的血亲复仇案。中国古代的官员最怕审理这样的案子，原因就在于这类案件牵涉礼与法的冲突：若从儒家"礼"的精神出发，为父报仇是一种大孝，应予奖励；可擅自杀人是公然挑战法律权威的行为，非但不能鼓励，反而要严厉打击。怎么办？很多官员都感到困惑。

古人有古人的智慧。为了解决这一矛盾，陈子昂认为应当杀了徐元庆，理由竟是徐元庆既然为了仁义舍生忘死地为父报仇，杀了他可以成全其杀身成仁的气节，如果不杀的话，反而是"夺其德而亏其义"。在杀了徐元庆后，则要在徐元庆的家和墓碑上对其加以大力嘉奖，以表彰其为父报仇的英烈之举，并将此事编入律令，形成正式的法律，当时的政府通过了陈子昂的主张，此案也成为中华法系"礼法结合"的经典判例。①

虽然这样的处理方式看起来两全其美，但实质上却是"法律"对"人情"的极大妥协。柳宗元曾撰文《驳复仇议》从传统礼制的角度反对陈子昂的观点。从现代法治的角度讲，即使是县尉赵师韫枉法在前，也应该由国家律法去惩戒违法分子，徐元庆可以向国家司法机关申诉，而不是通过个人勇武来达到复仇的目的。而处理方式也是相互矛盾，既然法律规定杀人者抵命，为何政府又树碑表彰其德行呢？作为国家公权力，对于这种杀人复仇的行为究竟是该褒奖还是惩治？②

类似的冲突，在西方法律体系移植初期的民国年间更是明显，比如1932年发生的郑继成刺杀张宗昌案和1935年发生大军阀施剑翘刺杀孙传芳案。义子为父报仇手刃元凶，弱女子卧薪尝胆十年最终刺杀大军阀为父报仇。传统伦理所认同的正义，同现代法律所规定的正义以激烈的方式对立起来。

◎ 三起三落的"不倒翁"

民国时期，军阀混战，时局动荡，有很多小人物抓住机会乘势而起，成一时之威风，而张宗昌正是其中的典型代表。不过这位将军的名声实在令人啼笑皆非，他被当作祸国殃民的军阀典范，民间称其为"狗肉将军"③、"混世魔王"，亦流传不少关于他的笑话。

---

① 陈子昂："复仇议状"，载于《唐文选》，人民文学出版社2011年版。

② 柳宗元："驳复仇议"，载于《古文观止·卷六·唐宋文》，中华书局2009年版。

③ 本文所引用的张宗昌四女张春绥（张端）口述、苏全有整理的《我的父亲张宗昌》一文中对"狗肉将军"的缘由存在误解。张宗昌之女以为"狗肉将军"的绰号是讽刺张宗昌吃狗肉，其实是因为张宗昌嗜赌成癖，终日与骨牌为伍。当地人称玩牌九叫"吃狗肉"，故张宗昌被称为"狗肉将军"。

张宗昌于 1881 年出生，字效坤，山东掖县人，掖县也就是今天的莱州。清光绪二十五年（1899 年），张宗昌赴东北谋生，这期间他打过零工，扛过长活，给老财家放过牧，后流落到海参崴。辛亥武昌起义后，亲率百余人投山东民军都督胡瑛，随至上海，在陈其美部下任光复军骑兵独立团团长。①

1913 年 7 月国民党在南京宣布"讨袁"，发动"二次革命"，袁世凯命令冯国璋、张勋率北军经徐州进攻南京，张宗昌所在第三师奉黄兴之命扼守徐州，阻止北军南下。在徐州之南二郎山激战中，张宗昌的骑兵团被北军打败，溃不成军，本人也因此受重伤。

随后张宗昌便叛变投靠北军，得到冯国璋赏识，被委任为江苏省军官教育团监理，从此开始了他在北洋军阀中角逐的军事生涯。12 月，冯国璋出任江苏都督后，张宗昌通过与冯国璋的关系，接受袁世凯 40 万元贿赂，经过长期酝酿，于 1916 年 5 月 18 日派人刺杀了南方革命党人沪军都督陈其美。②

此后，张宗昌被冯国璋视为心腹。但是后来的一次军事失败，让张宗昌一无所有，不得已投靠了曹锟。但是曹锟所部吴佩孚等其他将领容不得这位土匪出身的师长，一怒之下，张宗昌和曹锟手下一名失意军官许琨，远赴奉天投靠张作霖、张学良父子，由直系转到奉系。

▲张宗昌

1924 年 9 月，第二次直奉战争爆发。奉系军阀组织"镇威军"。张宗昌为第二军副军长，率部在热河一带作战。待冯玉祥发动"北京政变"后，张宗昌率部入关，一路南下，进天津，占徐州，1925 年 1 月当上了苏皖鲁三省剿匪总司令，4 月 25 日被任命为"督办山东军务"。③

◎ 誓报父仇的孝子

1927 年 10 月上旬，国民军郑金声部进攻山东，张宗昌派军迎战，双方激战于河南兰考一带。战役中，张宗昌的师长潘鸿钧用计诱降了国民军之旅长姜明玉，于是郑金声就这样被叛军诱捕。张宗昌见如此轻易就解决了大麻烦，自然

① 刘培卿："山东军阀张宗昌"，载于《文史哲》1983 年 04 期，第 32 ~ 37、94 页。
② 魏虹："张宗昌祸鲁三年"，载于《春秋》2003 年 06 期，第 22 ~ 26 页。
③ 苏全有：《张宗昌全传》，经济日报出版社 2007 年版，第 59 ~ 67 页。

很欢喜。

张宗昌见了郑金声，立即迫令下跪，郑不跪，怒道："你要枪毙我，就赶快下手，不要多话。我为三民主义、为中国国民革命而奋斗，什么都不怕！"张宗昌见硬的不行，就改变态度，许以大官。郑金声满口"土匪、卖国贼"，对之痛骂。[①]对于这种和自己作对的"硬茬"，张宗昌从不手软，很干脆地下令枪杀郑金声，众幕僚劝阻，但张宗昌执意要杀。1927 年 11 月，郑金声被枪毙，享年48 岁。张宗昌杀人的时候很过瘾，却不想为此埋下杀身之祸。

▲冯玉祥

郑金声有一个继子，名叫郑继成，郑金声从小就带他随营读书。郑继成15 岁入学兵营，勇武过人。学成之后被郑金声推荐至冯玉祥身边，跟随冯玉祥南征北战二十多年，冯玉祥对郑继成视若己出。

在郑金声被杀之后，张宗昌自然要斩草除根，下令秘密追捕郑继成。郑继成几经周转逃出山东找到冯玉祥，冯玉祥当即任命郑继成为北路军总参赞，随军北伐。

郑金声是冯玉祥手下"五虎将"之一，如此被张宗昌杀害，冯玉祥岂能善罢甘休？ 1928 年春，南京国民政府开始第二次北伐，冯玉祥部也从北方向南进攻。奉军节节溃败，张宗昌在山东的日子已很不好过，后来张作霖在皇姑屯被日本人炸死，南京的北伐军推进至京津一线后，张宗昌在万般无奈的情况下，退到滦州，准备出山海关，到东北再图发展。但是奉军拒绝张宗昌进入东三省。张宗昌已走投无路，后来潜逃至日本。

1930 年，终于返回山东历城原籍的郑继成，为其父郑金声治丧，并发誓报父仇。

◎ 杀心乍现

1931 年，在九·一八事变后，日军侵占东北，张学良率东北军退入关内，

① 冯玉祥："第 36 章豫北大战"，载于《我的生活》，北方文艺出版社 2010 年版。

出任北平绥靖公署主任。1932 年春，张学良担心张宗昌充当汉奸，电邀他立即返回中国，暂居北京铁狮子胡同。张宗昌回国后则想返回山东召集旧部，东山再起。然而，当时的山东省主席是国民党冀豫鲁"剿匪"总指挥、第三路军总指挥韩复榘，一山不能容二虎，韩复榘自然不能让张宗昌重掌权柄。[1] 但是表面上，依然与张宗昌称兄道弟，奉为座上宾。

韩复榘和郑金声都曾是冯玉祥部下，郑金声对韩复榘更曾有救命之恩，在郑金声的遇难之时，韩复榘也未忘旧情，将郑继成留用以报其当年搭救之恩。虽然在后来的蒋、冯、阎中原大战之时，韩复榘叛冯投蒋，继而当上山东省主席，但依然让郑继成在山东省政府当一名支领干薪的参议。[2] 于私，张宗昌是救命恩人惨遭毒手的罪魁祸首；于公，张宗昌堪称亲日派军阀的领头羊；最核心的是，张宗昌是妨碍韩复榘独占山东的政敌。

张宗昌自然清楚这个时候应该避嫌，多次向韩复榘表示没有卷土重来的意思，只是为抗日大业希望去山东召集旧部。[3] 听闻此言，韩复榘脸上更是笑意满盈，邀请张宗昌去山东，并许诺向南京政府提请允准张宗昌回鲁召集旧部，并委任其为"山东剿匪司令"等，张宗昌欣然允诺。此时得意的张宗昌却不知他的"韩兄弟"已动杀机。[4]

几日内，韩复榘找到了郑继成，言明自己愿意支持他去复仇。郑继成一听此言，顿时拍案而起："杀父之仇不共戴天！我当时就在父亲灵前立下誓言：必手刃凶手张宗昌以慰英灵！虽时隔五年，报仇之心不泯，只是苦无机会遂愿。"韩复榘就把张宗昌即将来山东的消息告诉他，叫他做好准备。

---

[1] 边芸："郑继成刺杀张宗昌案"，载于《喋血刀锋——民国杀手的人生沉浮》，团结出版社 2008 年版。

[2] 陈礼荣："抗战前夕北方政局发生剧变的一根导火索——张宗昌被杀的台前幕后"，载于《纵横》2001 年 03 期，第 43 ~ 47 页。

[3] 崔文瑾："张宗昌之死"，载于《兰台世界》1994 年 03 期，第 31 ~ 32 页。

[4] 关于韩复榘杀张宗昌的动机还有两种说法：一种是张宗昌回国后积极抗日，张学良准备让他负责收复热河的战事，去山东只是为了征集军队需要的钱粮。而韩复榘担心张宗昌成势之后对他是一个重大威胁，再加上冯玉祥及南京政府对张宗昌的态度，才计划谋杀张宗昌。观点详见《张宗昌被刺真相考析》作者：买文兰、苏全有，载于《新乡师范高等专科学校学报》2004 年 01 期第 35 ~ 38 页。因该说法多数来自张家后人，而所说郑继成后当汉奸的说法备受争议，无有力的客观史料佐证，故正文部分参考通说以及此观点的部分说法，在此说明，供读者参考。另一种说法则认为韩复榘杀张宗昌是与张学良的政治交易，是张学良要杀张宗昌，韩复榘杀张宗昌是为了争取张学良的支持去对付宿敌刘珍年。观点详见"抗战前夕北方政局发生剧变的一根导火索——张宗昌被杀的台前幕后"，载于《纵横》2001 年 03 期第 43 ~ 47 页。此文资料来源未列明细，其他史料也无此说法，所以正文未采纳此观点。

◎ 喋血时刻

1932 年 9 月 3 日下午 5 点 55 分，天气少有得闷热。济南火车站人流匆匆，由济南开往天津的列车再过五分钟就要发车了。

正在此时，前山东军务督办、直鲁联军头目张宗昌在山东军政官员的陪同下，向列车的一节头等车厢走来。他让自己的参谋长金某、经济处长刘怀周及两名卫士先行上车，自己则与送行人员一一握手之后才登上列车。

上车后，张宗昌转过身来，站在车门边，颇有风度地举起右手，再一次向送行的人群告别。

就在此时，郑继成从人群中一跃而出，抢上前去，举枪冲张宗昌骂道："我打死你这个王八蛋！"言毕，急扣扳机，不料这枪没有打响。

张宗昌发现有刺客，当即跳下火车逃窜。郑继成朝他连开数枪都未打中，这时张宗昌的卫兵也开始反击。这时一个中年汉子现身紧随郑继成其后，一出手接连几枪将张宗昌的卫兵打倒数人。[①]

此时有辆兵车正停在旁边的铁道上。兵车上的士兵听见枪声，不知何故，连忙开枪射击。一时间，子弹雨点般地向这边袭来。等郑继成回过神来，却发现张宗昌已经被乱枪射死，倒在了铁轨上。

此时郑继成返回站台，举枪高呼："我是郑金声的儿子郑继成，为父报仇！现在投案自首！"中年汉子也跟着高叫："我是郑继成的卫士，也就是郑金声被枪毙时的陪绑者陈凤山。现在，我既是为郑军长报仇，也是为个人报仇！"

不一会儿，车站军警赶到。郑继成和陈凤山主动放下手中的枪，被押送到地方法院关押。

张宗昌死后，随其同往济南的参谋长金寿昌、秘书长徐晓楼、副官长程榕等人抚尸大哭。韩复榘此时假惺惺地以重金备棺厚殓，于 9 月 11 日将张宗昌的尸体运回北平家中。

◎ 庭外的努力

张宗昌被刺后郑继成被捕入狱，对郑继成视若己出的冯玉祥自然想方设法地营救郑继成。为营救郑继成出狱，冯玉祥当下派人给老部下、济南市市长闻承烈送信，托他找出民国十七年（1928 年）国民政府曾对张宗昌下达的通缉

---

① 溥仪："我和奉系将领之间"，载于《我的前半生》，群众出版社 2007 年版。

令，再安排人给郑继成写申辩状，请求南京最高当
局赦免。[1]

同时，冯玉祥也充分利用社会舆论的力量，在
泰山叫人搜集有关郑继成为父报仇的文字，印成小
册子，内容有郑继成生平事略和报仇经过，以及济
南 72 个同业公会请求特赦郑的电文。其实这些文字
大半是王慰农写的，捏造的成分很大，因为济南市
市长闻承烈将这一任务交给了社会股主任陆实君，
王慰农和陆实君住同一宿舍，因而成了陆的代笔人。
每写一篇陆实君就请王慰农吃一顿，当是酬劳。这
本小册子在当时流传得很广泛。

▲郑继成

对于张宗昌的死，全国最振奋的莫过于当时的新闻界。张宗昌在当时的媒
体从业者中，可谓是臭名昭著，胡信之、邵飘萍、林白水等新闻界名流的死，
与张宗昌的恶行都有或多或少的关系。[2] 各报记者一听说张宗昌被杀，纷纷发表
社评，对张进行无情揭露和鞭挞，同时也将郑继成捧成孝子、英雄。一时间，
社会各界人士纷纷前来探访郑继成，并馈送礼物，以至连济南看守所所长也将
自己的寝室腾出，作为郑继成的居所。[3]

◎ 墙倒众人推

一个多月后，1932 年 10 月 7 日，济南警方才对郑继成以"预谋杀人罪"提
起诉讼，10 月 15 日在济南地方法院进行公审。在审问中，郑继成侃侃而谈，供
认不讳。

郑继成案的审判自然引起社会舆论的剧烈反响，郑继成为父报仇，古代有
句话讲："杀父之仇，不共戴天！"民国年间虽然已经全面引进西方法律制度，
但传统思想依然发挥着巨大的惯性，更何况"孝子复仇"故事的另一方还是像
张宗昌这样恶贯满盈的恶人呢？因而这个事件更具有伦理上的正义性。

张宗昌早年的仇人自然不会放过这个落井下石的机会。张宗昌的发迹源于
其刺杀陈其美，陈其美的侄子、国民党 CC 系党魁陈立夫自然不会坐视"手刃"
仇人的恩人身陷囹圄，于是致电山东省党部为郑继成开脱死罪："刺张犯宜侯法

① 聂茂："义士郑继成刺杀张宗昌"，载于《各界》2008 年第 9 期，第 60～63 页。
② 苏全有、高彬："张宗昌与三大新闻记者被杀案"，载于《兰台世界》2011 年 05 期，第 52～53 页。
③ 高原："刺杀张宗昌内幕"，载于《文史博览》2006 年 21 期，第 52～55 页。

院判决后，如科罪过重，再援特赦条例办理。庶于国法舆情，两能兼顾也。"蒋介石也致电韩复榘："杀张之郑继成，无论如何应保全性命因张为刺先烈陈英士（其美）先生之凶犯，而郑之叔父又为革命而牺牲者。法律，不外人情也。"[①]

◎ 潇洒出狱

10 月 19 日，法院当庭公布判决书，据《山东济南地方法院刑事第一审判决·民国二十一年地字第一四一号》判决书，判处郑继成有期徒刑 7 年，剥夺公民权利 7 年。然而仅仅过了三个月，经过行政院核准，南京司法行政部发布对郑继成的特赦令：

据司法院呈称，郑继成因其继父郑金声被张宗昌杀害，乘机刺杀张于车站，稍后向执法队官兵自首，因为父复仇触犯刑章，其情不无可原。现据各省市县党部各民众团体纷纷请求特赦所有该犯原判之刑责，依法准免执行，等语应即照准。特依修正中华民国民政政府组织法第六条之规定宣判处有有期徒刑七年之郑继成，准予特赦，免其执行，以示矜恤。此令二十二年三月十四日[②]

特赦令发布之后，济南地方法院接到通知当即释放郑继成，郑继成大摇大摆地走出了监狱。于是，沸沸扬扬一年多的郑继成刺杀张宗昌案就此落下帷幕。

孙传芳喋血佛堂：孝女十年复仇是犯罪还是义举

孙传芳，山东历城人，生于 1885 年，自幼丧父，靠母亲精心抚育而成人，后因家境实在难以维持，把姐姐嫁给了山东王姓督军做姨太太，使孙传芳得以和王姓子弟一起读书。因天资聪明，又靠王姓督军的势力，孙传芳进了清政府主办的保定军校，毕业后又到日本东京士官学校深造，回国后正赶上民国初期的军阀混战，孙传芳看准时机投靠了称雄一方的"儒帅"吴佩孚，几年时间官做到江南"五省联帅"，人称"笑面虎"。

① 黄国平："济南车站的血案——'三不知'将军张宗昌之死"，载于《炎黄春秋》，1994 年 01 期，第 22～26 页。
②《中华民国司法院公报·第六十三号府令·十七》

谁知好景不长，北伐战争中孙传芳失去了南方五省的地盘，一夜间便成了丧家之犬，曾一度投靠到东北军张作霖的帐下，张作霖看在往日情分上还待若上宾。当1928年张作霖于沈阳皇姑屯被炸死以后，张学良执掌东北大权，孙传芳再无容身之地，只好到天津当起了寓公。之后，孙传芳自知自己当年杀人如麻、罪孽深重，便做起了居士，也就是不曾受戒的僧人，终日参禅礼佛，每周三、周六下午还要到居士林和众居士一起诵经说法。

▲孙传芳

即便如此，孙传芳早年的仇家还是找上门来，她就是民国年间颇富传奇色彩的女刺客施剑翘。

◎ **孝女的复仇执念**

施剑翘，又名谷兰，安徽桐城人，是原山东军务帮办兼第二军军长施从滨的女儿。1925年，北洋直系军阀孙传芳，据有闽、浙、赣、苏、皖五省，自命五省联军总司令。他为了扩大地盘，引兵北犯。首先进犯山东省。山东都办张宗昌派施从滨率部迎战。因孤军深入，施从滨在皖北固镇兵败被俘。孙传芳下令将其杀害于蚌埠火车站。[1]

孙传芳杀施从滨，既是军事策略上的权宜，也是政治上铲除异己。孙之被定义为"人人得而诛之"的无良军阀，是国民党北伐之后的定论，而非北伐前的形象。在那个动荡的年代，军阀之间相互仇杀

▲为父报仇的施剑翘

的现象十分常见，但施从滨的死对于其亲人来说是莫大的悲痛。[2]

施从滨家人获知噩耗后，悲痛欲绝。那年施剑翘还未改名，仍叫施谷兰，当时正是20岁的年龄。她是施从滨的长女，下有三个弟弟、四个妹妹。施剑翘奉行"父仇不共戴天"的古训，立志为父报仇。施剑翘在后来写的回忆录《为报生父仇，手刃孙传芳》中提到，当时她听闻噩耗，特作诗一首以表为父报仇的决心：

① 蔡惠明："施剑翘其人其事"，载于《法音》1988年10期。
② 施羽尧、李菁："我的母亲刺杀了孙传芳"，载于《文史博览》2008年01期。

战地惊鸿传噩耗，闺中疑假复疑真；背娘偷问归来使，恩权潜移劫后身。
被俘牺牲无公理，暴尸悬首灭人情；痛亲谁识儿心苦，誓报父仇不顾身①

◎ **嫁军官丈夫是为报仇**

但是当时的施谷兰毕竟只是一个弱女子，如何能够手刃仇人呢？于是施谷兰把复仇的希望寄托到她当时的一位堂兄身上。

施谷兰的这个堂兄名叫施中诚，幼年丧父，打小就跟着施从滨了，从军官学校毕业后，得到施从滨的扶助，升迁很快，在施谷兰脱下孝服以后，便向她求婚，于是他理所当然地在施从滨遗像前宣誓报仇。为此，施谷兰和母亲还找到了施从滨的上级，也就是大军阀张宗昌，请求他给施中诚一个团长位子，以便报仇。但是施中诚在当上了烟台警备司令后，就再也没有提及报仇的事情。

1928年，施谷兰同山西军阀阎锡山部下的谍报股长施靖公结婚，施谷兰要求结婚的条件就是，让施靖公答应帮她报仇。婚后，施靖公逐渐在阎锡山手下做到了旅长，但对报仇之事却只字不提。1935年初，施谷兰再次要求施靖公为父报仇，遭到拒绝后，彻底失望的她带着两个儿子不辞而别，回到天津的外祖母家。②

几次希望的落空，让施谷兰深深地感受到，复仇的目标只有依靠自己去实现。

时光如白驹过隙，转眼已是十年。父亲遇难快十周年了。一天晚上，她想到家仇还没报，心里难过，一个月夜她仰望天空，自己吟了一首诗："翘首望明月，拔剑问青天。"从此就把自己的名字改为"施剑翘"，也想以此激励自己，要用自己手中的剑为父报仇。

◎ **大军阀死于非命**

1935年，施剑翘探知孙传芳已经失势解甲，蛰居在天津，便赶往天津寻找孙传芳。施剑翘和母亲辗转来到天津，寄居英租界10号路166号寓所。她有意识地将独生子大犁送入天津有名的富贵子弟学校读书，想从此发现孙传芳行踪。

此前，她听说孙传芳自北伐战争后，率残部退到河北滦州，不久离军，从

① 施剑翘"为报生父仇，手刃孙传芳"，载于《北京文史资料选编（6）》，政协北京市委员会1980年版。

② 张映武："施剑翘的传奇一生"，载于《广州日报》2012年11月17日B9版。

大连移居天津，所以她每日观察，可能孙传芳有亲属子女在此校读书。施剑翘的判断真的被证实了，孙的小女儿也在此富贵子弟学校读书，每日由仆役接送，施剑翘还记住了孙家汽车号码，不断观察探访，一时仍未发现孙传芳的行踪。①

后来经多方打探得知，一年前，孙传芳与曾任过北洋政府国务总理的靳云鹏来到草厂庵，办起居士林。居士林由靳云鹏任林长，孙传芳以"智圆大师"的名义担任理事长，每逢星期一、三、五及星期日为诵经期，孙传芳届时往该处诵经，有时则携夫人同往。

打听清楚孙传芳的行踪后，施剑翘开始准备行刺的相关事宜。为此她准备了《告国人书》，写好几封遗嘱，印了60多张卡片，一面印的是两首诗：

父仇未敢片时忘，更痛萱堂两鬓霜；纵怕重伤慈母意，时机不许再延长。

不堪回首十年前，物自依然景自迁；常到林中非拜佛，剑翘求死不求仙。

卡片的另一面印了四条：

（一）今天施剑翘打死孙传芳是为先父施从滨报仇。

（二）详细情形请看我的告国人书。

（三）大仇已报，我即向法院自首。

（四）血溅佛堂，惊骇各位，谨以至诚向居士林及各位先生表示歉意。

为了能够接近孙传芳，施剑翘化名"董慧"，委托一位女居士介绍加入了居士林。此后，施剑翘通过各种途径去了解孙传芳的身貌、口音及活动规律等。万事俱备之后，施剑翘将复仇日定为11月13日（即周三）。

11月13日当天，孙传芳穿着黑海青缎袍，在仆人的引领下进入佛殿，富民和尚和众居士都站立起来迎候。孙传芳登坛焚香后，就座于佛案西端那把红木太师椅上。

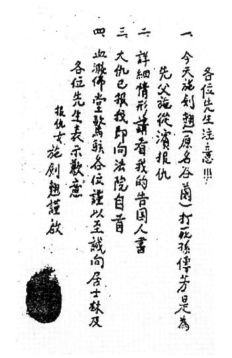

▲图为施剑翘为父报仇传单

① 佚名："施剑翘刺杀五省联帅孙传芳案始末"，载于《文史春秋》2002年09期，第22~25页。

施剑翘见孙传芳归座，遂悄悄坐于孙身后的蒲团上，几分钟后，孙传芳清咳一声，挪了挪身子，正准备讲话，他身后的施剑翘突然一个箭步走到他的侧后，从怀里掏出手枪，对准孙传芳的头部猛开一枪，孙传芳应声倒地，子弹从后脑进入，由左太阳穴而出。施剑翘唯恐孙传芳未死，又接连向其头部、背部各开了一枪，孙传芳脑浆四溅，血流满地，她才罢手。[①]

在行刺得手之后，现场一片混乱，施剑翘乘此机会散发之前准备好的卡片，声明自己此行的原因，之后警察局来人，施剑翘也未反抗。

▲当时媒体对此事的报道

◎ 是否构成"自首"？

案发数日内，国内几乎所有权威的媒体，如《大公报》《益世报》《申报》等都以《血溅佛堂》等为题对此案作了详细报道。施剑翘很快也被移交至天津地方法院，等待法律的审判。

案发之后，孙传芳之子以原告身分请求审理施剑翘杀人案。1935 年 11 月 25 日，天津地方法院开审施剑翘一案，文人豪担任主审法官。开庭那天，有超过 200 人到场，这也是因为此案关系到两个背景复杂的家族。

孙家与施家也是各自使尽手段，孙家聘请了北方著名的大律师孙观圻、张耀曾。直接代理孙家出庭辩论的大律师孙观圻早年留学日本，专攻法律，历任大理院之推事、北平地方

① 佚名："施剑翘刺杀五省联帅孙传芳案始末"，载于《文史春秋》2002 年 09 期，第 22 ~ 25 页。

法院院长、开滦煤矿法律顾问，是北方颇负盛名的大律师。孙观圻接受孙家延聘以后，当即具呈请求天津地方法院依法严惩凶手。

施家一直在设法营救。其正在山东上大学的妹妹施纫兰专程由济南赶来探监，其弟施中杰延聘了著名律师余其昌、胡学骞出庭辩护。施剑翘之夫施靖公也忙着找关系。法庭上双方请来的著名律师激烈交锋，案件的审判也越显复杂。①

根据当时的法律，杀人犯因情况不同可判十年以上徒刑以至死刑。但若凶犯自首成立，可将十年的最低限减为五年；再若"情可悯恕"成立，又可将徒刑减至二年半。

因此这两个减刑的构成要件也就成为法庭上双方的争议核心：一是施剑翘是否有自首情节，这关系到审判结果的具体量刑；二是施剑翘的复仇理由是否应该得到宽大处理。②

施剑翘一方提出的证据有刺杀当时散发的卡片及《告国人书》，而她本人也没有逃跑的打算，在警方随后来到现场后从容接受逮捕，有很多证据能证明这一点。

而孙家则不认可这一说法，他们认为这是施剑翘事先计划好的减刑之法。由于孙家的说法只是对施剑翘动机的揣测，不足以推翻施剑翘一方所提出的证据，法庭最后确认施剑翘确实有自首情节，可以酌情减刑。

紧接着的问题，也是本案最复杂的难点，那就是施剑翘的复仇行为能不能得到宽大处理呢？

◎ **伦理正义与社会舆论**

之前提到杀人罪第二个法定的减刑事由"情可悯恕"，其实就是即得到社会和法律的怜悯、宽恕。

从当时的社会舆论来看，几乎是"一边倒"地支持施剑翘。哥伦比亚大学助理教授林郁沁在《施剑翘复仇案：民国时期公众同情的兴起与影响》一书中提到，在20世纪30年代的中国，民众普遍有一种反对军阀的情感趋势。军事将领（军阀）通常被看作卖国贼，至少被看成是更有问题的角色。③

而与之相对比，施剑翘基于孝道的复仇，被当时的媒体描述为"现代侠女"。这种孝女复仇的故事理所当然地感动了国人，其行为更是得到了民众的广

① 王道："三枪拍案一夜蹿红（2）"，载于《蒋介石与民国名人》，群众出版社2012年版。
② 任伟："施剑翘案：'罪行'与'义举'"，载于《看历史》2011年05期，第66～69页。
③ ［美］林郁沁：《施剑翘复仇案》，江苏人民出版社2011年版。

泛支持，社会各界通过请愿、通电等各种方式要求政府释放或宽大施剑翘，在媒体的放大下，社会舆论一边倒地支持施剑翘。

而在庭审之时，双方关于是否仇杀也多有争议。孙家一方认为，施剑翘之父当时是死于军法，战场之上死伤在所难免，孙传芳杀施从滨并非出自私怨。但是施剑翘一方明确指出施从滨并非死于沙场，而是作为俘虏且未经军法审判，被孙传芳个人杀害，关于这一点，不但被告如此供述，即使孙传芳之子孙家震也不否认其事，法庭对律师关于施从滨实死于法的辩述未予采信。

但是孙家一方的律师棋高一着，见复仇之说无法否认，就从更高层面彻底否定"为父报仇"这一行为的正义性。认为"复仇"之说是古代封建思想的余孽，完全与现代法治精神相背离，若人人相互私杀而了结私仇，置法律于何地？民国已建立民主法治，子报父仇之说已不适用。

寥寥数言，十分形象地描绘了当时西方法律与中国社会嫁接中的核心问题，即传统道德同当下社会秩序的对立，两者冲突之时，道德正当性与法律上的正义究竟以何为上？

当时，天津地方法院的主审法官用判决结果回应了控方孙家的提议。12月16日，天津地方法院以"诉字第622号刑事判决书"对施剑翘枪杀孙传芳一案做出判决。判决书肯定自首成立，以"其主观方面，纯为孝思冲激所致，与穷凶极恶者究有不同，合于上述自首减刑，判处施剑翘有期徒刑十年"。从结果来看，认定了施剑翘的自首情节，却否认了"情可悯恕"环节的认定。

◎ 案情反复

一审的结果，原被告双方都无法接受。施剑翘一方认为量刑太重，孙家则认为量刑太轻，双方可谓是输赢各半，于是此案上诉至河北省高等法院。

1936年2月，河北省高等法院对施剑翘案进行了复审。在孙家的活动下，复审判决否定了施剑翘的自首行为。天津地方法院检察官涂璋援引"六法全书"条款，指出自首情节不确，因为警士王化南未到居士林之前已知道肇事，进庙后即知道犯人在电话室，且均在被告向警士声明自首之前，被告虽有自首之意，而事实尚不明显。施剑翘至多不过是自白，声称此种认定，皆有居士林和尚证明。河北省高等法院认同天津地方法院检察官涂璋所提自首一节不能成立的抗诉。如果施不是自首，必然还要加刑。

此事一经媒体报道，顿时天下哗然，各地几乎每天都有声援施剑翘者，指责河北省高等法院和天津地方法院的文章也时常见诸报端。一开始是新闻界、律师界的人士发文声援施剑翘，到后来一些地方的实权派也逐渐加入到声援的行列。

在各界人士吁请、谴责、抨击的强大压力和声势之下，河北省高等法院院长邓哲熙不得不重新做出判决，完全推翻了一审的判决结果。首先依旧否认了一审所确定的"自首"情节，但是确认了一审所没有确认的"情可悯恕"，在此基础上再度减刑三年，至此，法庭庭长宣布二审结果，"原判决撤销，施剑翘杀人处有期徒刑七年。勃朗宁手枪一支、子弹二发，没收。"①

虽然刑期稍减，但因自首一节被推翻，施剑翘对此十分愤慨，于是向最高法院提出上诉。与此同时，孙家震方面对复勘减刑更为不满，特加聘律师撰状，要求检察官提出上诉。双方于1936年2月先后提出上诉，但直到8月1日，最高法院才做出判决，将上诉驳回。也就是说，仍维持河北省高院的原判。

◎ **政界大佬们的博弈**

中华民国采用的是三审终审制度，此案一波三折，貌似已至尾声，可是结局往往令人出乎意料。

在庭审过程中，施剑翘给公众表现的是一个被大军阀家世欺凌的弱女子形象，其实不然，施家本身也不简单。首先，施剑翘的弟弟施则凡当时是冯玉祥的参谋，其夫施靖公，之前也提到过，是在阎锡山手下当旅长，这二人在施剑翘身陷囹圄期间四处奔走，建功不小。

其次，施剑翘与冯玉祥的关系也很密切。冯玉祥与施剑翘的四叔施从云在清末同时发动滦州起义，二人曾有袍泽之谊，也就是最亲密的战友关系。施从云遇难后，国民政府已声明将其列为革命烈士永志纪念。就凭冯玉祥与他的老战友、滦州起义的施从云烈士的这层关系，对施从云的亲侄女也不会袖手旁观的。

事实也正是这样，《冯玉祥日记》中有关1935年11月30日的记载："同施则凡、施中达二世兄去见焦易堂、居觉生先生，专为大赦施剑翘女士之事。"②也就是说，就在施剑翘案件还在审理时，冯玉祥在南京就已经活动施剑翘的特赦问题了。

根据《冯玉祥日记》的记载，冯玉祥曾为施剑翘的案子找过时任立法院立法委员、宪法起草委员会委员、内政部常务次长的傅汝霖，以及蒙藏委员会副委员长赵丕廉、居正、司法院副院长覃振，司法行政部长王用宾、焦易堂等当

① 周利成、王向峰："孙传芳血溅佛堂"，载于《旧天津的大案》，天津人民出版社2010年版。
② 冯玉祥：《冯玉祥日记》，江苏古籍出版社1992年版。

时司法界的大佬，为施剑翘说情。这些掌握司法的大员们当即表示：特赦施剑翘一案，在自己管辖的范围之内肯定没有问题，只是特赦问题还需国民政府主席来颁发命令。[①]

于是冯玉祥又找到了时任国民政府主席的林森，在国民党内联合国民党元老于右任、李烈钧、张继等中央委员联名上书国民政府，营救正在服刑的施剑翘；此外，国民党两位女中央委员张默君、陈璧君也出力甚多。

在多方努力之下，1936 年 10 月 14 日，国民政府主席林森签署了特予赦免施剑翘的公告。

施剑翘因其父施从滨曩年为孙传芳惨害，痛切父仇，乘机行刺，并及时坦然自首，听候惩处，论其杀人行为，固属触犯刑法，而一女子发于孝思，奋力不顾，其志可哀，其情尤可原，现据各学校、各民众团体纷请特赦，所有该施剑翘原判徒刑，拟请依法免其执行等语，兹据中华民国训政时期约法第六十八条之规定，宣告原判处有期徒刑七年之施剑翘，特予赦免，以示矜恤。此令

国民政府主席林森（印）[②]

就这样，施剑翘在狱中共度过了九个月零二十六天后，被特赦出狱，回到家中。几番大起大落，其中人情冷暖，也许她自己也难以言表。

◎ 时代大潮的余声

民国年间，由政府如此公开干预司法签署特赦令的案件实属少见，这与当时的政治背景不无关系。

孙传芳遇刺之时是在 1935 年，也就是国民党政府当政期间。作为一个国民革命军发动北伐战争前中国南部的前军阀首领，也是南部地区政府的实际掌控者，国民政府在宣扬自己政权合法性的同时，自然而然地将更早的军事领袖及其政府非法化，纵观中国历史，每次政权的更迭这个过程都必不可少。

而施剑翘，十年含辛茹苦，只为报仇，孤身杀死政治上不正确的"大军阀"，既符合社会伦理，又能彰显"旧军阀"黑暗的典型，而且还是顺应民心之举，一举多得，何乐而不为呢？

在众多力挺施剑翘的社会舆论中，也有一些宣扬坚持司法独立，法院判决

---

① 王晓华："孙传芳案与施剑翘被特赦真相"，载于《中外书摘》2012 年第 10 期。

② 中国第二历史档案馆："有关施剑翘刺杀孙传芳案史料一组"，载于《民国档案》2008 年 02 期，第 10 ~ 26 页。

不能被社会舆论所绑架，法律归法律，人情归人情，一码是一码，不能因人情而影响法律的判决，如《法律评论》《独立评论》中若干文章，都力图申明"法律至上"的观点，也有人指出施剑翘的这种复仇行为是封建礼教的迂腐思想，若是基于孝道的报仇行为就能得到特赦，置法律的公平与威严于何地呢？不过这些都在一片为施剑翘的叫好声中边缘化了。①

施剑翘一案在审判过程中，各种权势运作，背后的大佬们纷纷作推手，夹在中间的主审法官面临着很多的困难。事过多年，一审法官文人豪与人谈及此案，说在这一案件的庭审中，做为主审官的他以及其他法官都受到了不少社会权威人士干扰。但是，出于正义和良知，几经合议，他们还是肯定了施剑翘的自首行为，没有判其死刑，也没有因此过轻地量刑，判决的结果对得起自己的良心。

而后二审三审，随着社会舆论的干扰与政府权势运作之下的特赦，虽然结果尚好，但总有一种难言的苦涩。若是本案的主角只是一个普通人呢？案情的结果可能又是一番光景。传统伦理、法治观念以及权势的冲突与交融还在社会的各个层面延续，纷纷扰扰的施剑翘一案，其实只是一个微缩的"民国"。

当侠客遇上司法：民国第一大盗"燕子李三"受审记

20世纪二三十年代，在当时的中国北方活跃着一位传奇大盗，他行踪不定，每次作案后，为显示自己艺高胆大，还故意戏耍权贵，仿效传奇小说中诸如"花蝴蝶"、"白菊花"等大盗的做法，把一只用白纸叠成的"燕子"插在作案的地方，以表示此事由爷做，与外人无关。

这位大盗时不时将劫来的财物分给贫苦人民，堪称当时"第一侠盗"，因为他独特的作案手法，时人尊称其为"燕子李三"。后来因为声名远播，甚至成为华北一带偷盗行业的代名词，民间和官府将各种无头盗案归结到其名号上，同时一些高来高去的飞贼也自夸是燕子李三，便于掩护自己的真实身份。

因此，当一个燕子李三被官府擒杀后，往往在其他地区又出现了自称或被讹传的"李三犯案"，到后来"李三犯案"一词也成了政府公文中代指偷盗案的专有名词，燕子李三在当时的名望之盛、影响之大，由此可见一斑。

---

① 任伟："施剑翘案：'罪行'与'义举'"，载于《看历史》2011年05期，第66～69页。

俗话说："法网恢恢，疏而不漏。"这么一位高来高去、"神龙见首不见尾"的人物，先后几次被官府抓住，也都成功脱险，但最终依然没有逃过一劫，受到法律的公正审判，1936年春天病死在狱中，在当时引起了极大的轰动。

◎ 偷到"公安局长"家里的大盗

"燕子李三"只是混社会的江湖雅号，其人本名李景华，是当时京东的蓟县人，现在算天津地界，可以算个"老天津人"。小时候和叔父在沧州长大，沧州是个练武的好地方，民间习武风气盛行，他也跟着学了点武艺。

自从开始练武，李景华展现出自己非同常人的天赋，爬墙上树易如反掌，一身轻功非一般人所能比。由于家境贫寒，及其年纪稍长便开始四处偷盗，一开始小偷小摸，成功多次后胆子也大了起来，专门选择河北、河南等地的豪门大户，毕竟有钱人油水多嘛，干一票顶得上以前干十几票。

偷着偷着，在1925年的时候偷到了白坚武家。白坚武是李大钊的同学、吴佩孚的幕僚，当时担任洛阳警备司令，相当于现在的洛阳公安局局长兼军分区司令。偷到警察局长家里，李景华在民国数得着的大盗中，也算是头一号了。[①]

虽然成功脱身，却遭到了警方通缉，李景华当时也正好避避风头，停职深造一下，于是隐姓埋名上了五台山，师从五台山来的法慧。法慧是个武功高强的和尚，更懂得因人施教，根据李景华的特长，教了他在水上跳跃而行的功夫。

学到武功的李景华轻功更上一层楼。他自以为武功高强，北上京津地区作案，偷盗的目标越来越大：临时执政段祺瑞家、执政秘书长梁鸿志、爱新觉罗瑞仲家、国务总理潘复家、大军阀张宗昌家……其中偷盗张宗昌的事迹更是被当时的说书先生编成评书《智取血丝玉蟾蜍》传的活灵活现。当时的百姓对这么一位经常让军阀大佬灰头土面的大盗喜闻乐见，将大刀王五、神拳霍元甲、燕子李三并称"幽燕三侠"。

当时的报纸也报道过他劫富济贫的义举。有一次他去游城隍庙，看见老百姓个个衣衫褴褛，面有菜色，一时不忍，便将身上偷来的几千银元施舍给老百姓，每人一至两元不等，让百姓排队领取。[②]

---

① 刘金龙："飞贼燕子李三"，载于《春秋》1996年05期。

② 报道原文为"赃数千元之巨，初冬往游城隍庙，见附近居民以贫苦者太多，遂起怜悯之心，每人一元或二元，任意施舍，遂为侦缉队注意，跟踪逮捕"。

◎ 关在牢里一样能作案

李景华作案很少失手，他前后被抓了好几次，都是因为他销赃与消费时不谨慎而被缉拿归案——李景华是小偷，没有家，大家都知道小偷大多有点恶习，比如嫖啊赌啊之类的，李景华也是如此，钱财一到手就大肆挥霍，消费习惯就非常不符合他的身份，毕竟一副"穷鬼"打扮却出手阔绰，自然容易引起怀疑，之后被警方锁定目标然后抓获。即便如此，每次他都能从监狱里逃脱，甚至在狱中都能"兴风作浪"。[1]

当时京津地区的警探十分费解，燕子李三明明前两天刚关在牢里，城里依然会有与燕子李三盗窃手法一模一样的大案发生。所以为了防范李景华逃出监狱作案，每次有案情发生，警察局长第一件事就是跑到狱中看看燕子李三是否还在。但每次的结果都不出乎意料，燕子李三在狱中乖乖躺着呢。

而其他地区也总是有"燕子李三"作案，令警方有点丈二和尚——摸不着头脑。其实事情的真相很简单，1934年春季李景华被捕入狱，先被关押在河北第一监狱，不久被押解回北平地方法院看守所，以后又被关押进北平感化所。由于"燕子李三"名声在外，不仅囚徒们都想结识这位了不起的英雄，就连狱卒也十分仰慕他，愿意为他效力。

▲1934年3月5日《京报》载，感化所中之燕子李三（李景华）

甚至连"牢头"，也就是感化所巡官史海山对李景华也是好吃好喝供着，后来，两人竟结为拜把兄弟。最后，史海山和狱卒们与李景华达成协议：晚上他们把李景华放出去作案，李景华则信守诺言，作案后及时返回感化所，作案所

_____

[1] 苗生："'燕子李三'落网记"，载于《检察风云》1998年05期。

得赃款赃物，李景华与史海山等人平分。接下来的一段时间内，李景华、史海山二人一直合作愉快，也正是因此，仅两个月的时间，他就接连作案十几起，屡屡上演监狱内李景华服刑，监狱外李三犯案依旧的奇事。

而其他地方的"燕子李三"，是因为前文所说的，一些高来高去的飞贼也自夸是燕子李三，便于掩护自己的真实身份。李景华当贼当到"官差"也巴结的份上，虽然史海山也是因为有利可图，但李景华此举可谓是开一代大盗风范的先河。

◎ 行为属"盗窃"还是"强盗"？

直到 1934 年发生的一件偷窃案，华北警方当局才搞清楚是怎么回事，这也是李景华人生中的最后一次作案。

1934 年 8 月的一天晚上，西单哈尔飞剧场散戏后，李景华尾随乘豪华包月车回家的丽华绸缎经理潘国英，混入其住所。他先藏在车房内，待到午夜，见潘国英和家人酣然入睡，便进入藏贵重物品的东偏房，得手后即回狱中，把一些赃物送给史海山等人。

当时，丽华绸缎庄是个大买卖，有钱有势。潘家发现失窃后，立即报了案，并和有关的店铺打了招呼。有一天，史海山把李景华给他的一件毛背心拿去洗染。当史海山将赃物送至洗染房时，洗染房掌柜立即通报潘国英，经查确系丢失物品。侦缉队将史海山和其他一些接受赃物的人抓了去，在前门外鹞儿胡同的警厅里严加审问。

李景华知道后，当天晚上就穿着夜行衣，潜出监狱，来到鹞儿胡同，爬到警厅房顶上偷听审讯。无奈时间一长，烟瘾发作，要知道这烟瘾发了不得了，就跟羊角风一样抽搐。当时李景华痛苦难耐，只好划火吸毒，偏偏被一警察发现，一时当地警方全员出动，在重重包围之下，李景华只好束手就擒。[1]

1935 年 1 月，北平地方法院审理李景华盗窃案。李景华虽脸色惨白，但神情镇定，还以江湖规矩向在场旁听者拱一拱手，他对偷窃供认不讳。而这时法庭上交锋的核心凸显出来，也就是李景华的行为到底算是盗窃罪还是强盗罪呢？

"盗窃"和"强盗"虽然只是一字之差，判刑上却是天壤之别。被认定为盗窃罪的话，李景华最高也就判个八年有期徒刑就完事了，可强盗罪不然，判

---

[1] "燕子李三访问记"，载于《文史博览》2012 年 04 期。

个十几年是小意思，严重的话死刑也是有可能的，两者都是以非法占有为目的，侵犯他人财产的行为，但其定罪量刑的重要区分点就是过程中是否有暴力行为。

潘国英当时对李景华颇有怨气，自然希望法院对李景华重罪加身，一口咬定李景华行窃时不仅偷了潘家的赃物，而且还用枪对潘家的仆人进行恫吓，有暴力行为。李景华当场申辩："诸位老哥们听着，我燕子李景华虽然偷窃，但绝没有使用暴力。好汉做事好汉当，我做过的事我认了，但我没做的事，我是绝不能认的。"①

但是当时法官对此置若罔闻，在潘家的运作下，庭审结果认定李景华犯"强盗罪"，从重判处李景华 12 年有期徒刑。为防李景华逃跑，还给他戴了一种残酷的刑具"木狗子"。"木狗子"是旧时木制刑具的一种，装于犯人两腿间，使两腿不得自由伸缩离合，此刑具戴上三年，双腿就会残废。

◎ **命运尾声的最后幸福**

戴着"木狗子"的李景华在狱中已经生活不能自理，好在还有人愿意照顾他、陪伴他，这个人就是李景华的妻子刘氏。

李景华和刘氏是在"燕子李三"肆虐京城的两个月间认识的，刘氏是一个寡妇，还带着两个孩子，在当时的社会一个手无缚鸡之力的女子养活自己已是不易，更何况还有两个孩子呢？

生活总是如此有趣，让两个命途多舛的人在风景如画的北海公园相遇，类似的苦难让他们暂时忘却了各自的艰难，在一种类似于"虚幻"的世界中过着以前从未有过的经历，彼此留下深刻的印象。为了照顾刘氏和她的幼子，李景华偷窃的次数增多了，刘氏的日子好过多了，她抛弃了所有的顾忌，跟定了李景华。在李景华被判了重刑之后，刘氏也无怨无悔。她不管别人的闲话，在燕子李三最艰苦的时候，经常去狱中探望他、照顾他，并毅然跟他结婚。此事成为当时的一大奇事。

李景华对一审判决很不服气，决定上诉河北高等法院。由于此案影响较大，河北高等法院接受了李景华的上诉要求。然而，律师界没有人愿意为李景华辩护。最后，河北高等法院指定由义务劳动法律委员会会长蔡礼作为李景华的辩护律师。他仔细查阅此案的卷宗并多次到看守所与李景华面谈。李景华对蔡礼

---

① 庭审详细经过来源于现存北京市档案馆的 20 世纪 30 年代北平市公安局有关抓获和审讯燕子李三的史料，以及 1985 年版《文史资料选编》第 26 辑"我所了解的燕子李三"一文，作者系李三的辩护律师蔡礼。

查河北省第二监狱放免窃犯李景华的训食

窃查河北第二监狱呈送拿获越狱窃犯李景华案内赏款一百元并请提李景华蝻蝻等情业将李景华交提在案兹据查此案由侦缉队探兵李文奎首先把获被贼咬伤手腕最为出力内一区巡警夏永顺跟追帮同捕获次为出力侦缉队班长韩钰山梁保全探兵程瑞群等二十七名随後赶到帮同拿亦均属在事出力侦缉队探兵李文奎等拟批洋五十元一区巡长刘桐山巡警常玉华王增秀关吉典宪兵刘振邦杜德山陆续赶到帮同缉拿拟批洋二十元均交该区队自行支配分领宪兵一区巡长刘振邦等不分畛域帮同协缉厥功亦不可没拟批洋三十元以示分别奖励

不是否有当谨候
刘振邦等不分畛域协缉厥功...

[劉] 謹簽

▲1934年12月30日《京报》李三之妻刘氏探监誓不嫁（李景华）

十分信任，有问必答。

庭审开始后，蔡礼从两个方面提出李景华的减刑理由：第一，李景华作案并无强暴行为，不应以'强盗罪'判处。他只是一小偷，就算是一个闻名遐迩的大盗，按民国法律，即使从重，判12年显然过重，与法律条文不合。因此提出应给李景华减刑，判处8年徒刑足矣。第二，"木狗子"是一种很不人道的刑具，早应彻底废除，给李景华上这一刑具与现行法律的基本精神抵触，请求撤销。①

法官听取意见后决定改日再审，李景华对蔡礼的辩护十分感激，曾写公开信登载在当时的报纸上称颂蔡礼的义举。然而，由于"木狗子"的折磨，加之"毒瘾"发作，造成肺痨严重，李景华未能等到重新判决，便于1936年年初病逝，时年40岁。

李景华死后，看守所通知他的妻子刘氏认领丈夫的尸首时，她并没有去。至于为什么刘氏在李景华死前对他照顾有加，而死后却不去收尸，原因在近一个世纪之后的今天已经难以言明。李景华的尸体被看守所葬在义地里，并立了一块石碑，上书"李景华墓"，一代大盗就此终局，可悲可叹，可歌可泣。

◎ "燕子李三"的品牌效应

现在有关"燕子李三"的资料纷繁复杂，原因就是之前提到的，"燕子李三"可谓是当时代指盗贼的"驰名商标"，很多人知道他的事迹后纷纷模仿，一

---

① 杨玉昆："京城神偷燕子李三"，载于《中国档案》2008年03期。

个"李三"被杀死了，又有千千万万个"李三"又跳了出来。①

在这些"李三"中，有一个是继"燕子李三"原型李景华之后影响最大的强盗。不同于李景华的是，李景华还称得上一个亦正亦邪、时有劫富济贫之举的侠盗，而这个后来者人品难以恭维，吃喝嫖赌"五毒俱全"，是个正儿八经的"江洋大盗"。

此人名叫李圣武，山东禹城李家庄人，因在兄弟中排行老三而自称"燕子李三"。他小时候练过一些拳脚功夫，游手好闲，不务正业。后来凭借一身轻功，1936年在山东一带干起了"梁上君子"的买卖。当时李圣武为了扩大自己在黑道上的影响而把老"燕子李三"李景华的事嫁接到自己身上，还到处吹嘘自己会"飞檐走壁"。②

李圣武并不是一个彻彻底底的恶人，他年轻的时候颇有侠义之举。真正使他声名鹊起的事件，是他曾潜入当时"山东土皇帝"韩复榘办公的省府行窃，正巧被韩复榘当场撞见。李圣武运用轻功，在重重卫兵的追捕下轻松跃墙逃脱。因行踪败露后被擒获，但李圣武乘看守疏忽，运用道家内功之"脱骨术"卸脱捆绑身体的绳索，再次逃脱。从此，"李燕子"在黑白两道及民间声名鹊起。

见到更多花花世界的物欲横流，李圣武逐渐迷失了自我，后来发展到烧杀抢夺、奸淫掳掠，无恶不作，连贫寒人家也不放过。国民党的几次抓捕都被他轻易逃脱。其实在被捕入狱后，他都会以重金贿赂警方大佬，然后放他出来。他对外宣称自己神通广大，警方相关人士为了撇清关系，也乐于为其造势。③

后来日本人来了，李圣武依然故我，常常制造一点命案出来，日本人也是对李圣武一直没有办法，当然主要原因是李圣武买通了日伪政府中的汉奸，所以每次都能逢凶化吉。李圣武对日本人抓他的行为很气愤，于1945年潜入日本宪兵司令部行窃，结果陷入重围被缉拿归案。所幸不久以后日本投降，李圣武再次逃脱缉拿。

◎ **杀人抢劫还袭警，江洋大盗终受法律制裁**

抗战结束后国共内战爆发，李圣武不仅是国民党的"眼中钉"，更是因为曾盗窃过中共地下交通站，成了共产党眼中的"肉中刺"。但是生活总是有意想不到的事情发生，国民党屡次想将李圣武就地正法，却在1948年9月24日人民

① 王琰、康曦："'燕子李三'：两个'飞贼'二合一演绎出的传奇故事"，载于《搏击》2009年05期。
② 卢四新、邢庆俊："解放初期震惊济南的飞贼'燕子李三'"，载于《春秋》2010年06期。
③ 康鹏、王琰："真实的'燕子李三'"，载于《龙门阵》2009年05期。

解放军攻克了济南之后改变了观点，转而重金收买李圣武为其所用，让他继续干"老本行"，而且是影响越恶劣越好，希望通过这样的做法打击刚刚成立的人民政府。

对于李圣武这样的人来说，"有奶便是娘"，何况做点本职工作还有外快拿，何乐而不为呢。结果过于自信的他没有看清形势，解放军对济南实行军管后迅速成立了公安局，当时济南市公安局首任局长是凌云（中华人民共和国成立后曾任国家安全部部长），迅速将李圣武列为重点通缉对象实施抓捕。

即便如此，李圣武依然顶风作案。1948年12月16日夜，他抢劫了经三路纬四路庆丰金店，开枪杀死了经理吴江源之父吴本一。时隔一段时间后又抢劫了估衣市街六十四号老凤祥金店金元宝二十四个，现金一千五百万元，后又杀害了芙蓉街芙蓉巷五号商人纪波亭，还在院东大街开枪袭击了济南政府公安干部楚殿国。

杀人抢劫还袭警，李圣武可算是把强盗这活做到极致了。李圣武的所作所为在当时影响极为恶劣，济南市局受到上级批评，并被勒令限期破案。济南警方下了很大功夫，李圣武逃往江苏继续犯案。

警方不断追踪李圣武的生活轨迹，发现李圣武在江苏徐州有一个姘头，是当地一个名叫张红兰的妓女，于是顺藤摸瓜设下天罗地网，只待李圣武上钩。李圣武有一次来找张红兰亲热，结束之后发现自己已经被堵在屋内，空间狭窄无法施展轻功，最后被警方擒获。①

李圣武逮捕归案后，1949年6月27日，由刑侦干警桂树槐、曹金法等将其解回济南。关押在市公安局四科（后称警法科，预审处）。监狱在趵突泉东门对面的后营坊街路南。预审过程中，主审是翟绍烈（时任四科审讯股长，后任劳教所副主任），书记员是吕奇。当时济南市没有军事法庭，审判长是凌云。徐志刚任军事法庭宣传组组长。审讯中，李圣武也是想尽办法，但过去能够有惊无险，是因为当时国民政府公检法机关的腐败，而新的人民政府不吃这一套，他似乎也认命了，对在济南抢劫杀人等犯罪事实供认不讳，并供认了在徐州的种种罪行。

1949年9月4日，济南市公安局长凌云亲笔写出了处决意见，由徐志刚报送省人民政府，并取回了同意处决李圣武的批示。随后李圣武被济南市人民法院判处死刑，1949年10月27日，29岁的惯犯李圣武在十二马路北卡子外北被

---

① 抓捕李圣武的干警是现在担任济南大学教授的徐志刚先生，在济南解放初期曾担任济南市公安局侦查员，参与过侦审"燕子李三"李圣武的案件，还亲自和李圣武交过手。李圣武抓捕及审问经过来源于徐先生写的《我曾参与侦审"燕子李三"案》一文，现可查于《济南文史》2008年第3期。

执行枪决。①

记载这一历史的判决书，于2008年10月在济南市中级人民法院举办的庆祝建院60周年活动中展出，上面清晰地写着当时对李圣武罪行的认定：

查盗匪犯李圣武，以盗匪为业12年，自16岁即在哈尔滨参加盗匪，先学武术两年，至19岁便自主开始在哈尔滨大肆抢劫，旋逃避通缉潜逃济南。来到济南后，李圣武充任汽车公司修理员，以隐藏身份，又开始在济南专事抢劫，作案累累，市民畏极。②

"燕子李三"被执行枪决以后，徐志刚还将此消息写成新闻报道稿件，刊登在1949年10月29日的《大众日报》第三版上。就这样，民国两代"燕子李三"都没有逃脱法律的制裁，不同的是一个病死狱中，一个被枪决处死，从中可以看出一种时代的变迁，一种古代侠文化在民国的体现、延续和结局。

山东老农的惊天骗局：让蒋介石上当的民国诈骗案

抗日战争开始后，很多有爱国精神的企业家纷纷捐献财产，用自己的力量支援抗战。其中具有代表性的有陈嘉庚等海外华侨，联络南洋各地华侨代表在新加坡开会，成立"南洋华侨筹赈祖国难民总会"。在陈嘉庚带头捐款购债券献物，精心筹划组织之下，南侨总会在短短三年多的时间内便为祖国筹得约合4亿余元国币的款项。

而在这危急存亡之秋，却有人打着为国捐献财产的名义，将当时南京国民政府行政院长甚至最高领袖蒋介石都玩弄于鼓掌之中，在南京骗吃骗喝，最后全身而退。如此传奇之人，他是谁呢？

◎ **山东冒出个"土老财"**

1932年，山东省黄县有一位名叫梁作友的农民向当地的山东政府请愿说，自己家里有七八千万，为了民族大义，愿意捐献三千万给国家，作为抗日的

---

① 王汝柏："我所见到的燕子李三"，载于《春秋》2003年06期。
② 参见于济南法院网庆祝建院60周年报道。

▲梁作友

"救国"费用。

这请愿一上来，当时山东政府的各位官老爷震惊了，因为当时全国战乱不断，局势很不稳定，国民政府既要对外应付日本咄咄逼人的进攻，又要对内调兵遣将镇压各革命根据地的红军，开支庞大，政府财政入不敷出，就算是行政院长宋子文要做什么事情拿出三千万来，也是十分困难的事情，这下子可来了一位财神爷。

当地政府很重视这位"爷"的请愿，于是1932年9月14日上午，黄县县政府要员在一个会议室内紧急召开秘密会议，与会者中有教育局长徐叔明和支应局长杜乐先等一干县府要员。人到齐后，由县长郎咸德说明此事，在会上研究对策。

会上，支应局长杜乐先打破沉默，首先谈出自己的看法。他认为，全县"荣户"①已经由支应局调查登记在册，从来没有听说过有一个巨资七八千万的大富豪，此事恐怕有蹊跷。②

但也有人提出不同见解，认为一夜暴富的事很常见。龙口古称"金沙滩"，藏龙卧虎。1929年张宗昌第三次入鲁，与刘珍年混战一场，由龙口经海路败逃，沿途丢下不少辎重。据说有一张存在日本大丰银行的军费支票这时丢失。可能被梁作友捡取，而他自知以个人名义去外国银行提出这笔巨款根本无望，便想出以捐献名义借助国家通过外交途径解决。这样既可得到捐资美誉，又可捞点好处，倒是可能的。

会后，黄县政府一边核实梁作友的身份，一边将此事上报。而山东省主席韩复榘直接将此事上报国民党中央，这个消息对于当时的国民党高层来说，可以说是"久旱逢甘霖"，求之不得啊，于是立刻电令邀请梁作友去南京，而路费皆由韩复榘"报销"。

---

① 荣户是黄县政府授予当地富户的一种荣誉称号，其实是在暗中统计富户家财多少，方便收捐征税的一种手段。

② 经盛鸿、冯卫明："民国年间诈骗奇案——'山东财神'诈骗南京国民政府始末"，载于《法学天地》1998年04期。

◎ 享受国宾待遇

此事传到南京，顿时引起了当时各大媒体的关注，上海《申报》刊登了有关梁作友毁家纾难的事迹，引起社会各界的强烈反响。各大报纸竞相在报纸显赫位置以至头版头条用大号标题刊出"山东义士梁作友慷慨捐资三千万以纾国难"的文章。

平津几家报纸为了提高销量，将梁作友称之为"梁财神"。连英国《泰晤士报》也不甘落后，紧步后尘登载了"中国农村一奇人"的要闻。一时间，"号外"、"增刊"铺天盖地。唯《大公报》等几家报社比较审慎冷静，只提"神秘的梁作友"，轻轻一笔带过，未加减否。至此，梁作友的身价倍增，捐资救国的事迹宣达到高潮。

梁作友所乘的火车到了南京，政府派出孔祥熙、陈立夫、谷正伦、张静江、张嘉敖等人下关接迎，《济南日报》《民国日报》的记者们随同蒋伯诚已在月台迎候。此时众人看到的梁财神并无惊人之貌，甚至可以说有点猥琐，身高不到一米六，背驼足瘸，身穿土布衣裤，给人一种土气十足的印象，众人难免有些失望。但是这毕竟是"财神爷"，于是安排了一个宪兵连警戒，一直护送到大行宫中央饭店下榻。而此时，韩复榘与山东省政府以不闻不问的态度保持缄默。

梁作友刚一入住南京中央饭店，南京、上海两地的报纸以及电台记者们便蜂拥而至，前来采访新闻人物梁作友，纷纷问起梁作友的家世，梁作友谈得十分详细和具体。他说，他是山东黄县梁家村人，全族有两百余户，男女一千三百多口。曾祖父是前清秀才，叔祖在东北营口经商，开了很大的油坊。父亲梁克温有七兄弟。父亲在1917年病故，母姚氏还健在，60岁，也出身望族。外祖父姚廷梁是前清名孝廉。梁作友有一姐一妹，均已出嫁，一弟22岁，也是经商的成功人士。

而后梁作友侃侃而谈，自称梁家是以既务农又经商而发财的。曾祖就在东三省各地经营绸缎、杂货、汇兑经营等业务，在俄国境内的海参崴、西伯利亚一带都有数家商号。他本人从17岁开始继承祖业下海经商。当时遗产不过几百万元，经他接管经营后，不到二十年的时间就翻了十几番。[①]

而在当时的媒体看来，梁作友的老家黄县地处胶东半岛西北部，自古即是富庶之地，据清《黄县县志》记载："境内人稠地狭，民多逐利四方。"黄县人走南

---

① 亦斌："梁作友激蒋'捐资救国'"，载于《纵横》1996年03期。

闽北，造就了大批的富商巨贾，闻名全国，潜藏着几个千万富豪并不让人惊讶。

此时国民政府高层对梁作友的身份依然心存疑虑，想探探他的深浅。10 月 3 日晚，宋子文请他到城东鸡笼山北极阁官邸吃饭，财政部次长李调生与他合影留念。梁作友很有城府，几个大佬都没发现任何不自然的地方。素负盛名的国府委员张静江赠送他一根拐杖以示关怀，但也碰了个软钉子。

会面之后，双方开始商谈捐助的具体细则。商谈结果定下三点：一、国家允许公民捐款救国；二、款项应作国家公用；三、款项用途的分配，权在梁作友，但政府可辅助个人支配用途的方法。这三项得到双方同意。梁作友还说，等用款分配方法商妥后，2 个月内就可汇 3000 万元到京。宋子文提议，在用途分配中，应支持国家发展航空。梁作友表示赞同，但补助数目未定。会后，宋子文亲陪梁作友到中山陵谒陵，还和他合影留念。当晚又是东北义勇军后援会设宴招待梁作友，并赠送银盾一枚，上面刻着"毁家纾难"四个字，这无非是希望得到他的捐款。

宋子文、张静江等人对梁作友经商致富的说法深表怀疑，在一番试探之后虽无结果，但是"范儿"倒是摆的挺足。比如张静江走出饭店，记者们众星拱月般拥上前交口询问时，他虽心怀疑虑，却毫无窘迫之态，仿佛梁某捐资底蕴他已一清二楚，显出极神秘的样子，闪烁其词地感叹："有幸，有幸识荆，有幸聆教梁先生！燕赵多慷慨悲歌之士，齐鲁乃圣贤辈出之邦。奇人奇才！奇人奇才！"

◎ **蒋介石亲切接见**

宋子文等人表面上与梁作友虚与委蛇，但是背后又委派国民党中央执行委员会特别调查科科长钟竟成连夜赶赴山东黄县一探底细。

钟竟成到达黄县后，会同地方官徐叔明直奔梁家村。梁作友家的三间瓦房已经破旧，老母亲 60 多岁，另有一个 30 岁左右的已出嫁的妹子住在家中。室内陈设确实简陋，但各种器物放置得井井有条，迎门摆着一张三屉桌，桌旁是两只盛粮米的小瓷缸。桌上方墙壁上悬挂着两副篆联："苟利国家生死以"、"岂因祸福趋避之"。

钟竟成和梁家母女叙话时，拐弯抹角地询问梁妹，梁作友离家时都带了些什么东西。梁妹告之："带有一只黄旧皮箱，一床棉毯，箱内只有几件换洗衣服。另外，还特地买来一尺白粗布，把一个本子包起来，让我用针线牢牢缝好。"钟竟成想，这可能就是梁作友捡到那传说中张宗昌遗留的军用支票，于是回到南京后就将此情况汇报给宋子文等人。

听到钟竟成的报告后，宋子文对梁作友所说的三千万不由又多信了三分，但是时任财政部司长的徐堪觉得此事疑雾重重，会不会是韩复榘因欠饷而向南京政府所施的一个报复手段呢？宋子文等人却觉得徐堪的猜测过于儿戏，可能性不是很大。于是制订了一份详细的捐款分配计划书交给梁作友，催促梁作友尽快将捐款拿出来。①

但是梁作友明确提出，只有面见蒋介石后，才能把钱拿出来。宋子文与何应钦商量再三，还是同意了梁作友去见蒋介石的要求，于是电告正在汉口亲自组织"剿共"事宜的蒋介石，并将怀疑之点一并报告，文末又加了一句："是否接见，请委员长裁定。"

蒋介石当时对这位奇人早有耳闻，好奇之余也想见见梁作友，一来可以捞到一笔军费，二来可以显示他礼贤下士，扩大影响。于是他特电南京召见梁作友。南京的宋子文等人阅电后，马上买了长江客轮头等舱船票，派专人把梁送到汉口。

1934年10月18日，蒋介石亲自接见了梁作友，"梁财神"在蒋介石面前大表忠心，说明了自己矢志报国的一腔热血，愿做中正公的"卜式"②，所许诺的款项七日之内就全部到账。蒋介石听了十分感动，对梁作友慰勉有加。

◎ **骗局露馅**

日子一天一天过去了，梁作友所许诺的七天就要到了，但是却没有看见他有任何动作。有意思的是，他却向中央饭店账房借起钱来了。第一回借了50元，说是自己带的300元已施舍用光。茶房说，向"梁财神"借钱的人是有，但没有看到他给过人1元钱。

七天过去了，梁作友所说的钱一分未见，他自己倒是已经借了不少钱了，这时南京政府的诸公自然着急了。梁作友到汉口以后，是陈立夫的侄子——"剿匪总部"特地派总部副官长兼汉口特别市警察局局长陈希曾负责接待。陈希曾上门直接问：三千万在哪呢？③可是梁作友却不慌不忙，慢慢摆起账来。你看看啊，委员长最是爱国，在国内也是声望极高，他虽想带头为国捐款，却担心百

① 李伟："官骗官，'民'骗官"，载于《溃败的王朝：民国高层腐败实录》，湖北人民出版社2008年版。
② 卜式，西汉大臣，洛阳（今属河南）人，以牧羊致富。那时候汉朝正在对匈奴采取军事行动，卜式上书，愿意捐出一半家财帮助边疆。不仅如此还推辞了朝廷的授官，后来屡次捐献财产，汉武帝感其爱国之心，下诏拜卜式为中郎官，赐爵左庶长，赏田十顷，布告天下，用来使其尊贵显赫，用他的良好品德教育、激励天下人。
③ 张海鹏："骗到蒋介石头上的'梁财神'"，载于《湖北档案》2012年10期。

姓说他做了多年大官发了大财，于官声有碍。所以我想亲自与他面谈一次，打消他的顾虑。由他出钱，由我这个普通百姓顶名，以此带动全国有钱者踊跃捐资以济国用，你想想，全国四万万的同胞，一年节省一角钱，凑个三千万还不是绰绰有余？

陈希曾此时目瞪口呆，这不就是诈骗吗？这个乡巴佬竟然敢如此瞒天过海，戏耍整个民国政府。

而这时，山东省政府方面却传来消息说，韩复榘并未见过梁作友，是好奇的民政厅厅长告诉韩复榘后，转介绍给蒋伯诚的。而黄县县长郎咸德此时公布了黄县政府的调查结果，查明梁作友并非黄县的富商，家中仅有田数亩。

得知真相的南京政府气急败坏，但是对这么一个农民又能有什么办法呢？花了不少钱维系的国宾待遇算是扔到水里了，无奈之下只能将其赶出宾馆。对外宣称关于山东老农冒充大款诈骗一案，政府念在其没见过世面，脑子愚钝，最后驱逐出武汉了事。

但事情到此并未结束。那位被赶出豪华旅馆的假财神梁作友，于当日晚上忽然跑到汉口警察局自行投案，并赖在局里不肯走。经讯问，梁说他愿意判刑坐牢，因为旅馆正向他讨房饭钱，他一文不名，不仅不能付旅馆费，而且无钱买车船票回山东。梁作友满口山东话，又哭又闹，弄得那位瞪眼睛吹胡子的警察局长陈希曾无可奈何。最后为避免事情闹大，于蒋委员长的面子上不好看，只得派人押解他上船，另给 20 元为路费，把他打发回山东。

◎ 揭露真相

回过头再看此案，就会发现疑点重重。首先，山东省政府对梁作友的底细肯定是调查清楚了的，为什么最后反映到南京的却是截然不同的信息呢？而梁作友行骗是为了什么？不可能是闲着没事骗着玩吧。

一个漏洞百出的骗局，为什么能骗倒蒋介石、宋子文等人呢？后面自然有大佬在运作，这个人就是韩复榘。[①]

1929 年韩复榘背叛西北军老长官冯玉祥投靠蒋介石，被蒋委任为第三路军总指挥。中原大战时，蒋介石以每月 60 万元军费和山东省主席的诱饵命令韩复榘对阎锡山占据山东的部队发动突然袭击。后来韩将晋军赶出山东夺回了济南，蒋介石十分高兴，立即委其为山东省主席，但每月 60 万元的军费却没了下文。

---

① 陈敏："韩复榘恶搞蒋介石"，载于《政府法制》2011 年 31 期。

　　韩复榘之所以出兵一方面是由于蒋介石的利诱，更重要的因素是他想当"山东王"，即使没有蒋介石许下的利益，他还是会那么做，但是谁会觉得钱多呢？于是他就派人去南京要钱。

　　蒋介石当初的许诺不过是为了利用韩复榘，现在目的已达岂肯轻易掏钱？他自己避而不见，只命财政部官员答复说："中央没有点石成金的本事，地方军饷应该自筹。"韩复榘见蒋介石不但不兑现诺言还语含讥讽，一怒之下把南京政府派驻山东的盐运使、烟酒印花税局长、税警局长及中央财政部特派员等统统换上自己的人，全省税收不交中央一文。韩复榘在山东与蒋介石的中央政府分庭抗礼，实际上处于半独立的状态。

　　之后韩复榘又自导自演了这么一幕诈骗案，让南京政府灰头土脸，不得不说韩复榘有点"恶作剧"心理，干一些损人不利己的事情。这一起荒谬的诈骗案就此落下了帷幕。

第六章
民国司法的尾声：
国民政府统治的崩溃序曲

　　1949年前夕，是国民政府在大陆活跃的最后岁月，期间的大案也是他们在大陆进行的最后审判，其中既有对抗战投敌叛国的汉奸的大审判，也有在国共内战时期对民主党派人士的暗杀。

　　最悲哀的是国弱被人欺，虽然收回了领事裁判权，但作为中国主权象征的国民政府对于作奸犯科的外国人一点办法都没有，我称之为"后治外法权时代"。国民政府的衰落并不仅仅是由于军事上的兵败如山倒，司法主权的颓废之象也是其统治崩溃的原因之一。

战后大审判：陈公博多面人生的最终结局

在抗日战争期间，一些民族败类为了个人的利益，不惜出卖民族利益，丧失国格和人格，认敌为友，充当了日本法西斯侵华的工具和帮凶，成了中华民族的千古罪人。这些民族败类最终的下场与日本法西斯一样，永远被钉在耻辱柱上，成为人人讨而诛之的对象。他们最终也逃脱不了正义的审判。

抗日战争时期，国民党副总裁、国民参政会议长汪精卫公开向日本妥协，并于1940年3月在南京另立国民政府，并担任"行政院长"兼"国府主席"。而作为汪精卫政府的二号人物陈公博，其人生经历之复杂，令人感慨。

◎ 其人生平

陈公博，1892年10月19日生人，祖籍原是广东乳源，其家长期居住于南海，他的父亲曾任过清末广西提督，后解职回到广州。年轻时在北京大学深造，1920年毕业后回广州和谭平同创办《群报》，任总编辑，当时接触到共产主义思想，于是在1921年春参与组织广州共产主义小组，同年7月参加中共一大。1923年因投靠军阀陈炯明而被开除党籍。同年2月去美国哥伦比亚大学读书。1925年回国任广东大学教授，代理校长，在此期间加入了国民党。

▲陈公博

在跻身国民党行列之后，陈公博以"左派"自诩，历任国民政府军事委员会政治训练部主任、广东省农工厅厅长、国民党中央农民部部长、国民政府实业部长、国民党中央常委、工人部长等职。北伐战争推进至长江一线之后，国民政府分裂成武汉和南京两个政府，陈公博选择支持汪精卫，并且1927年与汪精卫发动"七一五"政变。[①]

1928年陈公博到上海，出版各种书刊，提出改组国民党的各种主张，成为国民党内改组派的宣导者。九一八事变后，国民党内谋求和解，蒋介石及汪

---

① 熊辉："陈公博的三面人生"，载于《党史博览》2004年06期，第52～54页。

精卫再度合作，汪任行政院长，陈亦任国民政府民众训练部、实业部部长等职。

1937 年抗战爆发。之后，汪精卫与日本暗中交涉谈判，于 1940 年 3 月到南京，成立其与日本合作的"国民政府"。陈公博一开始对汪精卫的投日行为有所保留，最后却选择追随汪精卫的脚步。①

在汪精卫所成立的"国民政府"中，陈公博可谓"一人之下，万人之上"，历任立法院院长、军委会常委、政治训练部部长、上海市市长兼上海市保安司令、清乡委员会委员长，是汪精卫集团当之无愧的"二号人物"。

1944 年汪精卫病死于日本名古屋之后，陈公博任伪国民政府主席、军委会委员长、行政院长，一时风头无二，只是当时日本衰象已显，这种风光显然难以长久。②

◎ **潜逃日本，假传自杀**

1945 年 8 月 25 日，天刚蒙蒙亮，一架 MC 型运输机在晨曦中从南京明故宫机场起飞。飞机起飞后一直向东飞去。机上坐着陈公博及妻子李励庄、秘书莫国康，还有伪安徽省省长林柏生、伪实业部部长陈君慧、伪行政院秘书长周隆庠等共七人。陈公博坐在机舱内临时放置的木凳上，双眉紧皱，心事重重。

抗日战争以日本军国主义的失败而告终，身为伪国民政府代主席的陈公博知道难逃法网，决定秘密出逃日本，这一计划得到了日本政府的批准。

世界上没有不透风的墙，陈公博潜逃日本的消息经过国内媒体的报道顿时天下哗然，各大媒体纷纷发表文章，要求日本政府交出陈公博，而中国政府也借此机会向日本政府施压。

没想到日本政府竟然玩起了"假死"的花招。8 月 29 日晚，日本同盟社突然发了一条消息：陈公博 8 月 28 日在京都自杀受伤，送医院抢救不治身亡。这条消息经过路透社转播，很快刊登在国内外各报刊上。有这样的巧合吗？国内的民众自然不会相信这样的托词，国内外媒体纷纷将质疑的矛头指向这则消息。③

果不其然，9 月 2 日，日本政府正式签字无条件投降。9 月 3 日，国民党中央通讯社称，陈公博与妻子秘书一行 7 人受日本外交部以及军事当局的保护。在日本投降 6 天之后，国民党陆军总司令何应钦受蒋介石之令，向日本侵华军

---

① 陈公博：《苦笑录》，东方出版社 2004 年版。
② 苗体君、窦春芳："中共一大代表陈公博沉浮录"，载于《党史纵览》2007 年 02 期，第 54 ~ 58 页。
③ 唯一："巨奸之死：陈公博末日"，载于《世纪行》1998 年 06 期，第 39 ~ 41 页。

总司令部发出备忘录，要求冈村宁次转告日本政府逮捕陈公博，将其立即押还南京。作为战败国的日本连自己本国的战犯都无法保护，更别提保护陈公博了。日本政府出于无奈，一直拖到 10 月 3 日才将陈公博等汉奸从日本押回中国。

对于回国后的下场，陈公博心里充满了惶恐，他曾苦笑着对妻子李励庄说："是福不是祸，是祸躲不过，这次你要跟着我吃苦了。"李励庄听说此话，大哭起来："日本政府说话不算话，当初不是讲好了要严守秘密，保证我们的生命安全，现在怎么又要把我们交出去呢！"

就这样，陈公博在日本度过了战战兢兢的 1 个月零 8 天后，被送回南京，随即被逮捕，关进了宁海路 23 号军统局临时看守所，开始了他的囚徒生活。[①]

◎ 寄希望于蒋介石

1946 年 1 月间，陈公博、梅思平、林柏生、李圣五等均囚于南京宁海路 52 号一幢古式洋房的二层楼房间内，陈璧君、莫国康（陈公博的女秘书）、陈舜贞（褚民谊之妻）以及陈公博的妻子李励庄则囚于楼下的房间内。门口站有岗警，门内陈设如一般人家的住宅，条件尚好。1946 年 3 月初，陈公博与陈璧君、褚民谊等 3 人被押送至苏州江苏高等法院看守所，交司法部门正式审判。

在此期间，陈公博一直没有放弃努力的希望。每日都奋笔疾书，曾写下两万余言的《致蒋先生书》。在这封信中，陈公博诉说了自己往日与蒋氏许多心照不宣的默契，暗示彼此都历经了仕途艰难，切莫忘怀早年曾为"革命"共事之友谊。其言辞恳切，情感诚挚。

《致蒋先生书》在南京期间，陈公博就已写好，转押到苏州后他又用了两余天细细斟酌，反复修改，然后托看守所的人员将信寄出去后，他想蒋介石也许会对他从宽发落。因为他打听到，前几日蒋介石接见了从南京老虎桥监狱出来的汉奸周佛海，事情应该还有回旋的余地。[②]

可是他却打错了算盘。他自以为可以通过追溯以前的交情，向蒋介石打亲情牌，也许蒋介石就会网开一面。可他当时是国内人人喊打的"二号汉奸"，旁人都在与他撇清关系以表清白。正是这样，蒋介石在听着毛人凤念陈公博的信，开始还频频点头，后来听到他以往与陈共事，两人所玩弄的种种"机关"时，渐渐变了脸色。

---

① 化夷、晓华："二号汉奸·陈公博"，载于《民国十大汉奸之死》，山东文艺出版社 2004 年版。
② 陈家鹦："临刑前的汉奸陈公博"，载于《文史博览》2007 年 10 期，第 54～56 页。

自己寄出的信石沉大海，凭着多年沉浮宦海的经验，陈公博知道他已走到尽头了，明白了自己的结局，似乎倒镇静起来了。狱中每日放风三十分钟，每当这个时候，陈公博总是慢吞吞地在院子里踱着方步，碰上眼熟的还打个招呼。有时还旁若无人地吟诗作对。与垂头丧气的那些人相比，他还算神态自如。

◎ 狱中的点点滴滴

从南京到苏州，陈公博每日闲暇之余，以写日记度日。这些日记现今保存于安徽省图书馆，从这些日记里，记录着陈公博在狱中的点滴心路历程，道尽其人生的一些感慨。

陈公博有一个儿子叫陈干，不满二十岁，在南京读书。他得知父亲已解离后，就从南京乘车赶赴苏州到司前街看守所探监。陈公博3月17日的日记就写到了这件事。

下午二时半，干儿又从南京赶到了苏州。这样的雨天，他还要东奔西走，心里似乎有些不忍，所以当他临走的时候，我又再三的叮嘱他以后没有紧要的事，也不必多来看我。

我对他这样说："事情已经到了这步田地，奔走也是多余的，你来看我，也徒然增加我内心的痛楚。在我自己，但求无愧于心，对于任何方面，都不再有什么牵挂，也不再有什么放不下手的地方，但愿你好好求学，将来替社会办些实际的事业。"

临行前，陈公博对他的孩子前叮咛万嘱咐，以后不要参与政治：

为了办政治，你的祖父，卖尽家产，结果弄得银铛入狱，我也是为了办政治，到今天也免不了身入图圈，难道这样的痛苦还受的不够？干儿，我告诉你，以后你什么事都好办，只是千万不要再干政治，你要牢记！[①]

日记中，陈公博也谈到了自己早年从事政治活动的原因，出于宣扬其"革命历史"，以图绝境求生之冀望，对数十年的政治生涯特别是早期的政治活动做了反思，有不少自我炫耀、哀叹命运、攻击他人的言论，但是身陷图圈的他已然没有话语权，在看到外界媒体对他的报道之后，陈公博不禁感慨道：

[①] 贾兴权："陈公博狱中日记"，载于《民国档案》1991年04期，第58～66页。

现在的新闻记者，往往对一个有权有势坐在台上的人，不管他所做工作的好坏，一味大吹大擂的揄扬鸿业，藻饰主功，等到他一旦失败了，马上摇身一变，面孔一抹，声色俱厉的声罪致讨。我想一个人不打虎而专打狗，已经懦弱得可怜了，甚至连狗都不敢打，而专打落水狗，堂堂男子汉，为什么如此不中用？①

◎ 审判开始

1946年3月2日开过侦查庭后，3月8日，苏州高等法院首席检察查官韩焘对陈公博提出起诉，起诉书原文很长，叙述了陈公博和汪精卫等组织汪伪政府的一系列罪行，主要罗列了十大罪状：

（一）缔结密约，辱国丧权；（二）搜索物资，供给敌人；（三）发行伪币，扰乱金融；（四）认贼作父，宣言参战；（五）抽集壮丁，为敌服役；（六）公卖鸦片，毒化人民；（七）改编教材，实施奴化；（八）托词清乡，残害志士；（九）官吏贪污，政以贿成；（十）收编伪军，祸国殃民。②

1946年4月6日下午2时，法庭开庭，公开审判陈公博。这天，陈公博身穿深灰色布面夹衫，灰色西装裤，头戴黑呢船形帽，脚踩一双黑皮鞋。他手持两本卷宗，见记者前来拍照，连忙强打精神，故作镇定。

法庭指定辩护律师为高溶，庭上共坐着五人，其中三位穿着法衣的审判官和一位检察官、一位书记官。正中的一位是审判长孙鸿霖，戴着金丝边眼镜；左首是那位庭长石美瑜，身穿戎装，神采奕奕；另一位是检察官韩燕，书记官

▲图为陈公博接受审判

蔡一亭、推事陈嘉瑞，均依次入座。

审判长孙鸿霖宣布："公开审理陈公博汉奸一案，现在开始！"接着讯问陈公博的年龄、籍贯，陈公博回答道："现年55岁，广东南海人，光绪三十三年加入国民党。"

由首席检察官宣读起诉书，根据

---

① 贾兴权："陈公博狱中日记"，载于《民国档案》1991年04期，第58~66页。《陈公博狱中日记》原件标题为《陈逆公博狱中日记》，藏于安徽省图书馆，32开本，成书年月不详。内容为1946年3月15日至4月21日间陈公博断断续续写的17篇日记。

② 赵天一："公审汪伪巨奸陈公博亲历记"，载于《档案与史学》1999年04期，第48~50页。

1945 年 12 月 6 日，国民政府公布的《惩治汉奸条例》，陈公博的行为已经触犯条例的第二条、第一、三、四等款，故请从严处理。可是《惩治汉奸条例》所列举的十二项汉奸行为，都是死刑或无期徒刑，从严处理，也就是判处死刑。①

陈公博听完起诉书后，很不服气，法官问陈公博对起诉书有何异议，陈公博就问法官能不能当庭宣读他在看守所写好的《八年来的回忆》。审判长同意了他的要求，于是陈公博打开卷宗，朗读起来。

这份自白书里，陈公博花了很长的篇幅解释汪精卫的"和平理念"，认为他的行为是在和平抗日，声称"和平抗日比武装抗日更为艰难"，在政治上争取行政的自由和统一，在军事上争取军事的独立并尽力挣脱日本的束缚。在经济上争取物资的保存和国家人民元气的保存……

最后，陈公博对起诉书提出了抗辩理由，即"沦陷区人民创痛巨深，经汪陈政府予以'抢救'，国家元气得以保存；日本投降后，本人维护南京治安以待国军接收"等②。1 个小时 55 分钟，陈公博才把这份自白书读完。

◎ **法庭调查的是是非非**

到了 5 时 30 分，审判长宣布休庭 10 分钟，接下来进行法庭调查。在调查提问时，法庭上交锋的第一个核心问题就是有关《日中基本条约》的签订。

对此，陈公博表示他从来没有参与《日中基本条约》的讨论，也一直反对此条约的签订，而条约中所讲"建设东亚新秩序"，在他认为均为"陈旧不堪之秩序"，这也是他和汪精卫的分歧之一。

在《自白书》中，陈公博也提到：

我自己也决定应该做的几件事：……第一是反对中日基本条约。在基本条约签订以前和在签订以后，我都一直反对。二十九年底算是正式签定了，在正式讨论的时候，汪先生叫我参加讨论，我坚辞不肯，因为我知道要修改只是文字上的事。如果我参加讨论，那么签订以后，我再不好反对，我要保留反对的地位，所以不肯参加。……直至三十二年底，才把所谓中日基本条约废止。③

---

① 孟国祥、程堂发："惩治汉奸工作概述"，载于《民国档案》1994 年 02 期，第 107～114、121 页。
② 陈公博：《八年来的回忆：陈逆公博自白书》，上海光复出版社 1945 年版，第 29 页。
③ 向诚：《近代文史大观·下册》，大中华出版社 1984 年 9 月初版，第 518 页。转引陈公博在苏州高等法院受审时所呈之"八年来的回忆"自白（又称《陈公博的自白书》），于 1945 年 11 月于南京所写，全文约两万余字，曾在各报章发表。

至于为什么他始终跟随汪精卫并成为伪政府中的要员，而不是像陶希圣等汪精卫旧部一样背叛汪精卫返回重庆。陈公博说他这是为了维护民国的利益，这个问题需要从两个方面来看。在法律上讲是犯法的，从政治上讲，则希望南京政府成为一种缓冲，以便借此与日本直接谈判，并提出最好的和平条件。①

但是在法庭上，检方出具了控诉罪名的证据，包括证据第三号《陈公博言论集》、伪国民政府代理主席委任状等物，并放出留声机"欢迎日本皇军"的录音词片子，陈公博见此无语而对。

接着，指定的辩护律师高溶为陈公博辩护，他认为民众对"和平运动"的责难，只是片面之词，社会上也有不少人认可"和平理论"的缓冲作用，若无和平政府，则人民不堪设想。被告人陈公博十五六岁就开始从事革命工作，始终为国家付出自己的努力，从他的人生经历来看，他是爱国的。

律师辩护完毕后，庭审于晚上8时结束，审判长孙鸿霖宣布："本案定于本月12日下午4时开庭判决。"②

◎ **早已预料到的结局**

1946年4月12日下午4时，江苏省高等法院再次开庭，审判长孙鸿霖宣读判决书："陈公博通谋敌国，图谋反抗本国，处死刑，剥夺公权终身。全部财产，除酌留家属必需之生活费外，没收。"

虽然早在寄给蒋介石的信没有回音的时候，陈公博就知道自己已经凶多吉少了，但知道自己被判死刑的瞬间，心中还是有种难言的苦涩，谁能坦然地面对死亡呢？

孙鸿霖宣读完毕后，对陈公博宣称，本院依法当将此案呈报最高法院，被告如有申辩，可于判决书送到10日内，以书面向最高法院提起上诉。陈公博知道这已经是最后的结果，即使上诉也难有改变，于是表示服从判决结果，不会上诉，就像他自白书所说，他这么做是为了表示他政治上是清白的。

但是陈公博的妻子李励庄不愿意放弃这点渺茫的希望。4月20日，李励庄向最高法院提出《申请复判状》，企图救陈一命。同时她还向报界发表讲话，声称陈公博曾经通过军统徐天深所设的电台，向重庆当局汇报过日军情况。而重

① 郑笛："公审大汉奸陈公博目击记"，载于《检察风云》1998年10期，第68～70页。
② 同上。

庆方面经奉"委座"嘉勉的录谕传达电报，现在依然保存的完好无损，是否可以公开，以此证明陈公博的清白。

李励庄的申请状，最后被最高法院驳回。5月14日，最高法院核准原判，呈送司法行政部核发执行命之令。6月2日，执行死刑的命令送达江苏省高等法院。

临刑前，回到狱中的陈公博情绪稍显平静，他在日记里写道：

> 刚到苏州的头几天，心头十分烦躁，及后开始审判，心思倒好像定了许多，如今罪已判定，似乎格外的定心了。原因是我老早准备就此牺牲以谢国人，一个人准备了死，还有什么觉得可怕！

1946年6月3日上午6时30分，法院院长通知典狱长迅速安排临时法庭，布置刑场、警备等。陈公博去刑场前，提笔给家属写了遗书；又给蒋介石写信，信写到一半时，陈突然决定不写了。于是，历史上就留下了一封陈公博未完成的致蒋信。

大约在8点半钟，陈公博被带到监狱设置的临时法庭上。法官循例问了陈公博的姓名、年龄、籍贯等，接着宣读死刑执行书：

> 最高法院特种刑事判决三十五年度京特复第1229号……依《惩治汉奸条例》第二条第1项第1款……判处死刑，褫夺公权终身……

步入刑场的陈公博与行刑者握手称谢，行刑时法警开枪，子弹自后脑入、从右颧骨出，陈公博当即毙命，经核验员王椿荣核验后，用木板抬到太平间并通知其仆人刘亚忱，一代叱咤民国政界的枭雄就此画上了人生的句号。

审判周佛海：绝处逢生的抗战汉奸

在民国历史中，有一位神奇的政坛达人，堪称最能兴风作浪、也最会见风使舵的政客，一生游走于共产党、国民党政府、汪精卫伪政府之间，然后在抗战结束之后，仍能全身而退，保留身家性命的民国第三号"汉奸"——周佛海。《西游记》上说孙猴子善于七十二变，只活了51岁的周佛海，一辈子恐怕变得更多、更快，也变得更为离奇。

◎ 汪伪政府的"智多星"

▲ 周佛海

中共一大的十三个代表中，周佛海位列其中，而且在中央局书记陈独秀在广州未回上海前，一度代理书记职务，可谓是中共革命史上前辈中的"老字号"。不过他很快就在 1924 年脱离了共产党，投入了蒋介石的怀抱。从 1927 年到 1937 年，周佛海跟随蒋介石青云直上，可谓红极一时，先后担任国民党中央政治委员会委员、民众训练部部长、蒋介石侍从室副主任兼第五组组长、国民党宣传部副部长、代理部长等职，为蒋介石打内战、党同伐异出谋划策。他还曾参与筹建国民党特务组织复兴社，堪称当时的"政坛常青树"。

1938 年，抗日战争爆发，长期被蒋介石"架空"的汪精卫见当时国民政府兵败如山倒，于是想借此机会重揽权柄。而周佛海此时审时度势，与陈公博等团结在汪精卫的旗帜下。汪精卫政府能够顺利成立，与周佛海的大力运作是分不开的。①

1940 年 3 月 30 日，汪精卫在南京成立伪国民中央政府。伪政府中的各院、部、会的核心官员，都是在周佛海笔下提名产生的，伪政府实际上是周佛海炮制而成。在周佛海的日记中，对于这段历史，他本人是十分骄傲的。

◎ 审时度势的狡猾政客

俗话说：不要把所有的鸡蛋放在同一个篮子里。身为玩弄政治的职业政客，周佛海深谙其道。1942 年太平洋战争爆发，美国对日宣战，周佛海看出形势对日本极其不妙，于是主动与国民党政府的特务机关联系，通过军统渠道向蒋介石表示悔改，蒋介石则亲笔回信，让其"暂留敌营，戴罪立功"，并承诺"君之前途，将予以可靠保证"。

此后，周佛海不仅暗地里时有庇护军统特工，还常用自己的电台向重庆传送情报。由此可见周佛海的"老奸巨猾"，难怪其经历大风大浪而不倒。②

1945 年，日本突然宣布无条件投降，周佛海当机立断，联系远在重庆的国

---

① 张祖涛："民国乱世'千面人'周佛海"，载于《文史天地》2012 年 04 期。
② 范长琛："军统策反周佛海始末"，载于《钟山风雨》2004 年 04 期。

民政府，表示自己当时控制的一万多人的武装力量愿意听从国民政府的领导，稳定并恢复国民政府在上海地区的统治。因此，抗战结束后，陈公博等其他汪伪高层或逃遁或被捕，周佛海却由戴笠委任为军事委员会上海行动总队司令，协助维持上海秩序。

虽然如此，有道是"出来混总是要还的"。抗战结束之后群众对汉奸的清算热情空前高涨，"汉奸者人人得而诛之"，当1946年年初陈璧君、陈公博等先后被捕入狱时，周佛海仍只是被国民党方面软禁于白公馆中，除了不能出门及不能打电话外，饮食起居有专人伺候。

◎ **公审开始**

周佛海是最后一个进入庭审阶段的"大汉奸"，在此之前，陈公博、褚民谊、缪斌、梅思平等汉奸已经陆续受审并处决。而相比于他们，周佛海的处境优渥，迟迟未被起诉审判令公众感到愤怒，社会媒体纷纷撰文质问国民政府意欲为何，而民间也有人频频发问，陈公博等排名在周佛海之下的汉奸都已接受法律的审判，而作为"大头目"的周佛海反而逍遥法外？

在被软禁期间，周佛海也积极想办法自救，散尽万贯家财向各方大员求救。因为1942年以来的良好表现，军统头子戴笠向周佛海拍着胸脯保证，要用政治手段解决其"汉奸"身份问题。这是其用万贯家财向戴笠贿赂而换来的保命手段。世事发展往往出人意料，1946年3月17日，周佛海的"保护伞"戴笠因飞机失事而命丧黄泉，同月国民党召开六届二中全会，四十余中委要求严惩汉奸，将矛头直指周佛海。

在社会及党内外的压力之下，国民政府将周佛海移交司法程序。1946年9月中旬，周佛海被押解至监狱。

▲图为周佛海在汪伪政府成立时留影

负责公诉的是南京最高检察院检察官陈绳祖。在周佛海入狱之后，陈绳祖立即展开调查，于 1946 年 9 月 19 日、21 日、24 日至 26 日连续对周佛海进行侦讯，10 月 2 日向法院提交起诉书，指控周佛海"参与组织伪国民政府、滥发伪币资敌、签订卖国的《中日基本条约》、以汪伪特使身份出访满洲国，以及招募伪军、公卖鸦片、搜刮物资、奴化青年"等罪行，认为"无一而非祸国殃民之举"，指其触犯《惩治汉奸条例》。[①]

10 月 21 日 9 时许，十二三名法警押着时人称之为"第三号大汉奸"的周佛海，乘一辆大型汽车出现在南京建邺路西段朝天宫大成殿的首都高等法院审判庭门口。

主审周佛海案的法官是当时的立法委员、知名法学家、首都高等法院院长赵琛，辩护律师是章士钊、王善祥和杨喜麟，再加上负责公诉的陈绳祖，周佛海一案可谓聚集了民国政法界的精英。

◎ 我在"曲线救国"

对于主审案子的法院来说，周佛海案比起之前审判的陈公博案等，案情本身审查的难度简单得多。毕竟周佛海在抗战中的所作所为世人有目共睹，所列举的罪名证据确凿，社会公众、部分国民党高层及其他党派强烈要求对周佛海判以死刑，"不死不足以谢天下"。

但是因为之前提到的原因，蒋介石等部分国民政府高层并不希望处死周佛海，虽然周佛海首尾两端操守令人不齿，但毕竟曾经有功于民国，虽功不抵过，但罪不至死。

可见此案也牵扯到国民党内部的党派斗争，各方纷杂的声音将案情越发地复杂化。

周佛海早已为自己想好了一系列脱罪的理由。周佛海在重庆时，就写好了很长的自白书，内容全是表功，说明自己做了许多有利于抗战的事，功比天高，足可抵过。9 月 21 日提审时，周佛海递交了自白书。周佛海在侦讯以及自白书中，对自己为何叛国投敌和投降后的种种罪行，或者轻描淡写，或者千方百计抵赖，或者百般美化；并且，他一口咬定自己在 1942 年早已向军统局自首，有已经死去的戴笠信件可以作证。[②]

---

① 毛剑杰："周佛海案：汉奸的生与死"，载于《看历史》2011 年 05 期。

② 何德廷、辜宗秀："周佛海附逆的心路历程——由周佛海日记解读"，载于《吉首大学学报》（社会科学版）2009 年 02 期。

在庭审当天，他语气悲切地宣扬自己"曲线救国"的理论：眼看着上亿同胞陷入水深火热险地，我们这批人不顾自己名誉，牺牲自己前途，赶回沦陷区来照顾他们、保护他们，给他们阻挡日军，做了一层缓冲，以减轻他们所受苦难……而今，国军回来了，我们却变成了万恶不赦的汉奸！[①]

◎ **不算自首**

周佛海擅长用演讲煽动群众的情绪，在他的一番讲述之下，自己被塑造成一个悲情英雄的形象。事实究竟如何，历史早有公论，不过因为国民党政府在抗战时期的消极作为以及胜利之后竟以胜利征服者的姿态，歧视甚至剥削在陷区业已受尽苦难的做法，沦陷区群众对此极为愤慨。周佛海敏锐地看到了这一点并加以利用，感动了周围的群众，庭外爆发了一阵欢呼喝彩鼓掌之声。

尽管周佛海为自己不遗余力地辩护，并且其妻子杨淑慧也通过重金的方式获得众多证词：除国民党各战区六个方面军的司令外，还有军统局、陆军总司令何应钦、第三战区司令顾祝同、上海市党部等证词，试图证明周佛海的做法是按照军事部署的"潜伏行为"，不算卖国。

可是经验老到的检察官陈绳祖怎么会被这点阵势吓倒？针对周佛海方关于抗战结束之后有"自首"行为的辩词，他出具了抗战刚结束时周佛海为上海行动总队司令的公文以及蒋介石和军统局的通电，都证明了当时蒋介石不过是对周佛海事急从权的利用，事实也是如此。

而对于1942年联系国民政府以及之后为国民政府通风报信的"自首"行为，陈绳祖表示，周佛海早在1939年11月4日就被国民政府通缉，其"所谓的自首"是在1942年，而不是在犯罪发觉前投案，因此认为周佛海自首情节不能成立。于是驳倒了周佛海所谓"自首"的辩词。

庭审过程中发生了一件有意思的事情，那就是军统所出具的证据中，的确说明了周佛海确曾为军统提供过情报和庇护，但同时却否认周佛海有自首行为。

因此到最后，法庭认定周佛海案没有自首情节，照常宣判。

◎ **被判死刑**

11月2日上午，南京高等法院对周佛海再度公审。周佛海虽然不得不供认"离开重庆是根本的错误，当时看错了，牺牲了祖宗和子孙的名誉，真所谓错误

---

① 刘诚龙："看周之友写他爹大汉奸周佛海"，载于《文史天地》2007年10期。

▲图为汉奸周佛海在南京接受公审

的牺牲。"但仍竭力抵赖其罪行，甚至公然声称他是"和平的抗日者"。

关于检方对其经济政策的指控，周佛海声称自己只是汪伪政府名义上的行政副院长，外界风传的所谓掌控财政、行政大权的"谣言"，纯属无稽之谈。

而所谓的"主导成立伪中央储备银行、滥发伪币，并颁布法令禁止人民持有法币"一事，周佛海说他是为了减少民众损失，抵制日军军用票才不得以发行中储券；且中储券有货币储备基金支持，并非掠夺，此举也为稳定沦陷区物价，是没有办法的办法。

不管如何，法庭宣判依旧照常进行。11月7日上午11时，南京高等法院的"特定第三四六号特种刑事判决书"，以通谋敌国、图谋反抗本国之罪，宣布将周佛海判处死刑，剥夺公权终身，全部财产除留家属必需生活费外，予以没收。

◎ 绝处逢生

努力了这么长时间却得了这样一个结果，周佛海及其妻子杨淑慧自然不服，可判决已下，还能有什么办法呢？这时周佛海突然想起主审法官赵琛在庭审结束时对周佛海说的："你的叛国罪是很大的。在最后关头，虽有一些立功赎罪表现，但功罪是无法相抵的，'总裁'对你自有恰当处理。"①

也就是说，周佛海死不死，还是需要看蒋介石的意思，只要用一种体面的方式，让蒋介石不需要直面全国的舆论压力，蒋介石看在以往的功绩，自然可以为你开脱罪刑。

杨淑慧为此继续奔走想办法解救周佛海，希望周佛海的故交好友来请求蒋介石的特赦。与此同时，周佛海的好友陈布雷受蒋介石之托希望通过司法途径解决此事，最后经过司法行政部部长谢冠生和司法院院长居正的协商，只能通过政治方式加以解决，即由司法院签呈国民政府请求减刑。②

1947年3月26日，蒋介石签署减刑令，给予周佛海特赦，由死刑转为无期徒刑。就这样，沸沸扬扬的周佛海案落下了帷幕。

---

① 王恩收："蒋介石为何不杀周佛海"，载于《文史博览》2011年02期。
② 宁敏磊："周佛海改判内情"，载于《世纪》2001年03期。

虽然周佛海逃过了法律的判决，却等来了时间无情的惩罚。1947 年秋天起，周佛海心脏病复发，并发症一起袭来，痛得常常只能俯卧床头，低声呻吟。[1]

1947 年 10 月，周佛海心脏病日趋严重，由监狱医生及家属聘请的医生医治，病况时好时坏，靠注射维生素及麻醉剂维持。1948 年 2 月 9 日（农历除夕），又突患肺炎及急诊肋膜炎，病情严重。家属据情曾请求当局允许在监狱外治疗，结果未获准许。但将其移至一临时病房，单独住宿治疗。除由监狱当局调派犯人两名看护、监狱医生两人随时治疗外，并有其家属聘请的医师随同，昼夜诊治。

至 28 日晨，周佛海病情突变，浑身出汗如雨，精神疲惫。下午 1 时半，已神志不清，处于弥留状态。2 时，气绝身死，时年 51 岁。4 月 5 日，埋葬于南京郊区汤山永安公墓的半山间。[2] 至此，周佛海结束了他跌宕起伏的一生。

闻一多之死：民主党派与国民政府的决裂

抗战结束后，国共两党的冲突不断升级，由初期的局部冲突，到后来第二次内战的全面爆发，吹响了国民党统治崩溃的序曲。事物的繁荣和衰败，其内因才是根本性因素，国民党之所以在 20 世纪 40 年代后期被驱赶到台湾地区，也是如此。

军队组织上的腐败和派系之间的党同伐异，导致军事上的节节败退；经济建设中官僚资本的恶性垄断以及政府货币（金圆券）信用的破产，造成了民国经济的全面崩溃。

而在政治领域，1945 年末到 1946 年初，国民党破天荒地与共产党、民盟、青年党以及社会贤达的代表经历了一番唇枪舌战，通过了政治民主化、军队国家化、改组政府等决议。这是自国民党一党训政以来，第一次由国内各种政治派别平等、公开地决定国家大事，人们以为和平的曙光已经降临，饱受战火摧残的中华大地的光明未来将会来临。

可是事与愿违，长期占据一党独尊地位的国民党，早已被盘根错节的利益

---

① 孙晓鸥："大汉奸周佛海在死前的日子里"，载于《湖北文史资料》1999 年 01 期。

② 林力："大汉奸周佛海之死"，载于《文史春秋》2003 年 09 期。

集团所把持，没有与其他政治团体分享政权的心理准备，其军政官员更不愿意放弃种种特殊利益。政协会议闭幕不久，即遭到国民党内部激进势力的强力反弹，发生了一系列流血案件，而李公朴与闻一多的死，无疑是其中社会影响最大的。

◎ **李公朴惨遭特务暗杀**

李公朴，号仆如，原名永祥，号晋祥，是"救国七君子"之一，民国时期著名的民主人士。

抗战结束后，李公朴已是当时民主同盟的领导者之一。1945年在民盟全国代表大会上，他当选为中央执行委员和民主教育委员会副主任。12月，全国各界救国联合会召开会员大会，改名为中国人民救国会，会上他被选为中央委员和中央常务委员。1946年初，他与陶行知共同创办"社会大学"，任副校长兼教务长，实施民主教育的理论与实践相结合的方针，同时主编《民主教育》月刊。

李公朴长期和国民党政府唱反调，政府当局似乎已经达到了忍耐的极限，针对李公朴的各种报复手段接连而至。

1946年2月10日重庆各界在较场口举行庆祝旧政协胜利闭幕大会，他担任总指挥。会上国民党特务进行破坏，制造了"较场口血案"，李公朴等人被特务打伤，被送医院治疗。两个多月后，他所建立的社会大学也被政府勒令停办。

面对政府的封杀，李公朴并不气馁，反而笑言正好可以钻研一些学问，于是他开始编写《世界教育史》。在此期间他遭到了严密的监视，但他毫不畏惧，却没想到一场杀身之祸不期而至。

1946年7月11日晚上，李公朴和他的夫人有事外出，一个小时以后他们办完了事情，夫妻二人去昆明大戏院看电影。在回家的途中，突闻枪声自后面而来，李公朴倒在血泊之中。他的夫人张曼筠见此情况大声疾呼，向路人求救。等到送往北门外云大医院医治的时候，已经快到晚上11点，经过几个小时的抢救，李公朴最终没有挺过死神的折磨，溘然长逝。

◎ **黑手连连**

李公朴的死，在当时的政坛引起了惊涛骇浪，虽然早先民间盛传特务机关悬赏谋杀在昆明的民主同盟主要负责人。民主同盟及其所有盟员没想到竟然真的有人出手杀人，民主人士一时人人自危，但也不乏热血者不畏权势，闻一多就是其中的翘楚。

李公朴被刺后，白色恐怖笼罩着昆明。一方面出现了"李公朴被共产党杀害"与"李公朴死于桃色事件"的政治谣言；一方面又传出消息，特务打算进一步实施暗杀，黑名单上第一名就是闻一多。著名的数学家华罗庚当年离开昆明的时候也在担心他的好友，不禁规劝："闻先生，现在风声很紧，你还是多注意，以后能有机会早走的话，你还是早走。"闻一多表示，李公朴的英魂还未远去，他的血不能白流，我不能走。

▲闻一多

7 月 15 日上午，昆明各界进步人士在云南大学至公堂举办悼念李公朴的大会，国民党云南当局派来大批特务混在场中窥视察看。闻一多家人担心他的安全，劝他别去。闻一多慨然说："事已至此，我不出，则诸事停顿，何以慰死者？"他准时去了，参加大会的有一千多人，但其中教授只有闻一多一个。

悼念大会开始后先由李公朴的夫人张曼筠讲述李公朴的生平和遇害经过，闻一多再也控制不住自己，不顾一切走上讲台，发表即席演说——这就是闻一多生前的最后一篇演说。他慷慨陈词，高声责问："今天，在这里有特务没有？你们站出来，你是个好汉的话，有理由，站出来讲！凭什么要杀死李先生？……你们杀死了一个李公朴，会有千万个李公朴站起来。"

闻一多最后庄严宣告："我们都准备好了的！我们都会像公朴先生那样，跨出门去，就不准备再跨回来！民主是杀不死的！"他气势磅礴的声音，在大厅内久久回荡，最后融入群众雷鸣般的掌声中。

会后，闻一多在回家途中也是谨慎小心，他的儿子闻立鹤不放心父亲的安全，父子俩一前一后相互照应。突然人群中冲出两个歹徒，对着闻一多连开几枪，枪弹正中闻一多的后脑，他随后倒在了地上。闻立鹤见状立即扑到父亲的身边大声呼救，这时两歹徒对着父子俩又连开几枪。两人被送到医院的时候，闻一多早已没有了生息，闻立鹤也是身负重伤。

▲图为闻一多在发表"最后一次的讲演"

◎ "激情杀人" 惹的祸？

短短几日，民主同盟中接连死了两位重量级人物，7 月 17 日，闻一多的次子闻立雕撰写了《谁杀死了我的爸爸》，将矛头直指昆明的国民党特务组织。一时社会舆论风起云涌，纷纷要求当局政府给予解释。

▲图为闻一多与家人的合影

综观当时国内外形势，中国正处在战后建立国际和平新秩序的重要时期。而作为战胜国的中国，内战阴云非但没有因战争结束而散去，相反则箭在弦上，大有一触即发之势。为此，中国共产党和中国民主同盟联合举起反对内战、呼吁和平民主团结的旗帜，与意欲继续坚持一党专政的国民党统治集团展开新的较量。李、闻惨案发生在这一既牵系国家前途，又与战后调整国际势力范围有所关联的非常时刻，立即引起国内外舆论的极大关注与强烈谴责。

闻一多案发生后，蒋介石颇感"压力山大"，一方面要面对国内民主势力的步步紧逼，另一方面美国的强烈反应也确实让他颇为头痛。蒋介石刚与美国政府达成的援助协议面临空前的挑战，许多美国团体要求停止对华援助，矛头直指蒋介石。《纽约邮报》的社论建议马歇尔正告蒋介石，要求蒋介石政府立即停止将暗杀作为政治武器，并决心解除内战威胁，否则美国将断绝租借援华。

蒋介石眼看事情闹到了不可收拾的地步，迅速派军统的程一鸣以及刚成为全国警察署署长的唐纵调查此案，之后又派遣顾祝同去平息这场风波，以挽回民心。此后在 8 月 2 日，《中央日报》发表社论《昆明事件之调查与处理》，强调异常重视昆明事件，8 月 10 日蒋介石亲自发表对全国人民的讲话，表明态度要将此案一查到底。

7 月 27 日，顾祝同到了昆明之后，立即着手调查。一番折腾之下，案件的

"调查结果"浮出了水面。按照当时政府的说法，是在悼念会现场，两位崇拜蒋介石的昆明宪兵部宪兵李文山、汤时亮见闻一多如此贬低他们的偶像，气愤难忍，于是便在会后跟踪闻一多，到西仓坡西南联大教职员宿舍门口一带，便拔枪射杀了闻一多。因这起案件只是小人物"激情杀人"的意外，惩办凶手二人即可。

◎ 大人物之间的博弈

事情真的是这样吗？虽然当时民间对此结果多有质疑，也有很多证据说明这是国民党特务机构有组织有预谋的活动，但是由于当时政府的强硬措施，闻一多案最终以宪兵"激情杀人"为结果定罪量刑，而策划此案的"大鱼"则逍遥法外。

但是，任何的谎言都敌不过时间的力量。在案件发生几十年后的1976年，作为李、闻惨案调查人士之一的程一鸣出版了自己的回忆录，揭示了军统局当年许多不为人知的事情，包括李、闻惨案调查经过。一桩掩盖了30年之久的血案事实才终于真相大白。

程一鸣在顾祝同之前就到达昆明，利用军统的力量，根据线索很快就找到了案件真凶，也就是当时担任云南警备总司令的霍揆彰。按照程一鸣在《李公朴、闻一多暗杀案内幕》一文中的说法，之前李公朴被暗杀是得到蒋介石的首肯的，而之后闻一多的死则是霍揆彰自作主张。

虽然证据确凿，但是处理起来却很棘手，因为霍揆彰是军方的人，黄埔一期生，蒋介石的嫡系，而且负责调查的全国警察署署长唐纵是他的老乡和老同学，如果把他处理了，蒋介石这个黄埔军校校长的面子不好看，也把唐纵给得罪了。最后在几方协调之下，霍揆彰向蒋介石"负荆请罪"，闻一多案最后被定性为小人物"激情杀人"，然后找出两个宪兵当替罪羊，迅速结案。

而李公朴案则被冷处理，现在有关李公朴案的史料大多只是一概而论，许多细节问题已无迹可寻了。

◎ 庭审与演戏

虽然结果已定，但"面子功夫"还是要做的，该履行的程序也应当依法执行。因为"凶手"是宪兵，因此案件是军法审判，被告不得委托律师，也不许他人旁听，这样的要求令当时作为民盟代表的梁漱溟等人十分愤慨。后来经过争取，由清华大学校长梅贻琦、各大学教授、省县参议员、市商会理事长代表

▲ 图为闻一多纪念雕像

等二十多人陪同参加。

8月15日，闻一多案正式开庭审理，军事会议审判法庭由国民党陆军总司令部军法处、云南省保安司令部驻昆明宪兵十三团组成，对刺杀闻一多的特务汤时亮、李文山进行"公审"，审理过程中只允许中央社记者两人采访。

法庭上法官和被告似乎事先都已排练好台词，很快被告对案情已交代清楚，对罪名也供认不讳。就这样，闻一多案不到一天的工夫即草草了事，不仅没说明要如何定罪量刑，更是对闻一多案之前几日发生的李公朴案只字未提。这样的结果自然受到了公众的质疑，梁漱溟等人认为这只是政府之前排好的"木偶戏"，向政府郑重提出抗议。

为了回应公众的质疑，闻一多案的第二次审判也于8月25日在翠湖云南省警备司令部举行，判决汤、李二人死刑。随后顾祝同签署陆军总司令部法审布字第元号布告，宣判汤、李在昆明枪决。

◎ **活着的"死人"，崩溃的序曲**

这起轰动民国的司法大案似乎就此落下帷幕，虽然李公朴案依旧未得到合理的解释，可在当时的高压统治下，社会舆论的高涨情绪终于慢慢平息了下来。

不过有意思的是，汤时亮、李文山这两个已经"死亡"的罪犯，在新中国成立后依然还活着，后经举报被抓捕处死。原来当时他们在被执行死刑之前，已经被蒙面的死刑囚犯调包。

虽然闻一多案政府给出的结果貌似能自圆其说，但是明眼人都知道真正的凶手其实依然逍遥法外。之后，国民党与民盟等民主势力离心离德，民盟彻底看清了国民党所谓的政治协商会议只是虚与委蛇的手段，国民党在政治上陷入了孤立。有学者认为闻一多案对国民党造成的负面影响不下于金圆券的发行与失败，现在想来，是有一定道理的。

盟国的另一面：苏军暴行引发的民国大案

第二次世界大战中，美英为了使中国牵制日本，同意了国民政府一直争取的有关取消领事裁判权的请求。1943 年 1 月 11 日，中美签订《关于取消美国在华治外法权及其有关特权条约与换文》，所谓"领事裁判权"自此废除，就是说："任何外国人在中国犯罪，应该在中国法庭受审，按中国法律治罪。"

然而事实上，这种治外法权在当时的社会中依然实质存在，只是适用的群体没有像过去一样那么普遍，但涉及外国人的判决，往往也需要看该国政府的眼色。

以民国政府 1943 年 10 月 1 日与美国签订的《处理在华美军人员刑事案件条例》为例，其中明确规定："对于美军人员在中国境内所犯之刑事案件，归美军事法庭及军事当局裁判"。

从 20 世纪 40 年代中期国民政府争取废除领事裁判权，直到 1949 年中华人民共和国成立的数年间，中国社会进入了一个"后治外法权时代"。何为后治外法权时代呢？即领事裁判权虽然从名义上已经废除，但是因为国力衰弱，洋人欺压国人却依然逍遥法外的案件仍广泛存在。

◎ 苏联出军东北

世界反法西斯战争胜利前夕，在 1945 年 2 月举行的雅尔塔会议上，斯大林同意盟国的请求，将于欧洲战场结束三个月内加入太平洋战场的对日作战之中。

从 1945 年 5 月到 1945 年 8 月，苏联这架恐怖的"战争机器"开始高速运转起来，从欧洲战场迅速向远东地区和后贝加尔运送了 136000 节车皮的部队和作战物资。在远东共展开了十一个合成集团军、两个战役集群、一个坦克集团军、三个航空军集团和三个防空军集团、四个独立航空军，总兵力为一百五十多万人，并配有 26137 门火炮、5556 辆坦克、3446 架飞机。1945 年 8 月 9 日 0 时 01 分起，苏军三个方面军同时向东三省东、西及北三个方向发起进攻，以摧枯拉朽之势，一举粉碎了被日本军部捧为骄子的关东军，加速了日本投降的步伐。

苏联出兵东北，立刻使中国的抗日战场形势明朗化，同时也解救了在日本人

▲图为苏军士兵在中国东北准备拆卸的工厂车间合影

统治之下长达十四年的东北同胞。

苏军驱逐了关东军之后，由于当时大部分国民党军队都远在南方，于是日常的治安就由苏军来维系。东北人民最初对苏军的欢迎态度，慢慢随着事态的发展悄然改变，甚至成为后来中苏关系破裂的原因之一。

◎ 值钱的打包带走

天下没有免费的午餐，苏军花了这么大的人力物力出兵东北，可不是"学雷锋做好事"，它需要相应的利益作为回报。

其实，早在苏联出兵东北前，斯大林就盯上了东北的工业设备。苏军进入东北后，从国内带来了3000多名技术人员，他们跟随苏军进入大城市和其他工业基地，大肆拆卸工业设备。自己的人手不够，就让被俘的日军技术人员帮忙。拆下来的设备被装进箱子里运往苏联，就连这些箱子也是利用东北的木材制作的。①

有关东北重工业工厂等资产，国民政府与苏联据理力争。苏联方面也做了两手打算，一边和中国政府谈判，一边准备"打包带走"。中苏谈判失败后，苏军开始加速拆运工业设备。这些设备分两路运往苏联，一路从哈尔滨，另一路从大连。

苏联破坏性的拆除行为，致使东北最大的电力网——东北发电厂的发电量由原来的180万千瓦降为80万千瓦，鞍山钢铁厂9座规模宏大的炼铁炉被拆去7座，抚顺煤矿年产量从480万吨猛降为160万吨。1946年冬，东北工业会和东北日侨联络处的调查表明，在整个苏军占领期间，东北的直接经济损失为12亿美元，加上未能调查及无法证实的确切损失，总计20亿美元左右。②

除拆走机器设备外，苏军还从银行里掠走了价值300多万美元的金条和

---

① 蒋清宏："苏军拆迁东北工矿业与战后赔偿研究"，载于《抗日战争研究》2004年第7期。
② 刘向上："1946年苏军撤军东北内幕"，载于《档案天地》2009年12期。

5000 多万元的东北货币，而且自己还在东北发行了十亿元的军用票。相反，苏军却容不得中国共产党在东北发行货币。

苏联人的行为自然给中国人民造成了极不好的印象，伍修权后来回忆说："他们撤出东北回国时，又把从工厂的机器设备到日伪人员

▲图上苏军士兵正在拆运中国东北机器

的高级家具，都一一拆运带回苏联，这些做法在一定程度上损伤了我国人民对'老大哥'的友好感情。"[1]

◎ 张莘夫案：地质专家惨遭杀害

国民政府和苏联对日本在东北遗留下的资产以及东北富饶的资源你争我夺，但是当时东北在苏军的实质控制之下，国民政府在这场冲突中往往居于弱势，而在这场不见刀枪的战争中，也有人付出生命，张莘夫就是其中的代表。

张莘夫是当时知名的地质学家，1945 年日本投降后，张莘夫被国民政府任命为经济部东北行营工矿处副处长，负责东北工矿接收事宜。

1946 年 1 月 7 日，张莘夫奉国民政府东北行营经济委员会主任委员兼中国长春铁路行司理事长张嘉璈之命，携随员牛俊章、徐毓吉等 5 人，在中长铁路苏联籍副助理理事长马里意的陪同下，自长春出发，准备赴苏联红军占领的抚顺交涉接收抚顺煤矿事宜。

途经沈阳时，马里意以打前站为名先独自赴抚顺，令张莘夫等人在沈阳等待。1 月 14 日，马里意通知张嘉璈，张莘夫等人可以赴抚顺。当日下午，张莘夫乃率技术人员及中长铁路路警 15 人，乘苏军

▲张莘夫

---

① 金东吉：《苏联出兵中国东北纪实》，四川人民出版社 2005 年版，第 189 页。

专列抵达抚顺。

张莘夫一行下车之后，即被苏军方面安排居住在抚顺煤矿事务所，由苏军4个人在门外站岗进行监视。1月15日，张莘夫一行人中的路警的枪支被苏军缴走，接收人员全部失去人身自由。当天，张莘夫曾电话联系沈阳方面，说苏军已经把他们扣起来了，只能保证24小时……话没说完，电话就被掐断了。

1946年1月16日晚，苏军方面人员会同当地警察赴抚顺煤矿事务所，向张莘夫表示抚顺煤矿不能由其接收，并劝其尽快返回沈阳。当晚，张莘夫等8人被迫搭乘原专列自抚顺回沈阳。当专车行驶至抚顺以西25公里的李石寨站时，一股"不明身份的武装分子"登上列车，将张莘夫等人拖下专列杀害。①

张莘夫被杀后，苏联方面极力封锁消息，驻东北行营的国民党接收人员很长时间内得不到张莘夫等人的确切消息。1月29日，国民政府驻东北军事代表团团长董彦平向苏军参谋长特罗增科提出书面质询，要求苏军找出张莘夫等人的下落，同时指出张莘夫是在苏军占领区失踪的，而且行前还得到苏方的人身安全保证，苏联方面有责任保证他们的安全。

苏方迟迟不肯给予答复。2月9日，董彦平关于此事面见特罗增科，要求苏联方面尽快给予答复。第二天苏方书面答复称张莘夫及其随员8人，系于1月16日21时，在抚顺返沈阳途中李石寨车站，被土匪一队拖下，押至东站以南一公里处枪决。至此，张莘夫被杀的消息才得到确认。

国民党政府对张莘夫等人被杀的消息十分震惊。2月21日，国民政府军事委员会指令董彦平速与苏军交涉，要求苏军捕获凶手，将尸体运往沈阳，并保证沈阳、长春、齐齐哈尔等地的国民政府接收人员的生命安全。2月27日，国民政府再次训令董彦平，向苏方进一步交涉。

张莘夫接收抚顺煤矿被杀害的消息很快传开，激起了国人的强烈不满。1946年2月，以"张莘夫事件"为导火线，全国爆发了一场大规模的反苏示威游行②，这也是后来苏联撤军的重要原因。

◎ **败坏的军纪**

一国到别国驻军时的军纪，直接关系到这个国家的形象。而苏军驻军东北

---

① 胡清宁："'张莘夫事件'与1946年初的反苏大游行"，载于《民国春秋》2001年02期，第62～64页。

② 饶品良："战后中苏东北问题交涉与国统区的民众反苏运动"，载于《俄罗斯研究》2006年01期，第67～71页。

后的表现，实在难以恭维。

1945 年 8 月，苏军进入东北后，对日本军民进行了残酷的报复，包括强暴妇女、掠夺居民的财物，以及将大约 58 万日军战俘押送至西伯利亚从事劳役，三四年后才开始遣返日本，其中近 8 万人死于异域。

当时滞留在东北的日本妇女及儿童的处境十分窘迫，一方面由于没有独自谋生的能力，而苏军拒绝向其提供必要的水和食物，导致大量妇女和儿童死于饥寒；另一方面，来自苏军底层士兵的强奸、性骚扰等非法侵害现象也明显增多，使得许多日本年轻女人不敢单身外出。与此同时，当时日本政府对解决滞留在中国东北日侨问题的态度不明，或者说根本无暇顾及这些问题，她们也无法回到家乡。

为了生存及免受苏联军人的侮辱，这些日本妇女大都选择了嫁给当地的中国男人作为出路。据当时的不完全统计，仅东北光复后两个月内，辽宁、吉林两省嫁给中国人的日本妇女就多达 11 万多人。

但这种恶劣的情况却不断蔓延。一开始只是针对日本军民，到后来则波及到了广大的东北同胞，部分无法无天的军痞对中国群众也经常进行骚扰，特别是抢东西、强奸妇女两项。一到夜晚就有一些零散的苏军士兵拦路抢劫行人和追逐妇女，有时还持枪闯入民宅，造成了东北许多群众的严重恐慌。当时东北人均抱怨："走了个小鼻子，来了个大鼻子。"①

苏军领导当时也整顿过军纪，时常可以看到在沈阳的大街上，苏军卫戍司令部用卡车巡查，将这些醉汉和违纪者成车拉回去关禁闭。当时有个中国妇女被两个苏军士兵强奸时偷偷把一根绣花针别在其中一人衣服上，过后这名妇女去苏军指挥部告状，苏联军官把士兵集合起来挨个找，妇女认出两人并在其中一人身上找到了针，马上有人过来把两个家伙用枪托砸倒，拖到队列前就地处决。

可是当时苏军在东北有百万人之多，些许惩戒短时间内难以有大的改观，进入东北头一两个月内军纪难以维持，特别是在东北各大城市，到了晚上，当地的治安实在令人堪忧。1945 年 8 月 23 日，关东军在致大本营的电报中说："苏军指挥部虽然训示其军队对日军及日本人不准采取暴力行动。但是，全满各地仍不断发生目不忍睹的粗鲁地开枪、掠夺、强奸，甚至抢劫行驶中的汽车等行为。"对日本人如此，对中国人亦是如此。②

---

① 傅万杰整理："苏军驻金县状况"，载于《苏联红军在旅大》，大连市史志办公室，第 209 页。
② 汪宇、燕何明：《苏联出兵东北始末》，人民出版社 2005 年版，第 225 ~ 230 页。

◎ 卢冬生案：军区司令被苏联兵痞杀害[1]

▲卢冬生

八路军的部分组织开进东北之后，许多受害的老百姓跑到八路军那里告苏军的状。看到这样的状况，八路军驻沈阳的部队一面致电中央报告苏军"衣衫褴褛，纪律甚坏"，一面向当地苏军政治部提出交涉，要他们严肃纪律。

而苏联方面给出的解释却是，因卫国战争激烈残酷，兵源不足，战争后期把许多刑事犯也拉来当兵，所以无法很好管束，只有靠枪毙一些坏分子才能维持纪律，甚至还说他们在德国就经常这么干，实在不好管。

八路军对于苏联的解释自然很不满意，但也知道苏联领导层也在积极避免此类事情发生，在双方的共同努力下，两三个月后，情况大有好转。但是在许多地方，夜间零星的苏军士兵外出抢劫和强奸事件仍时有发生。中共东北局在维护治安的时候，自然会与这些兵痞有所摩擦，甚至因此牺牲了一位高级将领——时任松江军区司令员的卢冬生。

卢冬生早年同贺龙一起在湘鄂西闹革命，曾任红二军团的师长，是工农红军第二方面军主要领导人之一，也是红二军团仅剩的四个党员之一。[2]

1945 年 12 月 13 日，陈云到哈尔滨，连夜召开会议研究东北工作，会上决定派卢冬生到松江军区任司令员。会议开到次日凌晨结束。因陈云的行李在离会场几百米外的地方，考虑到安全问题，大家请陈云不要回住所。卢冬生自告奋勇为陈云去取行李。

他带了一个警卫员扛着行李，在回来的路上，碰上一队行为不轨的苏军战士劫掠老百姓的财物。卢冬生自然很生气，批评他们，并拿出苏联红军军官证，以熟练的俄语质问这个苏军士兵是哪个部队的。这几个人自知闯了大祸，如果这事被眼前的军官上报，他们难逃一死。

为了逃避处罚，这些苏联士兵起了歹心，仗着人多强行抢去了卢冬生等人的行李和手枪后，又把他们领到老巴夺（现为哈烟厂）下坡，然后就向卢冬生开了枪。子弹射中了卢冬生的太阳穴，警卫员及时卧倒顺坡滚了下去，

---

① 卢冬生遇害时未改名解放军，故称八路军。
② 刘秉荣："贺龙爱将卢冬生"，载于《湖南党史》1999 年第 3 期。

方幸免于难。[①]

卢冬生的死，引起了中共方面的极大反应。但是基于政治考虑，特别是照顾到两国人民的感情，这类事情在中苏两国的公开出版物中长期被讳言。但是这并不等于什么事情都没有发生过。直到二十多年以后，毛泽东在 1969 年 4 月中国共产党第九次代表大会上谈到苏联出兵东北时，也犹有积愤地说当时苏联的军纪坏透了。而在八九十年代后，有关这一段历史的文献渐渐为世人所知，这一段历史被再次解读，大量出版物开始反映这一事实。

苏军在东北惹起的风波在 1946 年苏军渐渐撤离东北后步入尾声，但是在东北人心中留下了很不好的印象。国家弱小则民被欺，当年的历史，值得今天的我们深思。

沈崇案：民国"白富美"惨遭美军轮奸的真相

除了苏军以外，美军驻华期间也多有恶行，其中 1946 年发生的沈崇案以及 1948 年发生的景明大楼案就是两例引起当时社会巨大反响的典型。

首先从沈崇案谈起。

◎ 民国白富美遭遇厄运

沈崇当时是北京大学先修班法文组的一名新生，出身福建名门，清代名臣沈葆桢之曾孙女，林则徐之外玄孙女。沈氏家族自沈葆桢之后薪火相传，从清朝到民国年间未曾衰落。官宦世家、知书达礼、美貌如花、风华正茂的沈崇堪称当时最标准的"白富美"。

有句老话叫"红颜薄命"，1946 年 12 月 24 日，是沈崇一生中最黑暗的一天。圣诞的喜庆掩饰不了人性的丑恶，悲剧就此上演。

平安夜给人的感觉总是美好的，当时的沈崇从上海到北京[②]求学不过二十多天，当晚她从借住的王府井大街北的八面槽、甘雨胡同的表姐家去王府井南口东长安街的平安电影院看了一场名为《民族至上》的电影。

---

① 卢冬生遇难过程参见刘达："我在哈尔滨工作的前前后后"，载于《哈尔滨文史资料》（第八辑）。作者在卢冬生遇难时也是东北局的主要领导，又名刘成栋，是新中国成立后哈尔滨的第一任市长。

② 抗战结束后北京更名为北平，为读者阅读方便，本文统一以北京称呼。

▲图为1947年元旦，同济学生上街游行，抗议美军侮辱北大女学生沈崇。游行队伍从四川路一直到外滩，再进入南京路

散场后走在回家的路上，沈崇遇到两个酒气熏天的美国大兵。没想到这两个大兵见沈崇长得漂亮，色心大起，就强拉着沈崇到东单广场的一个角落。沈崇一个弱女子怎么拗得过两个身强体壮的男人呢，她不停地挣扎着并大声呼救，但也无法阻止悲剧的发生。就这样沈崇被强奸达三次之多，这样的创伤对于一个女性可能一辈子都无法愈合。

当时路上来来往往的也有不少行人，有一个路人正好撞见了两个美国大兵的"好事"。这路人名叫孟昭杰，是第十一战区修理班工人，孟昭杰很有路见不平拔刀相助的精神。但是对手毕竟是两个久经训练的老兵，双方战斗力根本不在一个层面上，努力救助两次还是没办法，打不过又惹不起，于是他立刻报了警。

接警的是北平警察局内七分局警士关德俊，警方反应速度也很快，迅速通知了中美警宪联络室，联络室派人去现场侦查案情。到现场后才发现，两个大兵只剩下一个名叫威廉士·皮尔逊（Pierson·Williams）的还压在沈崇身上，于是警方就把皮尔逊带回警局审问。

一经讯问才知道，这威廉士·皮尔逊是一名美军伍长，逃走的那个名叫普利乍得（T. Pritchard），是美军的一名下士。[①]之后警方将被害人送往警察局医院鉴定，确属被奸，开具鉴定书并协同北平地方法院首席检察官纪元赴现场履勘，制作笔录。也传讯了孟昭杰、赵泽田、强志新、赵玉峰、马文彬等五名证人，让他们陈述当场发现的经过。至此，案情已经一目了然。审问清楚案情后，北京市警察局将皮尔逊转交至美国宪兵处关押。

---

① 案情详细经过参见《北平市警察局为呈报沈崇案经过纪要致内政部警察总署代电》以及 China's America：The Chinese View the United States，1900–2000By Jing Li，SUNY Press：2011，p49。

◎ **媒体突破封锁**

案发之后，亚光新闻社王柱宇最早得到消息，第二天下午将这条消息发给各大报刊。北京市警察局获悉后，局长汤永咸立即给国民党的中央社打电话，让中央社通知各报不要刊登这一消息。

为了阻挡发表这一消息，汤永咸还将亚光社总编辑王柱宇和一些报社记者请到警局"喝茶"，逼着亚光社签字画押写保证书，不许再刊发此新闻。

接到北京市警局的通知后，中央社当即以警察局的名义给各报发了一

▲火车集装箱上也可见抗议标语

个启事，声称："关于今日亚光社所发某大学女生被美兵酗酒奸污稿，希望能予缓登。据谓此事已由警局与美方交涉，必有结果。事主方面因颜面关系，要求不予发表，以免该女生自杀心理更形加强。容有结果后，警察局当更发专稿。"

俗话说上有政策下有对策，不让亚光社发新闻，转发不就成了？于是在12月26日，北京的《世界日报》《北平日报》《新生报》《经世日报》纷纷转发了亚光社的消息，《新民报》还把国民党中央社的有关电令编成一条新闻发表出来，把他们封锁消息的行为告诉了社会。

消息一经报道，自然引起社会的广泛关注，引发了一番媒体之间的论战。[①]

面对民众的愤怒情绪，中央社等官媒想方设法地为美军的行为开脱，首先开始质疑沈崇的身份，发消息认为"沈崇似非良家女子"，"美军是否与沈女士认识，须加调查"。而美联社更加直接，一下把沈崇定义为"站街女"，还曾和美军士兵为了一晚上多少钱讨价还价。[②]

时任北京市市长的何思源也曾声明，"据官方检验，（沈崇）处女膜尚未十分破裂"。北大的校内也出现一块署名为"情报网"写的壁报，说沈崇是"从延安派来的女同志"，"逗引美兵制造事件"。甚至北京大学训导长兼先修班委员会

---

① 报道过程详见钟启元："见证历史——访'沈崇事件'报道者李西成"，载于《党史文汇》2000年02期，第21～23页。

② 美联社原文为"少女引彼等狎游，并曾言定夜度资。"

主任委员的陈雪屏也说："该女生不一定是北大学生，同学何必如此铺张。"可是陈雪屏隔天又否认讲过此话，让人感觉云山雾罩，不知是真是假。①

◎ 查明沈崇的真实身份

为了弄清真相，各报社记者纷纷到北大校本部弄清楚沈崇到底是不是北大的学生。《益世报》记者刘时平是西南联大的毕业生，同北大许多教职员和同学很熟，于是通过自己的关系，跑到北京大学教务处注册科采访，费了很大周折才查到了沈崇的学生卡片，只见卡片上清清楚楚地写着沈崇是先修班法文组的学生。而此时跟刘时平关系很好的注册科主任也叫刘时平不要声张此事，说这是训导长陈雪屏特意吩咐过的，之前还专门把沈崇的姓名从先修班学生座次表上画去了。

学生们也开始自己寻求事情的真相。在惨案发生后，北大女学生会主席刘俊英和北大几位同学专门去沈崇借住的表姐家，查明沈崇的家世。在七八个女同学登门慰问之下，大家才知道沈崇家世真了不得。沈崇不仅是林则徐外玄孙女、两江总督兼南洋大臣沈葆桢曾孙女，父亲沈劭是上海交大毕业后留学美国的桥梁工程专家，现任交通部次长（即副部长），母亲是林纾的女儿，哥哥是驻法公使。②

最不可思议的是，之前对沈崇大有污蔑的陈雪屏，竟然和沈崇有远亲关系，身为北大训导长兼先修班委员会主任委员，更是作为沈崇的亲戚，能不知道沈崇是北大的学生吗？陈雪屏之前的所作所为是何居心？

刘俊英和几位同学回校后将沈崇的家世公之于众，一下子激起了全国人的愤怒，几日之内，全国各类反美游行此起彼伏。北京城一下子炸锅了，北京各高校的学生纷纷组织起来，12月26日北京大学率先成立抗议美军暴行筹备委员会，筹划广大同学们进行罢课和游行示威。清华大学学生在告全国同学书中说："（沈崇案的发生）是对中国学生界最大的污辱，这是对同学安全最大的威胁，这也是对一个独立国家的最大讽刺！"

与此同时，北京大学沈从文、朱光潜、袁家骅、任继愈等四十八位教授联名去信美国驻华大使司徒雷登抗议美军暴行，清华校长梅贻琦、燕京校长陆志韦等都发声支持学生，还要求当局保障学生游行安全，两校众教授又发表联合声明。

---

① 参见《经世日报》，1946年12月28日、29日报道。
② 参加李秉奎："沈崇身份疑点补正"，载于《中共党史研究》2006第5期，第126页。

北京的抗议游行迅速得到全国几十个大城市的响应。从 1947 年 1 月 1 日起，天津、南京、杭州、重庆、武汉、青岛、广州等地相继涌起了学生抗暴游行的高潮，参加的人数有 50 万人以上。

◎ 民众积压的反美情绪

为什么沈崇一案如星星之火，瞬间成燎原之势呢？美军为什么短短数月之间就像过街老鼠——人人喊打呢？

美军原本在中国享有崇高的声誉，在抗战期间为救护遭受日军飞机狂轰滥炸的国人，在国军缺乏空中力量的情况下，美军第十四航空队英勇抗击，这些都是不容抹杀的功绩。但是抗战结束之后，驻华美军日益增多，而且素质良莠不齐，军纪极其败

▲图为抗议美军暴行大游行

坏。不管是在 20 世纪中期的中国，还是在 21 世纪的伊拉克，凡是有美军驻军的地方，奸淫当地女性的案件时有发生。

在当时的中国，有一个时髦的词叫"吉普女郎"，什么意思呢？就是缘于美军的吉普车在重庆、成都的公路或街道上风驰电掣地飞过，常常在沿路随意地把中国姑娘搂上车去，不管你愿不愿意，搂上去供其淫乐。这些可怜的姑娘们就被称为"吉普女郎"。①

美军特别喜欢去抓大学女生，而本国政府又拿美军没有办法，所以当时成都、重庆的大学为了保护自己学校的女同学，特地在学校附近的路口都装上了一公尺高的石柱，使车辆无法通行，可见当时美军在华的嚣张跋扈。

美军的暴行不仅局限于淫乱，杀人的案子也有不少。比如在沈崇事件之前发生的"臧大咬子事件"就是一个典型。"大咬子"在苏北话是"大儿子"的意

---

① 关于美军当时的不良行为参见石天河："关于'沈崇案'及其他"，载于《书屋》2010 年 10 期，第 57 ~ 61 页。

思，受害者的名字周围认识的人都不知道，便叫他"臧大咬子"。

1946 年 9 月 22 日晚上在上海，黄包车夫臧大咬子因为乘车的西班牙水手不付钱，拽住不让他走。那个水手有一个朋友是美国海军士兵，这个海军朋友一下子把臧大咬子给打死了。

结果这件案子最后的结果是美军军事法庭宣判海军士兵无罪，理由是这件案子只是因为双方语言不通，所以造成误会。在反美浪潮的压力下，西班牙水手被国民政府警察局拘留，但他只是乘车不付钱，没有打人的行为，无法判罪。①

诸如此类的案子在当时的中国社会普遍存在，因此民众早已对美军的专横跋扈十分不满，沈崇案的发生，就像一点火苗，瞬间引爆了全国人心中的油桶，对美军的怒火，一下子喷涌而出。

◎ 反蒋的"第二条战线"

在民怨沸腾之际，作为国民党的老对手，共产党在北京的领导层针对沈崇事件的反应显得有些迟钝。在沈崇案发生了近一个星期后才作出指示，大力支持民众的游行示威活动，形成打击国民党统治的第二条战线。

1946 年 12 月 31 日，中共中央发给董必武、吴玉章、张曙时、叶剑英、刘晓、方方、林平等人《中央关于在各大城市组织群众响应北平学生运动的指示》。指示中称，各地党组织要在各大地区发动群众进行游行示威，一面提出目前具体要求，如要求此案及以前历次悬而未决的惨案彻底解决，要求美国兵犯罪由中国法庭按中国法律公开审判（如华侨在美犯罪一样）等，一面依据情况联系到美军全部撤离中国，反对美国干涉内政，出卖军火，进行借款，助长内战，及废除中美商约，抵制美货等口号。②

随后中共有关沈崇事件发出一系列指令，《中央关于加强对蒋管区学生运动的组织与领导的指示》中称③，虽然党组织获得消息较晚应该自我批评，但到这一地步党员要积极参与组织游行，获得此次抗议活动的领导地位。

沈崇事件发生之后，反蒋浪潮之所以能够迅速扩散到全国，共产党在全国

---

① 臧大咬子案详情参见吴荼林："审理臧大咬子被害案"，载于《纵横》2000 年 07 期，第 56 ~ 58 页。
② "中央关于在各大城市组织群众响应北平学生运动的指示"，载于《中共中央青年运动文件选编》，中国青年出版社 1988 年版，第 636 页。
③ 参见："中央关于加强对蒋管区学生运动的组织与领导的指示"，载于《中共中央文件选集》第 16 册。

各地的迅速动员居功至伟，从而引发全国超过五十万人的游行活动越发的激烈，而游行示威的要求，也随着一开始的沈崇事件，逐渐有所变化。沈崇案使民众压抑已久的愤怒喷薄而出，后来更是爆发了反饥饿、反内战的罢课游行（即五二零运动），给国民政府很大的压力。毛泽东将共产党在国统区支持民众游行示威取得的成果，评价为打击国民党统治的第二条战线。

沈崇事件，已发展成为国共两党角力斗法的事件。国民党一开始把这个事件强调为纯法律问题，用法律解决。共产党一开始就把它提升至政治层面，强调要美军撤出中国，反对内战。

◎ 究竟是不是自愿？

1947年1月4日，北平地方法院受理了沈崇的控诉，并于1月8日开庭听取了沈崇的控诉，记录了中方证人的证词。由于中美签订的《在华美军人犯罪惩治条例》规定，美兵在中国犯罪，须由美国军事法庭审判，因此北平地方法院只能将审讯记录和证据等有关文卷全部移送美方。

美国驻北平海军陆战队接到北平地方法院的公函后，由美国驻华海军增援第一师组织军事法庭，任命休士中校等七人为军法官，由费兹吉罗德中校担任检察官。

1947年1月17日至21日，军事法庭先对主犯皮尔逊进行公审。1月18日，沈崇出庭详细阐述被害的经过，孟昭杰等证人也出庭作证，说他们听过沈崇哭叫，并看到被告压在沈的身上，但因为受到了那两个陆战队员的威胁，无能为力只好报警。

法庭上，被告皮尔逊及辩护人John Masters中校一开始提出沈崇是妓女的观点，但在原告方铁证之下，转而强调当晚的性交是双方自愿。为什么说是自愿呢？因为沈崇在事后检查时，并未发现有十分严重的伤害，既然是强暴，自然会有激烈的肢体冲突，而被害者身体上应当有严重的伤处。而没有重伤，说明原告在当时的反抗意愿不强，如果真的是强奸，她应该受更多的瘀伤和叫喊得更响亮。因此原、被告发生性交是基于双方自愿。

而美方的检察官Paul Fitzgerald中校提供了一系列中方证词的翻译，认为不能强求一个少女在两个大汉的威胁下做出超出常理的反抗行为。他对被告方提出的观点提出了反证，案件发生的时候气温不到零下八度，而且还是公众场合，施暴时间持续三个小时之久，沈崇这么一个深受中国传统教育的大家闺秀为什么会愿意在一个寒冷的夜晚，在一个空旷的操场上，与一个她刚刚偶然遇到的醉汉度过三个小时，唯一能解释得清的原因，就是她是被暴力所强迫的。①

审判最终于 1 月 22 日结束，法庭对被告方的观点未予采纳，皮尔逊被判为对所有的指控有罪，被降为列兵，判处 15 年监禁。普利查德随后由另一军事法庭在元月 30 日审判，他被判为犯了攻击罪，因无良举止被勒令退役，并判 10 个月监禁。

1947 年 1 月 24 日《新民报》刊载《美军事法庭宣判皮尔逊强奸罪成立》："美国驻华海军陆战队增援第一师军事法庭审判长休士中校二十二日宣布：美军伍长皮尔逊在本市东单于十二月二十四日暴行案，应为强奸既遂罪。"

◎ 波澜再起

案件的处理正在以良性趋势发展，国内有关沈崇案的游行也逐渐消停下来，可是最后的结果却让国人愤怒的火苗再次熊熊燃烧。

3 月 5 日，驻华美军陆战队第一师师长塞缪尔·霍华德将军批准了军事法庭的判决，但该判决仍需华盛顿的海军部长批准。1947 年 6 月中旬，海军军法官以证据不足为由，建议释放皮尔逊并恢复其伍长职务。

消息传到国内，引起了全国新一轮的游行高潮，北平各院校师生莫不至深愤慨，抗议壁报遍布各个校园。华北学生联合会受各校广大同学的委托，在 6 月 29 日发出致蒋介石及国民政府委员书，书称：

中国苦战八年，始挣脱日寇所加诸之锁链，久历苦战之中国人民，决不容再被任意践蹋。今中国女大学生在本国领土上竟遭奸污，而罪犯经其本国政府之庇护。为国家尊严计，为人民安全计，政府理应即向美方提出抗议，据理力争，务使正义得以伸张，国家幸甚，人民幸甚。②

中国外交部也向南京美国大使馆递交了抗议信，要求维持对皮尔逊的原判。

各地的游行运动相互呼应，强烈要求美军撤出中国，而美国对于国民政府维持原判的请求不予置理，国民政府也没有办法。看到这样的结果，愤怒的民众自然加深了对当局的不满，再加上与解放军作战的接连失利，奏响了国民党

---

① 军事法庭的审判过程参见 A Rape in Beijing, December 1946: GIs, Nationalist Protests, and U. S. Foreign Policy by Robert Shaffer, The Pacific Historical Review, Vol. 69, No. 1（Feb., 2000), pp. 31 ~ 64.

② 中共北京市委党史研究室：《抗议美军驻华暴行运动资料汇编》，北京大学出版社 1989 年版，第 386 页。

统治的崩溃序曲。

◎ **沈崇后来的命运**

沈崇案之后，沈崇本人一下子从公众的视线中消失，关于她后来的命运众说纷纭。有的说曾见过沈崇在山西五台山出家，有的说沈崇在 70 年代到了美国，还有一些类似的传说。这些说法都没有提出足够的证据，所以只能为沈崇案的分析提供多种视角。

据丁磬石所写的《也谈谈我对"沈崇事件"的见闻》一文中的说法，他从当年撰写《沈崇访问记》的石美浩先生那里得知，沈崇后来回到上海，改名为沈峻①，在复旦大学改学了俄文，毕业后被分配到北京的外文出版社工作。50 年代中期与著名的漫画家丁聪结婚，育有一子，在美国留学，沈崇在丁聪病故后一直在北京生活。②

历史已经成为了过去，那是一段不光彩的历史，对当事人如此，对整个中国社会亦是如此，沈崇案依然有新的传说出现，只愿历史之风能够抚慰受害者的伤痛，让遭受欺凌的历史彻底成为过去，让国家走向强盛，这才是民族自立自强的希望。

景明楼事件：美国空军群奸国民党高官女眷案

武汉市鄱阳街上有一座六层的景明大楼，是武汉历史上最重要的一个外资建筑设计机构——英资景明洋行为自己设计建造的 6 层大楼，建于 1917 年。外形似钟，底楼外墙全由长形石条砌筑，二楼以上的前壁全部为落地玻璃窗，后面呈锥状、典雅、气派、别致。这座近百岁的建筑饱经风

▲图为武汉鄱阳街景明大楼

---

① 丁聪之妻名沈峻的报道参见《名人传记》2000 年第 8 期和《北京晨报》陈四益的报道。
② 丁磬石："也谈谈我对'沈崇事件'的见闻"，载于《书屋》2011 年第四期。

尘的洗礼，见证了一段中华民族不堪言说的黑暗历史。

抗战胜利以后，景明大楼成了一座"公寓"，住在里面的英国人、美国人、犹太人都有，而以美国人居多。美国空军有个临时招待所就设在这里。

那一年是 1948 年，那一日是 8 月 7 日。就在 1946 年末发生的沈崇案喧嚣尚未平息之时，在景明大楼的五层，一场以"祝寿舞会"为名的群奸大案悄无声息地进行着。

冷寂的夜色，流淌着的是受害妇女的血泪；沸扬的社会，折射出的是整个民族的悲剧。

◎ 离藏祸心

让我们把目光定格于悲剧发生前的半个月。这起悲剧的编剧——时任美孚公司汉口分公司副总经理的利富（J. M. Lilleg）就是景明大楼住户中的一员，他即将回国，作为朋友的美军空军军官乔治·林肯自然要为其送行，两人商量了一下，准备搞一场别开生面的"舞会"，作为离别中国的"美好回忆"。

在这之前，汉口国民党政府已经宣布禁止举办舞会，只允许歌厅活动。在当时能够组织好一场舞会而不招来麻烦，组织者的关系、手段、胆量和经验缺一不可。为保证舞会的"质量"，利富和乔治找到一位能手，也是此次大案的导演——西南宾·克罗纳木。

西南宾①是汉口菲律宾侨民头领，一直在汉口江汉歌厅做乐队领队，有过多次组织舞会的经验。西南宾在 7 月 4 日以庆祝菲律宾独立节为名，征得汉口市国民政府社会科同意，在离景明大楼不远的胜利街德明饭店组织了一场舞会；几天后，居然又在江汉歌厅举办了一场。在国民党全国的禁舞令下，依然顶风作案而不惧风险，这西南宾背后能量也不容小觑。②

利富和乔治找到西南宾后，明确提出了舞会的要求，由西南宾出面请乐队，并要他邀请中国妇女参加舞会；这些中国妇女有两个任务：一是伴舞，二是伴宿，而且不许中国男人参加。为此利富和乔治提供了丰厚的报酬。

西南宾当时由于之前的一次舞会组织不善，欠了别人的钱，正好借利富提供的这次机会捞一笔外快，改善一下财务状况，于是很爽快的就答应了利富和

---

① 有的文献将此人称呼为赛拉芬，丁少颖所著《泣血的记忆》中称赛拉芬为西南宾诱骗中国妇女时所起的临时化名，本文统一以西南宾称呼。

② 参见丁少颖著：《泣血的记忆：汉口美军集体强暴事件揭秘》，中国文史出版社 2004 年版，第 7～12 页。

乔治的要求。

◎ 组织"舞会"

去哪里"邀请"中国妇女来供利富等人淫乐呢？用一个方法：骗！西南宾当时先找到了自己的中国情人谭碧珍、菲律宾籍乐师克劳兹以及克劳兹的妻子、菲律宾籍华裔章月明商量，决定由西南宾、克劳兹二人组织乐队，由谭碧珍和章月明出面邀请中国妇女。

于是，谭碧珍和章月明二人打着为某中国富豪贺寿的旗号组织舞会，向其他中国女性发出邀请。章月明找到江汉歌厅茶房头佬杨玉麟，通过杨玉麟的关系，找江汉歌厅歌女莎莉等，并通过她们四处找人。

后来章月明又找到江汉歌厅茶房刘宝山，要他找人伴舞。通过这条关系找到失业舞女曹秀英，用丰厚的酬劳让她动员中国妇女去参加舞会。曹秀英见有利可图，当然十分热心。她不仅邀约了同屋的张太太、杨太太等十余人，连曹秀英的女儿也参加了。

谭碧珍也动用自己的关系邀请了当地许多高官家属及名媛贵妇，包括当时武汉市参议会的议长张弥川的二太太和某行政首长的如夫人，以及住在巴公房子的高太太、宋太太、张太太等[①]。这些受邀前往的中国妇女压根不知道还有"伴宿"这回事，只是单纯赶时髦去舞场找找乐子。

◎ 兽性毕露

8月7日当天正好是星期六，利富和乔治等人先派车将受邀参与的中国妇女接至景明大楼。当时景明大楼五层的舞会现场，美军人员和在汉口旅游的外侨已有二十多人在场，其中以美军最多，其余则是在汉口经商的美国人和英国人。

美国人有美孚公司汉口分公司副总经理利富，职员陆惠人、佛兰克、史塔司博，传教士何佛鲁，基督教青年会干事狄尔顿，以及美国侨民李琪、卡尔顿、格鲁、卡来尔等；英国人有传教士袁光明，江汉关水上视察赫达生，汉口协和医院救护员汤普生等。[②]

晚上七点左右，舞会准时开始，一时间觥筹交错，言笑晏晏，气氛十分活

---

① 与会名媛贵妇身份介绍参见《大连日报》1948年10月30日报道，报道中受害者化名处理，故本文仅转引高太太等称呼。

② 外国人具体身份记载参见武文士："汉口'景明大楼事件'真相"，载于《文史春秋》1994年04期，第43～46页。

跃。时过不久，随着乐曲的急促、酒气的缭绕、烟雾的弥漫，这些外国人纷纷显露出丑态。

他们有的强吻舞伴，有的动手乱摸。此时电灯突然熄灭，有的洋人便趁机乱扯舞伴的衣裤，将其抱入房内，妇女们吓得纷纷寻路而逃，但她们发现作为正常出路的电梯已经上锁，便返身另寻出路，这样一来简直是羊入虎口。因此，只有部分妇女侥幸从后楼太平梯逃脱，而未及逃出的妇女竟遭洋人们的蹂躏。

漫长的黑夜掩藏着多少罪恶，震惊全国的景明大楼事件就此上演。

◎ 媒体的神速反应

当晚十二点左右，好不容易逃出来的歌女巧巧找到未逃出来的歌女莎莉的母亲一起赶到汉口市警察局反映情况。汉口市保安警察总队分队长方向接到情况后，转报鄱阳街管段的汉口市警察六分局，分局巡官马步云带了警察前去侦察。[①]

马步云等到达景明大楼时遭遇外国人阻拦不准上楼，又是几番请示联系侦查人员才准上到五楼。这时已是 8 日凌晨三时许了，现场仅剩下利富和乔治二人强作镇定，始终不吐实情，坚决不承认刚才这里办过舞会，反而在问是谁在"诬陷"他们。[②]

有关涉舞案的报道

▲对景明楼事件的媒体报道。

调查没有取得任何直接证据，马步云等只好灰溜溜地回到警局，将所见所闻记录下来，报上去给领导看。该分局局长陈尔昂一看顿时急了，这种涉外事情如此敏感，更何况涉及美国军人，怎么能如此轻易就去调查呢？陈尔昂当即下令召集范砚秋、莎莉、熊杰诉述了受害经过，将约邀舞女的杨玉麒、章月明等人传讯并关押，具文（附口供五份）呈报汉口市警察局长任建鹏。

涉及"友邦"问题，任建鹏决定低调处理此事，指示刑事科、外事科派两名女警察密询真相。结果，待"侦察报告"递上来时，将"受害"、"轮奸"等

---

① 武文士：《汉口"景明大楼事件"真相》一文中称马步云的行动是经过分局及市局领导批准后进行的，而这个过程从接到案件到马步云出警，前后只有几个小时，该文此情节一笔带过，疑点较多。而丁少颖著：《泣血的记忆：汉口美军集体强暴事件揭秘》一书叙述更为翔实，前后说法符合逻辑，故采用后者说法。

② 参见《国民政府汉口市警察局第六分局巡官·马步云侦查报告》。

字样删去。这一切，都是在极端保密的情况下进行的。

前去调查此案的警员不乏热血者，见自己的同胞被如此欺凌，而警局领导的态度明显是准备息事宁人，这样怎么能行呢？就把自己知道的一些有关景明大楼发生的惨案内容告诉了一位相熟的新闻记者，这位记者就是《中国晚报》记者杨钰。《中国晚报》的社长邓启隆，是中统局华中办事处秘书，该报时常找一点为军统分子把持的警局的麻烦，而汉口警局属于军统的势力范围，景明大楼的新闻自然应该是该报所渴求的。①

果不其然，《中国晚报》的反应极为迅速，8月8日下午，汉口《中国晚报》以《景明大楼"狂舞"案》为标题抢先揭露了景明楼事件。就像多米诺骨牌一样，有关景明楼事件的报道几天之内向全国各大报刊蔓延。②

◎ 敷衍了事

在媒体的强势报道之下，景明楼事件已经广为人知，捂都捂不住了。各大报纸不断公布案情的进展。

8月11日，三十几位记者齐集汉口市警察局局长任建鹏办公室，采访事件发展消息。任建鹏在短短的谈话中表示：舞会是事实，强奸也有可能；高级官员太太参加，丈夫必定同去，假如这里面有所谓的高级官员太太，那么这不是官员的正式太太了，此案无原告人报案，无法提起诉讼惩治祸首……他还说：此案并不如报纸所渲染的严重，其中必有不肖之徒企图扰乱社会秩序、中伤私人所捏造。

在警方取证过程中，再确认犯罪者身份时，相关的外籍人员多加阻挠，但是真正的主犯——美国人利富和菲籍乐师西南宾，早已在"事件"揭露后的8月10日逃往香港。

利富逃走后，在报刊和公众舆论的指责下，内政部警察总署曾代电汉口市警察局，堂而皇之地说："美侨利富未遵照规定办理离境手续即行飞沪，其对外侨管理显属疏忽，应即查明议处。"任建鹏在回复时，借口说："本局在各轮渡码头未设立外侨登记站，致使该外侨利富于八月十日晨未向本局申请登记，乘隙潜逃过江，由武昌搭机飞沪。"一唱一和之间，主谋就悄然地逍遥法外，再想

① 参见丁少颖著：《泣血的记忆：汉口美军集体强暴事件揭秘》，中国文史出版社2004年版，第46～50页。
② 参见王惠超："轰动全国的'景明大楼事件'——当时新闻界的报道和有关资料的记载"，载于《新闻研究资料》1983年06期，第140～151页。

去追捕，难上加难。

而涉及的美军人员就更复杂了，中华民国之前与美国签订的《处理在华美军人员刑事案件条例》中有规定："对美国人员在中国境内所犯之刑事案件，归美军事法庭及军事当局裁判。"国防部也曾规定："在华的美军顾问团官员如触犯刑法，也可以免于起诉。"国民党汉口特别市党部主任委员袁雍关于此事也曾告诫记者："消息到此不必再去追究了，因为再追究下去便只有将美国空军指出来了。"

◎ **最终的审判**

事发三个多月后，汉口地方法院受理并审查此案，由检察官曹能元于 12 月 28 日提起公诉，西南宾、章月明、杨玉麒、刘宝山、高玉君、章继宾和刘忠泉七人被列为被告，控诉他们共同图利，引诱良家妇女与他人奸淫。①

就这样，轰动全国的景明大楼美侨与军人的集体强奸案，拖了近八个月，于 1949 年 4 月 1 日下午二时开庭宣判。奇怪的是，法官、检察官端坐堂上，被告席上空无一人。这里既无主犯，从犯也"交保外出"。汉口地方法院检察官以"妨害风化"罪名提起公诉后，法庭判决如下：

> 章月明、杨玉麒、刘宝山、曹秀英、章继宾等共同意图营利，引诱良家妇女与他人奸淫，章月明、杨玉麟各处有期徒刑三年，褫夺公权三年；刘宝山、曹秀英、章继宾，各处有期徒刑一年，褫夺公权一年。被告赛拉芬、刘忠泉迭经拘缉未到，缉获归案后另予严办。②

至此，景明大楼一案就这样步入尾声。但是，当"判决"一宣布，顿时激起广大人民群众的极大愤慨，主犯逍遥法外，从犯也只是坐几年牢就行，这如何平息民愤？

时值人民解放军大举挥戈南下，武汉即将解放，国民党官员作鸟兽散，人心惶惶，除了少数报纸如《新湖北日报》《大刚报》《正风报》《正义报》做了尾声报道外，这桩特大案件也就草草结束了。

景明大楼一案虽然远没有沈崇案那么大的影响，但是也应当为历史所铭记。

Pat praesto consequ isismol estrud deliscip exero odiamcon hendre tio euiscipis ex

---

① 起诉书原文参见丁少颖著：《泣血的记忆：汉口美军集体强暴事件揭秘》，中国文史出版社 2004 年版，第 159～162 页

② 刘望云："汉口景明大楼事件"，载于《档案工作》1992 年 08 期，第 44 页。

后 记

　　数年的时光转瞬即逝，我的第二本著作付梓出版，于我而言是一件幸事。从《非常法史》到《法眼看民国》，一点一滴，五味杂陈。数年的写作，伴随着我的大学生活，从青涩到成熟。写作的过程，其实也是自己学习和成长的过程。而今我已年过弱冠，就将此书，作为留给青春的纪念。

　　本书构思于2011年《非常法史》初稿完成之时，成书于2013年，写作的过程中付出了极大的精力和心血，而出版的过程中也遭遇了许多挫折，因题材的问题受到了一些限制，从开始的北大出版社、人大出版社，再到中国发展出版社，如今出版面世，颇感不易。在此，十分感谢对我写作给予大力支持的家人、老师、同学，同时还有几位老师需要特别感谢。

　　感谢本书的策划张珺，如果不是张姐的居中协调，前作《非常法史》的出版不会如此顺利；她在忙于工作调动的同时，前后为本书的出版奔波忙碌，弟看在眼里，记在心里。

　　感谢本书的责编雒仁生，他在接手本书后，很短时间内就推动本书完成了一系列出版流程，没有雒仁生老师的努力，也许就没有本书的出版面世。

　　感谢北大出版社的李铎编辑，让我感受到了北大社严谨与认真的作风，虽然与北大社的合作在通过终审即将付梓之时意外结束，但本书从书稿到成为出版物，这个过程凝聚了李铎君许多智慧与汗水，前后几个月十数小时的电话沟通，不计其数的网上交流，让我学到了很多经验与知识；来京后李铎君在生活上也给予了颇多照顾，能通过本书认识李铎君，是我人生中一笔宝贵的财富。

　　民国的历史浩繁而复杂，泛舟书海，越发感觉自己的渺小。如果在阅读过程中发现什么谬误，或者有什么想法，我的微信公众号为 liudian2011、新浪微博 @ 刘典 Dragon，欢迎大家一起交流。

刘典

2014年10月